INIGUALÁVEL

ALYSON NOËL

INIGUALÁVEL

BELOS ÍDOLOS
VOLUME 1

TRADUÇÃO DE
JOANA FARO

HarperCollins *Brasil*
Rio de Janeiro, 2016

Título original: Unrivaled
Copyright © 2016 by HarperCollins Publishers

Direitos de edição da obra em língua portuguesa no Brasil adquiridos pela Casa dos Livros Editora LTDA. Todos os direitos reservados. Nenhuma parte desta obra pode ser apropriada e estocada em sistema de banco de dados ou processo similar, em qualquer forma ou meio, seja eletrônico, de fotocópia, gravação etc., sem a permissão do detentor do copirraite.

Rua Nova Jerusalém, 345 – Bonsucesso – 21042-235
Rio de Janeiro – RJ – Brasil
Tel.: (21) 3882-8200 – Fax: (21) 3882-8212/831

CIP-BRASIL. CATALOGAÇÃO NA PUBLICAÇÃO
SINDICATO NACIONAL DOS EDITORES DE LIVROS, RJ

N691i

    Nöel, Alyson
        Inigualável / Alyson Nöel ; tradução Joana Faro. - 1. ed. - Rio de Janeiro : HarperCollins Brasil, 2016.
        304 p. ; 23 cm.

        Tradução de: Unrivaled
        ISBN 9788569809647

        1. Ficção americana. I. Faro, Joana. II. Título.

16-31774

CDD: 813
CDU: 821.111(73)-3

Para Jackie e Michelle,
minhas melhores amigas há tantas décadas que já perdi a conta!

Nem tudo que reluz é ouro.
— WILLIAM SHAKESPEARE

PRÓLOGO

LOST STARS

Apesar da enxurrada de turistas que invade as calçadas ano após ano, o melhor jeito de olhar para o Hollywood Boulevard é com lentes escuras e baixas expectativas.

A julgar pela fileira de prédios velhos, um mais acabado do que o outro, pelas lojas bregas de suvenires que vendem Marilyns de plástico com o vestido branco esvoaçante e pelo aparentemente interminável fluxo de viciados, fugitivos e transeuntes sem nenhum glamour, as massas bronzeadas e de tênis brancos logo percebem que a LA que procuram não existe ali.

Em uma cidade que se alimenta de juventude e beleza, o Hollywood Boulevard mais parece uma ex-estrela de cinema decadente. O sol incessante é uma companhia dura e brutal, empenhada em destacar cada ruga, cada marca da idade.

Mas, para quem sabe onde procurar (e para quem é sortudo o bastante para conseguir entrar na lista), também é um oásis das noites mais quentes da cidade. É uma espécie de refúgio hedonista para os jovens, lindos e ricos.

O Boulevard era tudo o que Madison Brooks sonhara. Talvez não parecesse em nada com o globo de neve que tinha quando era criança, que despejava quadradinhos de glitter dourado sobre uma versão em miniatura do letreiro de Hollywood, mas ela nunca havia esperado isso. Ao contrário dos turistas sem noção, que achavam que iam encontrar sua celebridade preferida parada ao lado da respectiva estrela na Calçada da Fama, distribuindo autógrafos e abraços a todos que passassem, Madison sabia exatamente o que tinha pela frente.

Ela investigara.

Não havia deixado nada ao acaso.

Afinal de contas, quando se planeja uma invasão, é melhor se familiarizar com o terreno.

E agora, poucos anos depois de sair daquela estação de ônibus suja no centro de LA, seu rosto estava na capa de quase todas as revistas e outdoors. A cidade era oficialmente sua.

Embora a jornada fosse muito mais difícil do que ela deixava transparecer, Madison conseguia superar as expectativas de todos, menos as próprias. A maioria das pessoas apenas torcia para que ela sobrevivesse. Ninguém de sua vida antiga imaginava que iria disparar diretamente até o topo e se tornar tão conhecida, elogiada e bem relacionada a ponto de dispor de acesso total e inquestionável a uma das boates mais famosas de LA, mesmo depois de fechada.

Em um raro momento de privacidade, Madison foi até a beira do terraço vazio da Night for Night. Os saltos de seus Gucci deslizaram graciosamente pelo piso de pedra lisa, ela colocou a mão no peito e fez uma reverência para a cidade, imaginando aquelas luzes que piscavam como uma plateia de milhões, com celulares e isqueiros erguidos para celebrá-la.

O momento a fez lembrar de uma brincadeira parecida que fazia quando era criança. Na época em que elaborava altas performances para uma multidão de bichos de pelúcia encardidos com pelos embolados e membros arrancados. Seus olhos de botão, monótonos e vidrados, miravam a imagem de Madison, que cantava e dançava. Aqueles ensaios incansáveis a prepararam para o dia em que os brinquedos de segunda mão seriam substituídos por fãs reais e histéricos. Nem por uma vez ela duvidou de que seu sonho se tornaria realidade.

Não foi esperando, desejando ou dependendo dos outros que Madison tinha se tornado a maior celebridade de Hollywood. Disciplina, controle e uma determinação férrea haviam guiado sua ascensão. Embora a mídia adorasse retratá-la como uma garota frívola e baladeira (ainda que tivesse grande talento para atuar), por trás das manchetes indecentes havia uma jovem poderosa que havia assumido o controle e dominado seu destino.

Não que ela fosse admitir uma coisa dessas. Era melhor deixar todos pensando que era mesmo uma princesa cuja vida fluía sem esforço.

A mentira formava um escudo que protegia a verdade. Aqueles que se atreviam a arranhar a superfície desse escudo nunca chegavam muito longe. A estrada para o passado de Madison tinha tantos bloqueios que até o jornalista mais determinado eventualmente admitia a derrota, escrevendo sobre sua beleza sem igual; seu cabelo da cor de avelãs aquecidas em um dia frio de outono (descrição do cara que recentemente a entrevistara para a *Vanity Fair*). Ele também dissera que seus olhos violeta eram sombreados por uma suntuosa nuvem escura de cílios usada ora para revelar ora para esconder. E talvez houvesse até algum comentário sobre sua pele perolada, iridescente ou algum outro adjetivo que significasse radiante...

Engraçado como, ao começar a entrevista, ele se comportara tal qual um jornalista calejado, certo de que conseguiria acabar com ela. Convencido de que que a enorme diferença de idade entre eles — ela com 18, e ele já saindo dos quarenta (decrépito, em comparação) — e seu QI superior (presunção dele, não dela) garantiriam que a convenceria a revelar algo lamentável que mandaria sua carreira ladeira abaixo, acabou saindo do encontro totalmente frustrado, senão um pouco apaixonado. Assim como todos os que o tinham precedido, admitiu a contragosto que havia algo de diferente em Madison Brooks. Ela não era uma aspirante a estrela qualquer.

Ela se inclinou mais noite adentro, passou os dedos nos lábios e arqueou o braço, mandando vários beijos para os fãs imaginários tremeluzindo e cintilando lá embaixo. Absorta pela alegria desenfreada de tudo o que tinha conseguido, ergueu o queixo, triunfante, e soltou um grito tão estrondoso que abafou a incessante trilha sonora do trânsito e de sirenes lá embaixo.

Era bom se soltar.

Permitir-se, por um breve instante, ser louca e indomável como era na infância.

— Eu consegui! — sussurrou para si mesma, para os fãs brilhando a distância, mas sobretudo para os que tinham duvidado dela e até tentado impedi-la.

Ao repetir, deixou vir à tona o surpreendente agudo anasalado — sotaque que abandonara havia muito tempo —, admirada ao ver como era fácil invocar aquela voz; outra reminiscência do passado da qual nunca conseguia escapar completamente. A julgar pela forma irresponsável com que tinha se comportado mais cedo, não sabia se queria.

A lembrança do cara que tinha beijado ainda estava fresca em sua boca. Pela primeira vez em muito tempo, ela se permitira relaxar o suficiente para baixar a guarda e revelar a garota que realmente era.

Mesmo assim, era inevitável se perguntar se havia cometido um erro.

Esse pensamento por si só já a desanimava bastante, mas uma rápida olhada em seu Piaget cravado de diamantes lhe deu um motivo real para se preocupar.

A pessoa que ela ia encontrar já deveria ter chegado, e seu atraso, aliado ao silêncio da boate fechada e vazia, estava começando a parecer muito mais sinistro que libertador. Apesar do calor da noite californiana, ela envolveu o corpo com o xale de caxemira. Se havia algo que causava calafrios em Madison era a incerteza. Manter o controle era tão necessário quanto respirar. E ainda assim ali estava ela, analisando a mensagem que ele tinha enviado.

Se a notícia fosse boa como ele afirmara, ela deixaria o incômodo para trás e nunca mais pensaria no assunto.

Se não... Bom, ela também tinha um plano para esse caso.

Só esperava não chegar a esse ponto. Odiava confusões.

Fechando os dedos delicados em torno do fino parapeito de vidro, a única coisa que a separava de uma queda de doze metros, ela olhou para o céu, tentando encontrar uma estrela que não fosse um avião. Mas só existia um tipo de estrela em LA.

Embora em geral se esforçasse para não pensar no passado, naquela noite, por aquele breve momento, Madison se permitiu voltar a um lugar onde havia muitas estrelas de verdade.

Um lugar que era melhor ficar enterrado.

Uma brisa passou por seu rosto, trazendo o som de passos leves e um cheiro estranhamente familiar que ela não conseguiu identificar. Mesmo assim, esperou um instante antes de se virar, roubando o momento para fazer um pedido a uma estrela cadente que confundira com um avião. Cruzou os dedos enquanto a estrela queimava traçando um amplo arco cintilante pelo céu de veludo negro.

Ia ficar tudo bem.

Não havia motivo para preocupação.

Ela se virou, pronta para enfrentar o que fosse. Estava dizendo a si mesma que podia lidar com aquilo de um jeito ou de outro quando uma mão fria e firme tapou sua boca, e Madison Brooks desapareceu.

UM MÊS ANTES

UM

HYPOCRITICAL KISS

Layla Harrison não conseguia parar de se mexer. Primeiro se afundou na cadeira de praia, enfiando os pés bem fundo na areia. Depois, foi se remexendo para cima até bater com os ombros na parte superior da cadeira, antes de finalmente desistir e olhar com os olhos semicerrados para o mar, onde seu namorado, Mateo, esperava a próxima boa onda. Uma atividade entediante que sempre causava nele uma interminável carga de felicidade que ela não conseguia entender.

Por mais que o amasse, e de fato o amava (caso contrário, seria louca: ele era lindo, sexy e fofo), após passar as últimas três horas fugindo do sol sob a barraca gigante enquanto se esforçava para escrever uma matéria decente com a dose certa de humor e sarcasmo, desejava que Mateo encerrasse o expediente e começasse a remar pelo longo caminho de volta.

Estava na cara que seu namorado nem imaginava como era desconfortável ficar sentada por horas a fio numa cadeira de praia velha e bamba que ele tinha lhe emprestado. E como poderia imaginar? Ele nunca a usara. Estava sempre em sua prancha, zen, lindo e completamente em paz, enquanto Layla fazia tudo o que podia para bloquear a luz de Malibu. A barraca gigante em que se escondia era só o começo.

Sob o volumoso casaco com capuz e a toalha extra que havia colocado sobre os joelhos, usava uma boa camada de filtro solar. E, claro, nunca sairia da sombra sem os enormes óculos escuros e o Fedora de palha amassado que Mateo tinha trazido de uma recente viagem de surfe à Costa Rica.

Para Mateo, o ritual de proteção dela era, no mínimo, inútil. "É impossível domar o meio ambiente", dizia ele. "É preciso respeitá-lo, honrá-lo, seguir suas regras. É loucura pensar que você está no comando; a natureza sempre tem a palavra final."

É fácil falar quando se tem uma pele imune a queimaduras solares e foi praticamente criado em uma prancha de surfe.

Ela voltou a seu laptop e franziu a testa. Escrever um blog cafona de fofocas sobre celebridades estava muito longe do sonho de uma matéria assinada por ela no *The New York Times*, mas Layla precisava começar de algum lugar.

Arrested Development

Não, não estou falando da comédia cult inteligente-demais-para--a-TV-onde-os-produtores-estavam-com-a-cabeça (insira aqui um suspiro estou-cercado-de-idiotas), estou falando de um *arrested development* de verdade, gente, desenvolvimento interrompido. Do tipo que se vê em livros de Introdução à Psicologia (para vocês que, de fato, leem alguma coisa além de blogs de fofoca e posts no Twitter). Do tipo que esta que vos fala testemunhou ontem à noite no Le Château, onde três das beldades mais jovens de Hollywood, embora certamente não sejam as mais inteligentes, chegaram à conclusão de que azeitonas não serviam só para ficar sem fazer nada no fundo de uma taça de martíni...

— Ainda nessa? — Mateo estava diante dela; a prancha, debaixo do braço e os pés afundados na areia.

— Só estou fazendo umas mudanças de última hora — murmurou ela, observando-o largar a prancha na toalha, passar a mão pelo cabelo queimado de sol e água salgada e abrir o zíper da roupa. Ele abaixou tanto o traje que Layla não conseguiu deixar de engolir em seco diante da perplexa incapacidade de falar ao ver seu lindo namorado despido e reluzente.

Em uma cidade de egos inflados, excesso de vaidade e devotos do suco verde obcecados pelo corpo, a despretensão de Mateo em relação à própria beleza natural era tão rara que na maior parte do tempo Layla não conseguia imaginar o que ele via em uma magrela pálida e cínica feito ela.

— Posso ajudar? — Ele estendeu a mão para pegar a garrafa de água dela, dando a impressão de que tudo o que queria era ler sua opinião sobre três celebridades VIPs com a cara cheia de martínis reencenando as babaquices do ensino médio e jogando azeitonas em todos ao redor.

Típico Mateo. Ele era assim desde a noite em que se conheceram, pouco mais de dois anos antes, no aniversário de 16 anos dela. Ambos haviam ficado maravilhados ao descobrir que tinham nascido com apenas um ano e dez dias de diferença, e mesmo assim eram de signos diferentes (e basicamente opostos) por causa do dia do aniversário.

Mateo era sagitariano, o que o fazia dele um sonhador de espírito livre.

Layla era capricorniana, ou seja, ambiciosa e um pouquinho controladora — para quem acreditava nessas coisas. E, claro, Layla não acreditava. Era só uma estranha coincidência que no caso deles fosse verdade.

Ela lhe entregou o laptop e afundou ainda mais na cadeira. Ouvir Mateo ler seu trabalho em voz alta era sua versão pessoal do crack.

Aquilo favorecia seu processo. Ajudava-a a editar e aprimorar. Mas Layla tinha consciência suficiente para saber que, quando o assunto eram seus textos, ela era desesperada por elogios, e Mateo sempre encontrava algo agradável para dizer, por mais tosco que fosse o conteúdo.

Com a garrafa de água em uma das mãos e o MacBook Air apoiado na outra, ele começou a ler. Quando terminou, olhou para ela e perguntou:

— Isso é sério?

— Guardei uma azeitona como suvenir.

Ele apertou os olhos como se tentasse imaginar a guerra de comida das celebridades.

— Você tirou uma foto? — Ele devolveu o laptop.

Layla balançou a cabeça, parou para fazer um pequeno ajuste e clicou em "Salvar" em vez do habitual "Enviar".

— O Château não abre brechas para fotos.

Mateo balançou a cabeça e esvaziou a garrafa de água em um único gole enquanto Layla o devorava com o olhar, sentindo-se uma pervertida por objetificar o namorado.

— Vai enviar? Parece que está pronto.

Ela enfiou o laptop na bolsa.

— Lembra que eu tenho falado em começar meu próprio blog, o Belos Ídolos? — Seu olhar provocante encontrou o dele. — Acho que este pode ser o post de estreia perfeito.

Ele mudou de posição e brincou com a tampa da garrafa.

— Layla, é uma matéria boa. — Ele falava como se escolhesse a dedo cada palavra. — É engraçada e pertinente, mas... — Deu de ombros, deixando o silêncio dizer o que ele não queria: não tinha o calibre do trabalho que ela era capaz de fazer.

— Eu sei o que você está pensando. — Ela se apressou em se defender. — Mas nenhuma das porcarias que escrevo se qualifica como notícia que vai mudar o mundo, e estou cansada de trabalhar por mixarias. Se quiser chegar lá sozinha, preciso começar de algum lugar. E ainda que o blog leve um tempo para ficar realmente conhecido, quando acontecer vou conseguir ganhar muito mais dinheiro só com a renda dos anúncios. Além disso, economizei mais que o suficiente para me sustentar até lá.

Essa última parte foi uma informação precipitada que podia ou não ser verdade. Mas soava bem, e pareceu convencer Mateo, já que sua primeira reação foi puxá-la da cadeira para seus braços.

— E o que exatamente você vai fazer com toda essa renda?

Ela passou um dedo pelo peito dele, ganhando tempo. Ela nunca comentara sobre seu sonho de estudar jornalismo em Nova York, e revelar isso criaria um momento constrangedor que ela preferia evitar.

— Bom, acho que a maior parte iria para o fundo monetário de burritos.

Ele sorriu e a abraçou pela cintura.

— A receita para uma vida feliz: você, ondas boas e um respeitável fundo monetário de burritos. — Ele encostou os lábios na ponta do nariz dela. — Por falar nisso... quando vou poder te ensinar a surfar?

— Provavelmente, nunca. — Ela permitiu que seu corpo se aninhasse ao dele, enfiando o rosto na curva do pescoço, onde sentiu uma essência inebriante de maresia, sol e profunda satisfação, complementada por um toque de honra, sinceridade e uma vida equilibrada. Era tudo o que Layla desejava ter, mesmo sabendo que nunca conseguiria, comprimido em uma única inspiração.

Ainda assim, apesar das enormes diferenças entre os dois, Mateo a aceitava como ela era, nunca tentava mudar sua cabeça ou fazer com que ela enxergasse as coisas a seu modo.

Layla queria poder dizer o mesmo.

Quando ele colocou um dedo sob seu queixo e baixou a boca para encontrar a dela, Layla reagiu feito uma garota que tinha passado as últimas três horas esperando exatamente aquilo (e tinha mesmo). A princípio, o beijo foi suave, brincalhão; a língua de Mateo deslizando pela dela. Até que Layla roçou os quadris nos dele, retribuindo seu abraço com uma paixão que o fez gemer seu nome.

— Layla... *Nossa*... — As palavras saíam enroladas de seus lábios. — O que acha de encontrarmos um lugar para continuar isso aqui?

Ela enroscou a perna na dele, ficando tão agarrada quanto seu short jeans desfiado e a roupa de mergulho dele permitiam. Toda a sua atenção estava voltada para o calor que subia por seu corpo enquanto as mãos dele escorregavam por baixo de seu casaco. De tão embriagada com seu toque, ela o puxaria tranquilamente para a areia quente e dourada e montaria nele ali mesmo. Por sorte, Mateo teve o bom senso de se afastar antes que acabassem presos.

— Se nos apressarmos, a casa vai ser só nossa. — Ele estava com um sorriso calmo. Os olhos, pesados e fixos.

— Não, obrigada. — Layla o empurrou, cortando o clima na hora. — Na última vez, Valentina quase nos pegou. O pânico que senti diminuiu minha vida em uma década. Não quero correr esse risco de novo.

— Então você vai viver 140 em vez de 150. — Ele deu de ombros, tentando puxá-la de volta para perto, mas Layla ficou onde estava. — Gosto de pensar que vale a pena.

— Para você é fácil falar, Sr. Mestre Zen. — Era um dos muitos apelidos que ela lhe dera. — Vamos para a minha casa. Lá estaremos livres de irmãs mais novas, e mesmo que meu pai esteja no estúdio, não vai nos incomodar. Ele está muito envolvido com sua mais nova série de pinturas. Não que eu tenha visto. Só estou feliz por ele estar trabalhando. Faz uma eternidade que não vende um quadro.

Mateo estremeceu. Obviamente ainda queria ficar com ela, mas bastava a menção ao pai para seu entusiasmo evaporar.

— Não consigo me acostumar com isso. — Ele começou a guardar suas coisas, desmontando a barraca e enfiando-a na sacola. — É esquisito demais.

— Só para você. Não esqueça que o meu pai é declaradamente um boêmio de mente aberta que acredita na liberdade de expressão. E, o mais importante, confia em mim. E gosta de você. Ele acha que você me acalma.

Ela abriu um sorriso. Sem dúvida, era verdade. Então, jogando a bolsa no ombro, andou até o jipe preto de Mateo, onde pegou um panfleto sob o limpador de para-brisa e leu: "Neste verão, seja promoter da empresa Unrivaled Nightlife, de Ira Redman, e concorra a um prêmio inacreditável em dinheiro."

Isso imediatamente despertou seu interesse.

Ela queria fazer faculdade de jornalismo em Nova York desde o primeiro ano do ensino médio. Embora estivesse muito animada por ter sido aceita, seria impossível frequentar porque a mensalidade absurda, além, é claro, do alto custo de vida na cidade, eram um muro bloqueando seu caminho. E, como o atual colapso financeiro do pai durava mais que de o normal, pedir ajuda a ele estava fora de questão.

Sua mãe até poderia tranquilamente fornecer qualquer quantia de que Layla precisasse (correção: quem poderia fornecer era o *marido* rico dela; a mãe era apenas mais um zumbi de Santa Monica, arrastando-se entre a Soul Cycle e o Drybar). Mas o fato era que Layla e a mãe não se falavam havia anos, e não estava nos planos da menina mudar isso.

Quanto a Mateo, seu emprego como instrutor de surfe em um dos hotéis mais caros da orla não pagava muito (não que Layla fosse aceitar a ajuda dele mesmo). Sem falar que ela ainda não tinha lhe contado sobre esse objetivo em particular; basicamente porque ele ia fazer questão de ir junto. Por mais legal que fosse tê-lo por perto, acabaria sendo apenas uma distração. Mateo não compartilhava de sua ambição, e, por mais adorável que ele fosse, Layla se recusava a ser uma mulher que deixava um cara bonito impedi-la de realizar seus sonhos.

Ela analisou o panfleto outra vez. Um emprego como aquele podia ser exatamente aquilo de que ela precisava. A exposição à vida noturna de Hollywood lhe forneceria um material muito melhor, e quem sabe aonde poderia chegar?

Mateo se inclinou por cima do ombro dela e pegou o panfleto de suas mãos.

— Diz para mim que não está interessada nisso. — Ele se virou para vê-la melhor, estreitando os olhos castanhos enquanto Layla mordia o lábio em resposta, sem querer admitir que aquilo era a coisa mais interessante que acontecera naquele dia (além do beijo na praia). — Amor, acredite em mim, você não quer se envolver com isso. — A voz dele estava séria de um jeito que ela raramente ouvia. — Esse mundo de boates é, no mínimo, suspeito. Você se lembra do que aconteceu com o Carlos.

Ela olhou para os pés cobertos de areia. Estava completamente envergonhada por ter esquecido o irmão mais velho de Mateo, que tivera uma overdose na calçada de uma boate na Sunset Boulevard, do mesmo jeito que River Phoenix havia desmaiado diante da Viper Room, com a diferença de ninguém ter feito um santuário em sua homenagem. Além dos familiares mais próximos, nenhuma pessoa sequer tinha parado para lamentar. Pouco antes de morrer, Carlos estava tão perdido que os únicos amigos que tinham lhe restado eram os traficantes; e nenhum se deu ao trabalho de ir ao funeral. Foi a maior tragédia da vida de Mateo. Na infância, ele idolatrava o irmão.

Mas e se essa fosse a maneira perfeita de honrar Carlos...? Talvez até vingá-lo?

Ela estendeu a mão para Mateo, roçando os dedos em seu braço antes de abaixá-los.

— O que aconteceu com Carlos foi o pior tipo de tragédia, porque poderia ter sido evitado — disse ela. — Mas talvez a melhor forma de chamar atenção para ele e para outras pessoas que passam pela mesma coisa seja expor o que realmente acontece nesse universo. Um trabalho assim me daria a chance de fazer isso.

Mateo franziu a testa. Ela teria que se esforçar mais.

Olhou o panfleto que ele ainda segurava, sabendo lá no fundo que estava certa. A resistência de Mateo só a deixava mais determinada.

— Eu detesto nossa tradição de culto às celebridades tanto quanto você. E concordo plenamente que esse mundo das casas noturnas é um festival de baixarias. Mas você não preferiria que eu fizesse alguma coisa para trazer tudo isso à tona? Não é melhor do que ficar sentado reclamando?

Ainda que ele não necessariamente concordasse, também não estava discutindo. Uma pequena vitória que Layla ficava feliz por conquistar.

— Não tenho nenhuma ilusão de que vou vencer a competição. Cara, eu nem ligo para isso. Mas, se conseguir entrar no jogo, vou ter toda a munição necessária para revelar a fraude que é esse mundo. Se conseguir fazer só um jovem parar de idolatrar esses idiotas superficiais, carentes e indignos... Se conseguir convencer só um adolescente de que essas boates são sórdidas, perigosas, e de que é melhor ficar longe de tudo isso, minha missão estará cumprida.

Mateo olhou para o mar, analisando o horizonte por um bom tempo. Vê-lo de perfil, sombreado pelos últimos raios de sol, amoleceu seu coração. Ele a amava. Só queria o melhor para ela, inclusive mantê-la longe do mundo que matara seu irmão. Mas, por mais que o amasse, ela não o deixaria vencer.

Ele ficou mais algum tempo olhando a vista de cartão-postal do sol se pondo no mar antes de se virar para ela.

— Não aguento imaginar você se misturando com tudo aquilo. — Mateo fechou o punho, fazendo barulho ao amassar o panfleto. — Todo aquele mundo é uma mentira, e o Ira tem a reputação merecida de ser o pior tipo de cafajeste, que não dá a mínima para os adolescentes que enchem seu bolso. Ele só se importa consigo mesmo. Largaram o Carlos do lado de fora e o deixaram morrer na rua para não precisarem chamar a ambulância e fechar a boate naquela noite. Mas pode apostar que não pensaram duas vezes ao se beneficiar do escândalo.

— Mas a boate não era do Ira.

— Dá no mesmo. Carlos era um cara inteligente, e olha o que aconteceu com ele. Não posso deixar o mesmo acontecer com você.

— Eu não sou o Carlos.

No instante em que falou, ela se arrependeu profundamente. Teria feito qualquer coisa para retirar o que disse e engolir aquelas palavras.

— O que isso quer dizer?

Ela hesitou, sem saber como explicar sem ofendê-lo ainda mais.

— Estou indo com um propósito, um objetivo...

— Existem formas melhores de fazer isso.

— Diz uma. — Ela inclinou o queixo, tentando transmitir, por meio do olhar, que o amava mas que tinham chegado a um impasse.

Mateo jogou o panfleto na lata de lixo mais próxima e abriu a porta do carona como se aquilo encerrasse o assunto.

Mas não encerrava.

Nem de longe.

Layla já tinha decorado o site e o telefone.

Ela se aproximou. Detestava quando discutiam, e, além do mais, era inútil. Já havia tomado a decisão. Quanto menos ele soubesse sobre seu progresso, melhor.

Sabendo exatamente como distraí-lo, ela passou os dedos por sua coxa, recusando-se a parar até ele fechar as pálpebras, começar a respirar fundo e esquecer que Layla tinha se interessado em ser promoter das boates de Ira Redman.

DOIS

WHILE MY GUITAR GENTLY WEEPS

— Qual é, cara... Você precisa dar uma opinião. Se não, não vamos embora.

Tommy tirou os olhos da *Rolling Stone* que estava lendo e lançou um olhar entediado aos dois roqueirinhos de banda de garagem parados diante dele. Depois de encarar metade do turno de oito horas, ainda não tinha vendido sequer uma palheta. Infelizmente, aqueles dois não mudariam isso.

— Guitarra ou violão? — perguntaram eles, ao mesmo tempo.

Tommy deu uma boa olhada nas pernas quilométricas de Taylor Swift antes de virar a página e devotar o mesmo tempo a Beyoncé.

— Não existe certo nem errado — disse ele, enfim.

— Você sempre diz isso. — O garoto de gorro o olhava com desconfiança.

— E mesmo assim vocês continuam perguntando. — Tommy franziu a testa, imaginando quanto tempo mais insistiriam antes de ir embora.

— Cara... Sério, você é o pior vendedor do mundo. — Quem disse isso foi o garoto com a camiseta do *Dookie*, do Green Day, que talvez se chamasse Ethan, mas Tommy não tinha certeza.

O vendedor afastou a revista.

— Como você sabe? Nunca tentou comprar nada na vida.

Lado a lado, os dois amigos reviraram os olhos.

— Você só se importa com a comissão?

— Você é tão capitalista assim?

Tommy deu de ombros.

— Na hora de pagar o aluguel, todo mundo é capitalista.

— Você precisa ter prioridades — disse o garoto de gorro, sem largar o osso.

Tommy olhou para um e depois para outro, perguntando-se por quanto tempo ainda conseguiria enrolá-los. Apareciam pelo menos uma vez por semana e, mesmo que o vendedor sempre agisse como se as incessantes perguntas e palhaçadas para chamar atenção o irritassem, na maioria das vezes os dois eram o único entretenimento em um emprego entediante.

Mas ele estava falando sério quanto ao aluguel. O que significava que não tinha paciência para perder tempo com moleques entediados, os quais depois iriam embora sem comprar nem uma partitura.

O trabalho pagava por comissão, então, se não estivesse de fato vendendo, Tommy preferia usar seu tempo folheando exemplares encalhados da *Rolling Stone* — sonhando com o dia em que estaria na capa — ou procurando trabalho na internet. O pouco esforço por um salário mínimo parecia um negócio justo.

— Guitarra — disse ele, enfim, surpreso pelo silêncio atônito que se seguiu.

— Boa! — O garoto do *Dookie* fechou o punho como se a opinião de Tommy importasse.

A forma como eles idolatravam Tommy era irritante. Sobretudo porque Tommy não levava exatamente uma vida digna de admiração.

— Por quê? — pressionou o garoto do gorro, claramente ofendido.

Tommy pegou o violão que o garoto segurava e dedilhou a abertura de "Smoke on the Water", do Deep Purple.

— Está ouvindo isso?

O garoto assentiu com cautela.

Tommy devolveu o violão e pegou a guitarra de 12 cordas que cobiçava desde o momento em que começou a trabalhar na Farrington's. Aquela que ficaria muito mais próxima de ser sua se um daqueles moleques decidisse ser útil e simplesmente comprasse alguma coisa.

Tocou o mesmo trecho enquanto os garotos se aproximavam.

— É mais alta, mais encorpada; o som, mais limpo. Mas isso é só a minha opinião. Não saiam por aí achando que é uma verdade absoluta ou coisa do tipo.

— Mandou bem, *brow*. Você devia considerar entrar para a nossa banda.

Tommy riu, fazendo carinho no braço da guitarra antes de recolocá-la no gancho.

— Então, qual vocês vão comprar? — Ele olhou para um e depois para outro de novo.

— Todas! — O garoto do *Dookie* sorriu. Ele fazia Tommy se lembrar de si mesmo naquela idade: uma mistura letal de insegurança e arrogância.

— É, assim que ele vender a coleção de pornôs de coroas gostosas no Ebay! — O garoto de gorro riu e correu para a porta enquanto o amigo o perseguia gritando insultos que não chegavam aos pés do que tinha recebido.

O sininho prateado preso à maçaneta tilintou depois que eles passaram pela porta. Tommy observou os meninos irem embora, aliviado por finalmente ter algum tempo para si mesmo.

Não que desgostasse dos clientes; a Farrington's Vintage Guitar era conhecida por atrair um público muito específico, obcecado por música, mas não era bem o emprego que ele havia imaginado ao chegar a LA. Tommy tinha vários talentos, e todos estavam sendo desperdiçados. Se as coisas não melhorassem, sua única alternativa seria encontrar aqueles moleques e implorar por um teste para a banda.

Além de tocar guitarra, também cantava. Não que alguém se importasse. Sua última tentativa de tocar profissionalmente tinha sido um fracasso. Os cem panfletos que havia espalhado pela cidade (com uma foto chamativa dele usando uma calça jeans desbotada caindo no quadril e uma guitarra na frente do peito nu) só levaram a duas respostas. Uma de um pervertido pedindo para fazer um "teste" (Tommy considerou seriamente trocar de número ao ouvir a risadinha doentia que veio em seguida ao pedido). A outra foi um show de verdade em um café local que parecia promissor, até suas músicas autorais serem aniquiladas pelo gerente, que fazia questão de que Tommy só tocasse covers acústicos dos maiores sucessos de John Mayer durante três horas. Pelo menos, tinha conquistado uma fã loura quarentona que lhe passara um guardanapo amassado com o nome do hotel onde estava hospedada e o número do quarto rabiscados em vermelho, e que piscara enquanto rebolava (impossível descrever com outra palavra) porta afora, certa de que ele a seguiria.

Ele não seguiu.

Mas precisava admitir que ficou tentado. Tinham sido seis difíceis meses desde que ele chegara a LA, e ela era muito bonita e estava em forma, a julgar pelo vestido que contornava cada curva. E, mesmo apreciando sua franqueza e sabendo que "Your Body is a Wonderland" poderia ter sido composta para ela, ele não conseguia lidar com a ideia de ser uma mera distração para uma mulher que tinha se cansado dos homens de sua idade.

O que Tommy mais queria era ser levado a sério.

Foi por isso que se mudou para o outro lado do país carregando todas as suas posses mundanas (um bocado de camisetas, algumas calças jeans velhas, uma vitrola que pertencera à sua mãe, a adorada coleção de vinil, uma pilha de livros e uma guitarra usada de seis cordas) enfiadas no porta-malas do carro.

Claro, ele sabia que ia levar um tempo para se estabelecer, mas a falta de shows nunca fez parte do plano.

Nem o emprego de vendedor de guitarras, mas pelo menos ele podia dizer à mãe que estava trabalhando na indústria musical.

Virou a página da revista e viu uma matéria de página inteira elogiando os Strypes (moleques de 16 anos prestes a dominar o mundo, fazendo Tommy se perguntar se chegara ao auge dois anos antes e perdido completamente a chance).

Quando a porta se abriu, Tommy ficou feliz pela distração, mas deu de cara com um babaca rico totalmente deslocado em meio aos pôsteres de Jimi Hendrix, Eric Clapton e B. B. King nas paredes. Seu jeans e sua camiseta de grife deviam custar mais do que Tommy ganhava em uma semana. Isso sem falar do blazer de camurça, do relógio de ouro brilhante e dos mocassins caros, provavelmente feitos à mão por artesãos italianos, que deviam custar mais do que todos os bens de Tommy, incluindo o carro.

Estilo de vida turista.

Los Feliz era cheio deles. Ricos, pseudo-hipsters, entrando e saindo dos milhares de cafés, galerias e lojas excêntricas da região, esperando adquirir um pouco de credibilidade com a vivência das ruas antes de voltar para a vidinha de Beverly Hills e impressionar todos os amigos com histórias de sua jornada ao desconhecido.

Tommy franziu a testa e passou a matéria. Ler sobre os Strypes o estava deprimindo.

Esperar o cliente terminar a voltinha obrigatória pela loja, talvez até pedir um cartão (eram ótimos suvenires: provavam que a pessoa tinha mesmo estado lá!), também o estava deprimindo.

Mas, ao contrário dos Strypes, esse cara uma hora ia sair da vida de Tommy. Enquanto isso, todas as bandas da revista pareciam rir da cara dele, deixando claro o fracasso que sua mudança para LA tinha se tornado.

Chegando à conclusão de que devia fazer um pequeno esforço e dar alguma atenção ao idiota pretensioso que invadia seu espaço, ele começou a falar, mas as palavras ficaram entaladas e ele se viu babando como o pior tipo de *groupie*.

Era Ira.

Ira Redman.

O bambambã superbem relacionado dono da Unrivaled Nightlife, e por acaso também seu pai.

Ainda que "pai" nesse caso fosse, na verdade, um termo técnico. Ira era mais um doador de sêmen que um pai de verdade.

Para começar, não fazia ideia de que Tommy existia.

Mas, enfim, até seu décimo oitavo aniversário, Tommy também não sabia nada a respeito dele. Tinha acreditado na história que a mãe contou sobre o pai herói de guerra que morrera muito jovem. Descobriu a verdade por acaso. Mas, quando o fez, seu destino estava selado. Para a preocupação da mãe (e também dos avós, da ex-namorada e da orientadora educacional), ele pegou o dinheiro que economizara para a faculdade, se formou mais cedo no ensino médio e seguiu para LA.

Tinha tudo planejado. Primeiro, encontraria um apartamento ótimo (uma pocilga em Hollywood), depois arranjaria um emprego incrível (Farrington's estava muito longe de ser incrível) e então, armado com todos os detalhes que havia reunido sobre o pai, um oferecimento do Google, da Wikipédia e de um exemplar arquivado da *Maxim*, ele encontraria Ira Redman e o confrontaria como o jovem independente e digno que era.

O que não esperava era se sentir completamente intimidado só pela presença de Ira.

Logo depois de chegar a LA, encontrou e seguiu Ira, observando-o pelo para-brisa rachado da lata-velha que, em Tulsa, parecia tirar onda, mas, em LA, era tão ofensiva que até os manobristas zombavam quando a viam. Tommy viu o jeito desdenhoso e esnobe com que Ira saiu de seu Escalade com chofer e entrou no restaurante feito um homem que consumia poder, não comida. Seu olhar sombrio e atento era coberto por uma crueldade calculada que imediatamente convenceu Tommy de que aquilo estava além de suas capacidades.

A fantasia do reencontro que motivara sua viagem de Oklahoma à Califórnia no mesmo instante evaporou na neblina de poluição de Los Angeles, enquanto Tommy fugia, jurando que iria ficar famoso antes de tentar aquilo outra vez.

E agora ali estava ele. Ira Redman, aspirando oxigênio como se também tivesse ações do ar.

— Oi — murmurou Tommy, escondendo as mãos sob o balcão para Ira não ver como tremiam por sua causa, embora a voz falhando certamente o entregasse. — E aí?

A pergunta era bem simples, mas Ira escolheu transformá-la em um momento. Um momento constrangedor. Ou, pelo menos, foi constrangedor para Tommy. Pareceu que Ira ficara contente por ficar parado ali sem mais nem menos, olhando fixamente como se avaliasse o direito de Tommy existir.

Não recue, não seja o primeiro a desviar o olhar, não demonstre fraqueza. Tommy estava tão concentrado em como *não* reagir que quase não notou quando Ira apontou um dedo insolente para a guitarra bem atrás do balcão.

Estava claro que Ira tinha decidido tirar uma folga da conquista do mundo para satisfazer alguma fantasia latente de ser um astro do rock. Por Tommy, tudo bem, ele precisava vender. Mas nem morto permitiria que Ira fosse embora com a linda 12 cordas que lhe pertencia mentalmente desde o momento em que a prendera sobre o peito e dedilhara o primeiro acorde.

De propósito, Tommy pegou a guitarra logo acima da sua, tirando-a dos ganchos na parede, mas Ira o corrigiu.

— Não, a que está atrás de você. A azul-metálico. — Falava como se fosse uma ordem. Como se Tommy não tivesse escolha senão obedecer, satisfazer a todos os seus caprichos. Era irritante. Degradante. E aumentava ainda mais a mágoa que Tommy sentia por Ira.

— Não está à venda. — Tommy tentou direcionar Ira para outra, mas o homem não aceitou.

Os olhos azul-marinho, do mesmo tom dos de Tommy, focaram-se enquanto seu maxilar se contraía, gesto muito parecido com o que o rapaz fazia quando tentava tocar uma música difícil.

— Tudo está à venda. — Ira avaliou Tommy com uma intensidade que fez o rapaz se retrair. — É só questão de negociar o preço.

— Pode ser, *brow*. — Brow? *Ele tinha chamado Ira Redman de* brow? Sem se deter nisso por tempo demais, Tommy acrescentou, depressa: — Mas essa é minha, e vai continuar sendo.

O olhar duro de Ira se fixou no de Tommy.

— Que pena. Mesmo assim, se importa que eu dê uma olhada?

Tommy hesitou, o que foi meio idiota, porque é claro que Ira não ia roubá-la. E ainda assim precisou de toda a sua força de vontade para entregar o instrumento e observar Ira equilibrá-lo nas mãos como se esperasse que o peso revelasse algo importante. Quando a prendeu sobre o peito e fez uma pose ridícula de pseudodeus do rock, com uma risada alta e inclusiva como se ambos entendessem a piada, Tommy precisou controlar a vontade de vomitar ali mesmo.

Ver Ira maltratando seu sonho deixou a camiseta do Jimmy Page que Tommy estava usando molhada de suor. E sua lentidão, fingindo fazer uma inspeção completa quando estava na cara que não sabia o que procurar, deixava claro que ele estava se exibindo.

Mas por quê?

Era assim que gente rica e entediada se divertia?

— É linda. — Devolveu o instrumento enquanto Tommy, aliviado ao vê-lo em segurança longe de Ira, prendia-o novamente à parede. — Entendi por que você gostaria de tê-la. Mas continuo duvidando de que seja sua.

As costas de Tommy se enrijeceram.

— Você a segura de um jeito... — Ira colocou as mãos bem cuidadas no balcão, os dedos abertos, o relógio de ouro cintilando como um insulto cruel, como se dissesse: "Sua vida poderia ter sido assim, com todo o privilégio e riqueza, atormentando pseudorockstars e esculhambando os sonhos deles só por diversão." — Você a segura com reverência demais para ser o dono. Não está confortável com ela. É uma parte *separada* de você, não uma parte *de* você.

Tommy contraiu os lábios. Ele se mexeu, desconfortável. Não fazia ideia de como responder. Embora não tivesse dúvida de que tudo aquilo fosse um teste no qual tinha fracassado.

— Você segura essa guitarra como se ela fosse uma garota que você não acredita que vai conseguir comer, e não como uma namorada que você já está acostumado a comer. — Ira riu, exibindo uma boca cheia de dentes artificiais: soldados brancos brilhantes em formação perfeita. — Então que tal eu dobrar o que quer que você ache que pode pagar por ela? — Sua risada morreu tão rápido quanto começou.

Tommy balançou a cabeça e olhou para suas botas velhas de motociclista, que, na presença de Ira, perderam todo o charme. As solas estavam acabadas. O cano estava rasgado. Era como se suas botas preferidas de repente se virassem contra ele, lembrando-lhe do imenso abismo entre ele e seu sonho. Mesmo assim, era melhor do que olhar para Ira, que claramente o achava um idiota.

— Tudo bem: então o triplo.

Tommy se recusou a dar atenção à oferta. Ira era louco. Toda aquela cena era uma loucura. Diziam que ele era um negociador implacável, mas tudo aquilo... por causa de uma guitarra? Pelo que Tommy tinha lido sobre Ira, a única música que importava para ele era a saideira, que tocava quando ele recolhia o dinheiro de todas as suas boates.

— Você negocia bem. — Ira riu, mas não foi uma risada real. O tom estava muito estranho.

E Tommy nem sequer havia olhado para ele para saber que seus olhos tinham se estreitado, sua boca se abrira e seu queixo estava erguido daquele seu jeito arrogante. Ele tinha visto muitas fotos de Ira sendo um desgraçado falso e esnobe. Memorizara todas elas.

— E se eu quadruplicar a oferta, entregar meu cartão de crédito e você entregar a guitarra? Imagino que trabalhe por comissão. É difícil recusar uma oferta dessa.

Estava na cara que Ira percebera que ele era um artista frustrado e falido, e mesmo assim Tommy manteve sua posição.

A guitarra era dele.

Ou pelo menos seria assim que ele tivesse recebido mais alguns pagamentos.

E, embora fosse uma jogada arriscada negar alguma coisa a Ira Redman, Tommy o viu finalmente desistir e sair da loja com a mesma arrogância com que tinha entrado.

Tommy abraçou a guitarra, mal acreditando que quase a perdera. Se conseguisse sobreviver aos próximos meses, economizaria o suficiente para torná-la oficialmente sua. Demoraria menos se fizesse greve de fome.

E foi assim que Ira o encontrou: atrás de um balcão de vidro sujo, abraçando sua guitarra dos sonhos como se fosse uma amante.

— O Farrington quer falar com você. — Ira empurrou o celular para Tommy, que não teve escolha senão pegá-lo.

Quem diria que Ira e Farrington eram amigos?

Ou melhor, quem não diria que Ira tinha influência sobre o proprietário da loja?

O maldito Ira conhecia todo mundo.

A conversa podia ter sido breve, mas nem por isso foi menos humilhante, e Farrington ordenou que Tommy vendesse a guitarra a Ira pelo preço original. Também pode ter mencionado algo sobre demissão, mas ele já estava devolvendo o telefone, reduzindo a bronca furiosa de Farrington a um distante som abafado.

Lutando contra lágrimas ridículas demais, Tommy entregou a guitarra. Merda! Ele não tinha chorado nem na noite em que se despedira de Amy, a namorada com quem passara os últimos dois anos.

Não podia, não queria chorar por uma guitarra.

E definitivamente não ia chorar por seu pai fazê-lo de idiota, jogando na sua cara o quanto ele era insignificante no mundo.

Um dia Tommy daria o troco, provaria seu valor e faria Ira se arrepender de ter entrado na Farrington's.

Não sabia como, mas faria. Estava mais determinado do que nunca.

Com a guitarra nas mãos (paga com o cartão Amex Black que devia ter limite de um trilhão de dólares), Ira lançou a Tommy um último olhar de avaliação antes de tirar do bolso interno da jaqueta um peda-ço de papel dobrado e empurrá-lo sobre o balcão.

— Boa tentativa, garoto. — Ele se dirigiu à porta, com a guitarra pendurada no ombro. — Talvez você tivesse conseguido comprá-la antes, se trabalhasse para mim.

TRÊS

REASONS TO BE BEAUTIFUL

Aster Amirpour fechou os olhos, respirou fundo e deslizou para a água até as bolhas cobrirem sua cabeça e o mundo exterior desaparecer. Se precisasse escolher um lugar feliz, seria esse: encapsulada no abraço quentinho de sua Jacuzzi, livre do fardo das expectativas dos pais e do peso do olhar de desaprovação deles.

Não era de surpreender que preferisse sereias a princesas quando criança.

Ela só voltava à superfície quando seus pulmões se contraíam em protesto. Piscando para tirar a água dos olhos, afastou o cabelo do rosto, deixando-o se espalhar em longas tiras escuras que flutuavam até sua cintura, e ajustou as fitas do biquíni da Burberry. Aquele que levara um mês para convencer a mãe a comprar e depois outro mês para conseguir permissão para usá-lo, e mesmo assim só dentro dos limites murados do quintal.

"Só vejo quatro triângulos minúsculos e um punhado de fitinhas frágeis!". A mãe segurava as peças ofensivas com as pontas dos dedos e as balançava, parecendo escandalizada.

Internamente, Aster revirou os olhos. A função dos biquínis não era exatamente essa? Exibir o máximo possível de pele jovem e bela enquanto ainda se tinha isso para exibir?

Deus me livre usar algo que pudesse ser considerado altamente indecente dentro dos limites de Tehrangeles, onde morava.

"Mas é da *Burberry*!", argumentara Aster, tentando apelar para o vício da mãe em compras caras. Como não adiantou, acrescentou: "E se eu prometer só usar em casa?". Ela havia observado a mãe, tentando avaliá-la, mas o rosto da mulher continuava despótico como sempre. "E se eu prometer só usar em casa quando estiver sozinha?"

A mãe ficara parada silenciosamente diante da filha, analisando o valor de uma promessa que Aster não tinha a intenção de cumprir. Aquilo tudo era ridículo. Aster tinha 18 anos! Já deveria poder comprar as próprias coisas a essa altura, mas seus pais gostavam de manter a rédea tão curta com seus gastos quanto com suas idas e vindas.

Quanto a arranjar um emprego e financiar os próprios biquínis, Aster sabia muito bem que não devia tocar nesse assunto. Fora as raras exceções de uma advogada aleatória aqui, uma pediatra conhecida ali, as mulheres da família de Aster não trabalhavam fora. Elas faziam o que era esperado: casavam-se, cuidavam da família, passeavam no shopping, almoçavam e organizavam bailes de caridade de vez em quando, sempre fingindo estar satisfeitas, mas Aster não acreditava naquilo.

Qual o sentido de frequentar uma das melhoras universidades do país se aquela educação cara nunca seria posta em prática?

Era uma pergunta que Aster só fizera uma vez. O olhar gélido que recebera como resposta serviu como um aviso para nunca mais tocar no assunto.

Embora amasse a família com todas as forças, embora fosse capaz de qualquer coisa por ela (até morreria se fosse preciso), absoluta e resolutamente não viveria pelos parentes.

Era pedir demais.

Respirou fundo, prestes a mergulhar outra vez, quando seu telefone tocou. Ela saiu da Jacuzzi tão rápido que teve de puxar a parte de baixo do biquíni quando a água ameaçou arrancá-la.

Ao ver o nome de seu agente na tela, cruzou os dedos, tocou o pingente *hamsa* de ouro e diamantes (um presente da avó) para dar sorte e atendeu à ligação, tentando transmitir a capacidade de grande profundidade emocional em um único *alô*.

— Aster! — A voz do agente explodiu no fone. — Tenho uma oferta interessante para você. Pode falar agora?

Ele estava ligando para falar de um teste. Ela se dedicara de corpo e alma, e claramente tinha funcionado.

— É sobre o comercial, não é? Querem que eu comece quando? — Antes que Jerry conseguisse responder, ela já estava imaginando como contaria aos pais.

Estavam passando o verão em Dubai, mas ela precisaria contar mesmo assim, e eles iam surtar. Desde pequena, sonhava em se tornar uma atriz mundialmente famosa, sempre implorando à mãe que a levasse aos testes, mas seus pais tinham outros planos. Desde o momento em que a primeira ultrassonografia revelou que Aster era uma menina, ela foi treinada para corresponder a um conjunto de expectativas que pareciam bastante simples: ser bonita, ser meiga, tirar boas notas e manter as pernas bem fechadas até se casar com o Garoto Persa Perfeito escolhido pelos pais no dia seguinte à formatura da faculdade, e começar a produzir Bebês Persas Perfeitos dez respeitáveis meses depois.

Ainda que não tivesse nada contra casamento e bebês, Aster estava empenhada a postergar esses controladores de sonhos pelo maior tempo possível. E, uma vez que havia chegado sua chance, ela estava decidida a mergulhar de cabeça.

— Não é sobre o comercial.

Aster piscou e apertou mais ainda o telefone, certa de que tinha ouvido mal.

— Eles mudaram de planos.

A mente de Aster voltou àquele dia. Será que não tinha convencido o diretor de que aquele cereal nojento era a coisa mais gostosa que já havia colocado na boca?

— Eles querem alguém de outra etnia.

— Mas eu sou de outra etnia!

— Uma etnia diferente. Aster, olha, sinto muito, mas essas coisas acontecem.

— Acontecem? Ou só acontecem comigo? Ou sou de outra etnia, da etnia errada, ou... lembra aquela vez em que disseram que eu era bonita demais? Como se existisse uma coisa dessas.

— Vão aparecer outros testes. Lembra do que falei sobre a Sugar Mills?

Aster revirou os olhos. Sugar Mills era a cliente mais bem-sucedida de seu agente. Uma pseudocelebridade sem talento descoberta no Instagram graças ao impressionante número de pessoas sem nada melhor para fazer além de seguir as aventuras diárias do corpo photoshopado de Sugar. Por causa disso, ela havia conseguido um importante comercial no qual comia um hambúrguer enorme e nojento de biquíni, o que inexplicavelmente a levou para um filme que ainda não foi lançado, no papel da namorada inapropriadamente mais nova de um velho. Só de pensar, Aster ficava ao mesmo tempo enjoada e morrendo de inveja.

— Imagino que você já tenha ouvido falar de Ira Redman — disse Jerry, quebrando o silêncio.

Aster franziu a testa e entrou outra vez na água até as bolhas chegarem na altura dos ombros.

— Quem não ouviu? — disparou ela, mais do que irritada com um sistema que idolatrava garotas como Sugar Mills e não dava uma chance a Aster, mesmo sendo muito melhor. — Mas a não ser que o Ira tenha decidido entrar para a indústria cine...

— O Ira não está fazendo filmes. Pelo menos por enquanto. — Jerry falava como se o conhecesse pessoalmente, e Aster apostaria que não. — Mas está fazendo um concurso para promoters de boate.

Ela fechou os olhos. Aquilo não era nada bom. Nada bom. Ela se preparou para o que viria em seguida.

— Se você conseguir entrar, vai passar o verão promovendo uma das boates do Ira que, como você deve saber, são frequentadas por alguns dos atores mais importantes de Hollywood. A exposição vai ser ótima, e o vencedor vai ganhar dinheiro. — Ele hesitou, permitindo que as palavras fossem absorvidas enquanto Aster lutava para controlar sua decepção.

Ela saiu da Jacuzzi. O calor da água mais o calor de sua humilhação eram insuportáveis.

— Parece suspeito. E sórdido. E baixo nível. E desesperado. E basicamente muito inferior a mim — disse, preferindo terminar a ligação descalça, molhada e tremendo.

Ela olhou para a casa, um enorme e exagerado monumento em estilo mediterrâneo à riqueza de sua família, com suas quadras de tênis, galerias cobertas, grandes fontes adornadas com querubins e gramados bem cuidados. Riqueza que um dia seria dela e do irmão, Javen, desde que seguissem os planos rígidos e monótonos dos pais para a vida deles.

Ela estava cansada das tentativas dos pais de usar a herança para influenciá-la. Cansada da confusão emocional que eles causavam insistindo que ela escolhesse entre agradá-los e seguir seus sonhos. Bom, que tudo fosse para o inferno. Aster não ia mais fingir. Sabia o que queria e seus pais simplesmente teriam que lidar com isso. E, se Jerry achava que era uma boa estratégia de carreira, estava claro que havia chegado a hora de cortar o cordão umbilical e seguir em frente. Precisava existir outro caminho. Alguém para guiar melhor sua carreira. O problema era que, de uma lista muito longa, Jerry fora o único agente que se dispusera a conhecê-la.

— Você está errada quanto ao Ira — disse ele. — Ele é gente fina, e as boates atraem a nata. Você já foi a alguma?

— Acabei de fazer 18 anos. — Estava irritada por precisar lembrá-lo. Ele era seu agente, deveria saber.

— É. — Deu uma risada. — Como se isso já tivesse impedido alguém. Fala sério, Aster, sei que você não é tão inocente quanto gosta de fingir.

Ela franziu a testa, incapaz de definir se ele havia acabado de dizer algo completamente inapropriado ou se era apenas o que achava. Aster estava acostumada à reação dos homens. Mesmo homens mais velhos, homens que deveriam saber se comportar. Mas, ao que parecia, era preciso mais que pele macia, pernas longas e o tipo de estrutura óssea abençoada que fotografava bem para conseguir uma carteira do Sindicato dos Atores.

— Então, você está mesmo tentando me convencer de que ser hostess de uma boate vai impulsionar minha carreira de atriz?

— Promoter de uma boate. Para ninguém menos que Ira Redman.

— Por que não tirar fotos da minha bunda e postar no Instagram? Deu certo para a Sugar.

— Aster. — Pela primeira vez desde o começo da conversa, Jerry estava perdendo a paciência.

Bem, não era o único, mas Aster era inteligente e desesperada o bastante para saber quando ceder.

— Então, como funciona? Você vai pedir dez por cento?

— O quê? Não! — vociferou ele, como se ela tivesse dito alguma loucura. Como se esse não fosse o papel principal do agente. — Sei como é difícil conseguir uma chance, e realmente acho você especial. Foi só por isso que assinei com você. Esse trabalho com o Ira vai colocá-la diante de pessoas mais influentes em uma noite do que vinte testes juntos. Se você acredita mesmo que o caminho da fama é degradante demais, talvez não queira tanto quanto diz.

Ela queria. Pegou uma toalha em uma espreguiçadeira próxima e se enrolou nela. E, embora não fosse a mesma coisa que conseguir o papel principal (ou qualquer papel), precisava começar de algum lugar.

Além do mais, Jerry estava certo. Todo mundo sabia que as boates de Ira atraíam um monte de gente de Hollywood, e em uma cidade cheia de jovens maravilhosas, todas movidas pelo mesmo sonho de fama e fortuna, isso podia ser exatamente a ajuda de que Aster precisava para descobrirem que achado ela era.

Tentando reunir um pequeno entusiasmo que ainda não sentia, ela foi para a casa da piscina e disse:

— Vou pegar uma caneta para anotar os detalhes.

QUATRO

CELEBRITY SKIN

Madison Brooks se espreguiçou na *chaise* aveludada que ficava no canto de seu imenso closet, bebendo o suco verde fresco que sua assistente, Emily, trouxera, e torcendo o nariz para os vestidos que sua estilista, Christina, tirava de várias capas de roupas com os nomes das butiques mais exclusivas de LA.

Era uma de suas atividades preferidas em um de seus lugares preferidos. Seu closet servia como uma espécie de santuário contra as demandas incessantes de sua vida. Cada item, das cômodas espelhadas aos tapetes de trama macia no chão, passando por candelabros de cristal no teto e papel de parede de seda pintado à mão, tinha sido cuidadosamente escolhido para causar uma sensação absoluta de luxo, conforto e paz. A única coisa que destoava um pouco era Blue dormindo a seus pés.

Enquanto algumas aspirantes a celebridades preferiam seus cachorros de raça preciosos, para Madison, seu vira-lata desgrenhado de origem indefinida era tudo o que um cachorro devia ser: estável, forte, sem frescuras e meio doido. Também era assim que ela preferia seus namorados, ou pelo menos na época em que tinha permissão de escolhê-los por conta própria.

Se havia uma coisa que surpreendia Madison na mecânica interna de Hollywood, era o fato de lidarem com os relacionamentos como se não passassem de uma mercadoria, algo a ser negociado e arranjado por uma equipe de empresários, assessores de imprensa e agentes ou, às vezes, pelas próprias celebridades.

O parceiro certo podia aumentar o prestígio de um ator com muito mais facilidade do que vários outros fatores, garantindo publicidade interminável, um lugar permanente nos tabloides e, pior, o fenômeno fofo e irritante de mesclar os nomes. O problema era que a maioria dos atores estava tão acostumada a mergulhar no personagem que realmente começava a acreditar que tinha encontrado a pessoa que daria sentido à sua vida. Que a completava. Ou qualquer que fosse a fala de filme que lhe enfiavam goela abaixo desde criança.

— Acho que este ficaria bem com aqueles Jimmy Choo novos. — Christina balançou um vestido *color block* fofo diante dela, mas Madison não queria nada *fofo*. Queria algo especial, não as mesmas coisas batidas que todo mundo estava usando.

Seu telefone apitou, mas ela ignorou. Não porque fosse preguiçosa (não era), ou porque fosse mimada no limite do ridículo (era), mas porque sabia que era Ryan e não estava interessada em fazer um FaceTime com ele.

Christina hesitou, mas Madison assentiu para que ela continuasse, até que a sempre fiel Emily entrou, pegou o celular de Madison na mesa e disse, tentando conter a empolgação:

— É o Ryan!

Madison lutou contra a necessidade de rir. Emily era uma boa assistente, estável, leal, mas por causa de sua paixonite de fã por Ryan não dava para confiar. Quanto menos soubesse dos verdadeiros sentimentos de Madison por Ryan, melhor.

— Oi, amor. — A voz de Ryan soava preguiçosa e grave quando seu cabelo louro-areia e olhos verdes sonolentos preencheram a tela. — Passei o dia inteiro pensando em você. Você pensou em mim?

Madison viu Christina e Emily saírem do quarto de fininho e fecharem a porta.

— Claro. — Ela afundou ainda mais nas almofadas e cobriu as pernas com uma manta de caxemira.

Sempre que Ryan estava por perto, ou até no FaceTime, ela se via pegando um travesseiro, um cobertor, qualquer coisa que encontrasse para formar uma barreira entre eles.

— É? E no que exatamente ficou pensando? — Ele se esparramou no sofá de seu trailer do set, a cabeça apoiada em uma almofada, a mão mexendo no cinto.

— Você não ia aguentar — disse ela, mal conseguindo disfarçar o tom de ressentimento por ele sempre a pressionar a fazer coisas que a deixavam desconfortável.

Não que ela fosse puritana, longe disso, e Ryan não deixava de ser um belo espécime masculino. Afinal, sendo um astro lindo e jovem de uma série popular de TV, Ryan Hawthorne era o combustível de incontáveis fantasias adolescentes. Só não fazia o tipo dela, e nem toda a publicidade do mundo conseguiria mudar isso. Depois de aguentá-lo pelos últimos seis meses, estava mais do que pronta para terminar. Mas seu agente tinha outras ideias e estava fazendo uma campanha ativa para ela continuar a farsa até fechar seu próximo contrato. Só que não era ele quem tinha que beijar Ryan, vê-lo mastigar de boca aberta ou rechaçar sua constante necessidade de sexo pelo FaceTime. Os carinhos em público tinham durado tempo suficiente. Estava na hora de RyMad morrer. Embora fosse importante fazer tudo a seu tempo.

— Ah, não aguento. — A voz dele estava rouca e a respiração, ofegante, enquanto seus dedos puxavam o zíper.

Em meio segundo aquela calça seria tirada.

— Amor... — Ela deixou a voz mais grave do jeito que Ryan gostava. — Você sabe que a Christina está aqui. A Emily também.

— É, então, mande elas saírem para resolver alguma coisa ou sei lá. — Ele baixou a cueca até os joelhos. — Estou com saudades de você, amor. Preciso de um momento com a Mad.

Madison encolheu-se. Detestava quando ele dizia coisas tipo *momento com a Mad*... Não era nada sexy. Também não era nada sexy ver Ryan Hawthorne nu em sua tela, apesar do que seus milhões de fãs podiam pensar.

— Mas ainda não encontrei um vestido para o *Jimmy Kimmel* amanhã... — murmurou ela, esperando ser convincente.

— O Jimmy tem *isto*?

— Tenho certeza de que sim. — Ele estava distraído demais para perceber que ela havia revirado os olhos.

— Você sempre fica linda, amor. — A voz dele estava rouca.

Madison colocou o celular no mudo, tocando distraidamente a cicatriz na parte interna de seu braço, a única marca em sua pele branca perfeita. Com frequência, perguntavam-lhe sobre isso em entrevistas, mas Madison tinha uma resposta bem ensaiada para tudo o que se referia ao passado.

Esperou Ryan terminar, perguntando-se quanto tempo mais conseguiria enrolá-lo sem demonstrar o quanto passara a desprezá-lo. Quando terminou, ela aumentou o volume e ronronou:

— Você não imagina a minha saudade. — Não era uma mentira completa, ela racionalizou, pois obviamente Ryan não sabia que ela não estava com a mínima saudade. — Mas não é uma boa hora.

Ele não fez nenhuma menção de se cobrir, embora Madison tivesse deixado claro que não ficaria para ver o segundo round. Ainda que um segundo depois ele estivesse vestindo a camiseta e perguntando:

— Fica para a próxima?

Essa era a única coisa boa em Ryan: tinha a capacidade de concentração de um mosquito, e seu humor oscilava com facilidade. Ele estava prestes a marcar uma hora, quando Madison deu um sorriso como se pedindo desculpas e apertou *End*.

Ela se encostou nas almofadas e esperou. Emily e Christina deviam estar grudadas na porta, entreouvindo. Logo entrariam.

— Então... — Como se obedecesse à sua deixa, Christina espiou dentro do closet com os olhos azuis preocupados e os ombros levantados até a altura das orelhas. — Nenhum deles funcionou?

Madison assustou-se. Talvez aqueles vestidos não fossem tão ruins quanto ela havia pensado. Sem dúvida, valia a pena ficar com pelo menos um.

Mas, enfim, por que não fingir que os odiava? Era bom deixar as pessoas nervosas. Fazê-las se dedicar mais. Aprimorar seu jogo.

Ela franziu o nariz e balançou a cabeça. Tinha pela frente um verão quente e longo de talk-shows, divulgação de filmes e sessões de fotos. Christina precisaria de mais um esforcinho.

— Pelo que eu soube, a Heather está louca para usar o preto — disse Christina.

Madison cruzou as pernas e, de propósito, usou o pé para cutucar Blue, que ainda dormia, e achou graça das suas orelhas se erguendo por um segundo e caindo outra vez. Pensar em sua ex-coadjuvante insuportável a deixou de cara emburrada. Heather estava sempre tentando se promover por meio de seus contatos, por mais insignificantes que fossem, para chegar a celebridades mais importantes, e Madison nunca se perdoaria por ter caído nessa.

Foi no início, quando se conheceram. Madison estava sozinha e ficou tão grata por fazer uma amizade em uma cidade na qual não conhecia ninguém que ignorou os traços mais alarmantes de Heather, como a competitividade patológica. Mas, assim que se tornou famosa e sua estrela passou a brilhar tanto que a de Heather foi reduzida a uma faísca, os comentários maliciosos, os insultos mal disfarçados e as crises de ciúmes aumentaram de tal forma que Madison não conseguiu mais ignorá-los. Então, afastou-se de Heather. Visitou o abrigo para cães local e encontrou seu novo melhor amigo, Blue. Jamais se arrependeu. Mesmo assim, Heather nunca parou de persegui-la, sempre mencionando-a no Twitter ou tentando imitar tudo o que ela fazia, como se houvesse uma fórmula para o sucesso além de trabalho pesado, determinação e uma pitadinha de pó mágico. Que saco!

— Bom, acho que ela só quer porque acha que você quer. — Christina virou-se para a arara de roupas e começou a fechar as capas pesadas para levá-las de volta ao carro. Ver isso deixou Madison meio triste por apressar o processo.

Depois do fiasco com Heather, Madison não tinha feito nenhum outro amigo. Sem dúvida, tinha muitas parasitas, mas nenhuma melhor amiga. O problema com as garotas (as legais, não as loucas feito Heather) era que sempre queriam investigar a fundo demais. Compartilhar e confidenciar, vasculhar seus pensamentos mais íntimos, explorar o território dos problemas maternos e paternos mútuos e, ao contrário dos garotos, não dava para dissuadi-las com sexo (ou pelo menos não a maioria). Pelo contrário, elas exigiam respostas. Madison simplesmente não podia arriscar ter esse tipo de intimidade. Os momentos passados experimentando roupas e fofocando com Christina eram o mais perto que ela chegava de uma amizade entre garotas.

— Bom, ela vai ficar decepcionada quando descobrir que o rejeitei. — Madison estava determinada a atrasar a partida de Christina pelo máximo de tempo que pudesse. — A não ser que a gente não conte para ela. Pode ser divertido vê-la tentar me superar em mais uma rodada de *Quem vestiu melhor?*

Christina abriu um sorriso malicioso. Tinha a reputação de ser a melhor, limitando sua lista de clientes aos membros da mais alta elite de Hollywood.

— Acho que isso não vai acontecer tão cedo.

Os lábios de Madison curvaram-se em um meio-sorriso enquanto ela cutucava Blue outra vez com o pé.

— Você está aqui há mais de uma hora e a única fofoca que me conta é sobre a Heather? Está me escondendo alguma coisa?

Christina a olhou pasma, e depois, percebendo que Madison estava brincando (bom, mais ou menos), relaxou e disse:

— Foi uma semana calma, mas ouvi algo sobre uma competição que o Ira Redman está fazendo. Ficou sabendo? Ele espalhou panfletos pela cidade inteira.

Madison olhou para ela, curiosa. Conhecia Ira como conhecia a maioria das pessoas ligadas à indústria: através do circuito de festas, eventos de caridade e premiações. Claro que conhecia a reputação de "czar" das boates de LA dele, todo mundo conhecia, mas a maior parte do contato entre os dois se resumira às tentativas de Ira de atraí-la para uma de suas boates com lisonjas e presentes. Em seu último aniversário, ele havia lhe enviado uma bolsa Kelly vermelha da Hermès, que custava três vezes mais que a da Gucci que seu agente mandara. Ela a desembrulhara depressa, adicionando-a à sua coleção de bolsas de grife, e pediu que Emily mandasse um cartão de agradecimento.

— Enfim, tem algo a ver com a divulgação das boates dele, mas tenho uma amiga lá dentro que disse que você está na lista de troféus. Então, prepare-se para um monte de adolescentes desesperados tentando atraí-la!

Madison afundou ainda mais nas almofadas, deixando escapar um suspiro de satisfação. E daí que sua vida fosse cheia de puxa-sacos, de bajuladores, todos muito bem pagos para inflar seu ego e rir de suas piadas? Mesmo assim, era a pessoa mais sortuda que conhecia, vivendo o tipo de existência afortunada que a maioria das pessoas nem conseguia conceber. E o acesso irrestrito a todas as coisas maravilhosas não era um dos maiores benefícios de ser rico e famoso?

A mesa perfeita em um restaurante cheio com três horas de espera.

O assento de primeira classe certo em um voo lotado.

O passe VIP para qualquer show ou evento esportivo que valesse a pena assistir.

As roupas perfeitas chegando direto à sua porta para que ela experimentasse quando quisesse.

A equipe certa de pessoas que mantinha sua vida fluindo segura e tranquilamente, pela qual ela pagava caro.

Havia trabalhado muito por esse privilégio e não via motivos para não aproveitá-lo.

Se Ira Redman queria alistar um monte de adolescentes para lisonjeá-la, quem era ela para impedir?

— Volte amanhã de manhã — disse ela, presumindo que Christina remarcaria qualquer compromisso que tivesse. — E me traz algo bonito. Quero deixar o Jimmy sem palavras. Ah, e traz também uma lista desses adolescentes da sua amiga. Gosto de saber quem está me perseguindo.

CINCO

MENTAL HOPSCOTCH

Layla sentia-se mal por mentir para Mateo, mas, sério, que escolha tinha? Naquele dia na praia, ele deixara claro o que achava da cena das casas noturnas de LA. Admitir que tinha decidido fazer a entrevista só o deixaria zangado. Além do mais, não ia dar em nada mesmo. Sem dúvida, Ira perceberia que ela não se encaixava naquele mundo.

Ela virou sua Kawasaki Ninja 250R em direção à Jewel, a boate onde seria a entrevista, prestes a pegar uma vaga recém-liberada no estacionamento quando, aparentemente do nada, uma Mercedes Classe C branca entrou em sua pista, forçando Layla pisar nos freios. Sua roda de trás derrapou desenfreadamente enquanto ela tentava controlar a moto. Até enfim parar cantando pneus e conseguir por um milagre manter o equilíbrio, observou com um misto de frustração e indignação o motorista roubar a vaga bem na sua cara.

— Ei! — gritou Layla, o coração disparado graças à experiência de quase morte. — Que merda foi essa? — Layla viu uma garota de cabelo castanho e vestido preto e justo sair do carro com tanta arrogância e tranquilidade que ficou furiosa. — Essa era a *minha* vaga! — gritou ela, indignada.

Em um lugar onde estacionamentos de rua eram escassos, roubar vagas era uma violação grave da decência comum.

A garota levantou os óculos escuros até a testa e lançou-lhe um olhar de desdém.

— Como pode ser sua vaga se estou nela?

Layla a olhou, perplexa. Estava com tanta raiva que quase cuspiu quando disse:

— Isso é sério? Você quase me matou!

A garota lançou um olhar irônico a Layla, jogou o cabelo comprido para trás do ombro e dirigiu-se à boate. Quando Layla encontrou outra vaga, pior que a anterior, a garota já tinha sumido havia muito tempo. Provavelmente havia furado a fila e já estava lá dentro, enquanto Layla se arrastava com o resto das pessoas, avançando lentamente até a porta.

Ela tirou o capacete, passou a mão pelo cabelo cor de trigo e verificou o reflexo na janela de vidro suja, torcendo para que sua camiseta cinza de gola V, seu blazer preto amarrotado e sua legging justa de couro estivessem mais para roqueira chique do que para Hell's Angel. Então, trocou as botas presadas por um par de saltos agulha de grife falsificados que tinha comprado para a ocasião e com os quais ainda não conseguia andar direito.

Apesar de ganhar a vida falando fofoca das celebridades, nem lembrava da última vez em que entrara em uma boate. A maioria de suas matérias girava em torno de deslizes de fim de noite, quando as estrelas saíam das boates cambaleando acabadas em seus Jimmy Choo e iam andando até o carro. Aqueles momentos bêbados e descuidados forneciam bastante material. Ela havia descoberto isso em primeira mão depois de quase ser atropelada por uma subcelebridade idiota dirigindo um Porsche. Usou o celular para gravar o ataque, e o cara foi atrás dela. Layla vendeu toda a cobertura para o TMZ em um ato de vingança que, sem querer, deu o pontapé inicial em sua carreira freelancer.

Não era exatamente o trabalho de escritora com o qual ela sonhava, mas a ajudou a passar pelo ensino médio sem depender do pai, cuja carreira de artista era ora banquete ora inanição. E, embora dissesse a si mesma que estava fazendo sua parte para abrir caminho em um mundo que desprezava, na maior parte do tempo sentia-se mais como um paparazzo mau caráter que como uma verdadeira jornalista. Porém, se o trabalho com Ira desse certo, ela podia deixar tudo isso para trás.

Quando finalmente chegou à porta e o segurança permitiu sua entrada (as seis pessoas à sua frente não tiveram a mesma sorte), Layla recebeu um formulário e uma etiqueta de identificação para colar no blazer. Depois, foi direcionada a um fotógrafo, que a clicou tão rápido que ela ficou sem saber se saiu piscando na foto. Ainda cega pelo flash, foi levada por outro assistente para dentro do Cofre, o lendário, cobiçado e comentado setor VIP da Jewel, que parecia o interior de uma caixa de joias aveludada (ao contrário do cofre de banco que Layla esperava), onde lhe disseram para esperar.

A maioria das pessoas se aglomerou nas cadeiras da frente e do centro em uma tentativa de ser notada, mas Layla foi direto para o fundo. Não porque fosse tímida (ela era), não porque estivesse se sentindo intimidada (claro que estava), mas porque aquele ponto de vista em particular lhe permitia avaliar o espaço, examinar os rivais e determinar quem derrotar e quem ignorar.

Embora nunca fosse competitiva por coisas corriqueiras, como ser a garota mais linda do lugar (o esforço necessário para passar de bonita a linda simplesmente não valia a pena), ou ganhar a atenção dos caras mais gatos (já estava feito: Mateo era o mais gato da cidade), quando o assunto era se dar bem em uma entrevista, ela se transformava em uma habilidosa estrategista decidida a conseguir o emprego independentemente do que custasse.

Claro que a garota que tinha roubado sua vaga (Aster, segundo sua etiqueta de identificação) estava sentada na frente e no centro e, pior, nem sequer piscou ou desviou o olhar quando Layla a pegou encarando-a descaradamente. A menina continuou focada, segura, os olhos arregalados, e ela brandia sua beleza espantosa como uma arma projetada para intimidar. Então, Layla fez a única coisa em que conseguiu pensar: revirou os olhos e desviou-os, dolorosamente consciente de que tinha acabado de voltar no tempo, direto para o ensino fundamental. Mesmo assim, ignorar as garotas más nunca foi uma opção. Não tinha funcionado naquela época, não funcionaria agora. Garotas como Aster latiam alto, mas Layla tinha uma mordida afiada e nociva. Aster seria uma idiota se a subestimasse.

O restante do grupo era basicamente uma amostra de tantos estilos que a fazia lembrar uma seleção aberta de *American Idol*. Havia góticos, punks, metaleiros, rappers, patricinhas louras, uma garota usando botas de caubói cor-de-rosa e shorts cortados tão insanamente curtos que Layla se perguntou se ela não tinha entrado por engano querendo depilar a virilha. Todos tentavam se destacar. Todos completamente sem noção, de acordo com Layla.

— Ei, você é a garota da moto, não é? — Ele tinha sotaque suficiente para não ser confundido com um nativo. — Eu vi você chegar.

O olhar de Layla passou por um par de botas de motociclista destruídas e uma calça desgastada rasgada no joelho, antes de se deter em uma camiseta vintage do Jimmy Page que parecia ter sido lavada tantas vezes que era inevitável se perguntar se ele dormia com ela.

Em resposta, deu de ombros. O constrangimento com Aster a deixara pronta para odiar praticamente qualquer um que invadisse seu espaço, a começar por esse clichê ambulante de roqueiro indie que nunca devia ter subido em uma moto na vida.

— Posso sentar aqui?

— Tanto faz — murmurou ela, tomada de vergonha assim que falou. Não tinha o hábito de ser grosseira. Mesmo assim, não estava ali para fazer amigos, e definitivamente não estava ali para conversa fiada com um cara de fora de LA, desesperado para fazer contatos, e não conseguia pensar em um jeito melhor de demonstrar isso.

Ele se sentou, acomodando-se com as pernas tão abertas que um de seus joelhos esbarrou no de Layla.

Ela suspirou alto o suficiente para que ouvissem. Tinha passado de grosseira a escrota colossal, mas ele simplesmente não se importou.

— Desculpe. — Ele juntou as pernas, o que era melhor, até seu pé começar a chacoalhar.

Ela voltou toda a concentração para o celular, fazendo o possível para ignorá-lo, mas foi inútil.

— Será que você poderia...

Ele seguiu a ponta do dedo dela, que indicava o pé saltitante.

— Ah. Acho que estou meio nervoso. — Ele riu. — O que provavelmente me faz parecer um chato, mas é verdade. Então, como você ficou sabendo?

— Olha... Será que a gente pode evitar isso? — comentou Layla, voltando-se para ele completamente sem paciência.

— Evitar o quê? — O sorriso dele era lento, grande e irresistivelmente sincero. E, quando seu olhar encontrou o dele, tudo o que ela conseguiu fazer foi inspirar com força. Seus olhos eram do tom de azul mais intenso que ela já vira.

Ela deu uma olhada rápida em sua etiqueta de identificação: *Tommy*. Fez um esforço para se controlar.

— Vamos evitar puxar assunto, ficar de conversa fiada ou fingir que somos amigos. — Seu tom foi duro, duro demais para as circunstâncias, mas ela estava começando a achar que devia ter dado ouvidos a Mateo e evitado aquele lugar.

— Você que sabe. — Tommy deu de ombros, descartando-a com tanta facilidade que foi inevitável ficar meio exasperada com aquilo também. — Mas é uma pena. Pelo que vi até agora, amigos são um artigo raro por aqui.

As palavras dele a envolveram e, embora parte dela desejasse conseguir relaxar, outra parte, a que estava frustrada, insegura e deploravelmente fora de sua zona de conforto, disse:

— Bom, bem-vindo a Hollywood.

SEIS

LONG COOL WOMAN (IN A BLACK DRESS)

Aster só precisou de cinco minutos daquela provação para descartar a sala inteira como possíveis competidores. Boates viviam de glamour e beleza; os feios não precisam se inscrever. Esse simples requerimento era suficiente para Aster garantir o topo.

Mesmo assim, Layla (Lila? Ela precisou estreitar os olhos para ler a etiqueta) podia ser uma ameaça. Não chegava aos pés da beleza de Aster, mas não se deixou intimidar naquele incidente infeliz da vaga. Aster nem sequer tinha visto a garota até já estar saindo do carro e Layla aparecer na sua frente. Tinha ficado tão agitada durante o percurso de Beverly Hills a Hollywood, alternando entre palavras de incentivo do tipo "você consegue!" e completo desespero por ter acabado de sair do ensino médio e já ter decaído a esse ponto, que, quando Layla foi atrás dela, Aster respondeu do único jeito que sabia: agindo como a pior e mais presunçosa versão de si mesma.

Todo mundo tinha um mecanismo de defesa. Alguns ficavam zangados, como Layla; alguns faziam piadas, como o irmão de Aster; e outros agiam como pavões idiotas e arrogantes. Bom, já estava feito. Não havia como voltar atrás. Além do mais, lá no fundo Aster tinha a sensação de que Layla não era tão durona quanto parecia. Como alguém acostumada a atravessar a maioria das etapas da vida atuando, Aster achava fácil reconhecer o traço em outra pessoa. O jogo tinha partes iguais de ilusão e distração, mas, no caso de Layla, era mal jogado.

Para começar, seus sapatos *não* eram Louboutin, de jeito nenhum. O vermelho da sola era de um tom completamente errado. Sem falar da altura do salto. E, do jeito que tinha entrado na sala cambaleando como um potro recém-nascido testando as pernas, estava na cara que não tinha se dado ao trabalho de andar com eles para treinar como Aster quando conseguira seu primeiro par. Que coisa de principiante! Mesmo o maior amador sabia que era preciso ensaiar o papel que queria desempenhar até dominá-lo tão completamente a ponto de se confundir com a ficção. Aquele não era o lugar de Layla. Ela podia tentar demonstrar força e competência, mas aqueles sapatos falsificados contavam a história de uma impostora tentando habitar um mundo que não compreendia. Mas Layla era tão ambiciosa e implacável quanto Aster. Disposta a jogar sujo se fosse preciso, e foi exatamente por isso que Aster se concentrou nela.

Aster era uma empreendedora, acostumada a conseguir quase tudo o que botava na cabeça. Tirava boas notas, era rainha do baile, representante da turma; tudo fora fácil para ela. Mas, com a dificuldade em deslanchar sua carreira de atriz, ela precisava desse emprego mais do que nunca. O trabalho era sórdido e completamente abaixo do que ela merecia, mas era por isso mesmo que precisava consegui-lo. Se não conseguisse se dar bem como promoter de uma boate ralé, o que isso diria a seu respeito?

Ira tomou seu lugar no púlpito e Aster não perdeu tempo em cruzar as pernas de um jeito que erguia bastante a bainha de seu vestido *bondage* Hervé Léger, esperando chamar a atenção para a vistosa coxa bronzeada e tonificada enquanto também passava a mensagem de que sabia lidar com aquele jogo.

Usando jeans escuro e uma camisa preta, de alguma forma Ira conseguia ser alto, seguro e poderoso como se estivesse atrás do púlpito presidencial usando um terno feito sob medida.

— Todos vocês têm uma coisa em comum — começou ele. — Foram atraídos para essa competição épica, para ter acesso às boates mais cobiçadas e, não podemos esquecer, pela promessa de um enorme prêmio em dinheiro.

Seu olhar percorreu a sala, e ela poderia ter jurado que se deteve um pouco mais quando encontrou o de Aster. Mas, enfim, era absolutamente possível que tivesse imaginado. Ira era magnético; o tempo parecia parar e recomeçar de acordo com a sua vontade.

— Assim como vocês, já fui jovem e ambicioso. — Ira lançou-lhes um sorriso bem ensaiado. — Naquela época, teria agarrado o tipo de oportunidade que estou oferecendo.

Outra pausa dramática. *Nossa! Está todo mundo disputando uma carteira do Sindicato dos Atores? Não é de estranhar que seja tão difícil conseguir um trabalho.*

— As regras são simples. Aqueles que entrarem receberão uma boate para promover. A princípio, vão trabalhar em equipes, mas não pensem que podem relaxar e virar um peso morto. Eu estarei vigiando. Estou sempre vigiando. Conheço todo mundo que passa pelas minhas portas, e vou saber quem se esforçou para trazer as pessoas. — Ele estendeu a mão para pegar uma garrafa de água e tomou um gole lento, propositalmente. Pareceu menos para matar a sede e mais para dar tempo para que suas palavras fossem absorvidas. Ira estava se colocando na posição de um sábio que tudo sabe e tudo vê. A julgar pelo repentino ataque de inquietude e pigarros, tinha funcionado.

— Conseguir um bom número de frequentadores em sua boate lhes rende pontos. E não vou medir palavras, já que somos todos adultos... — Ira verificou com sua assistente. — Eles são todos adultos, não é? Você conferiu as identidades? — A assistente sorriu, tímida. — No mundo das boates, quanto mais jovens, bonitos e famosos seus *troféus*, mais pontos vocês ganham. As boates são todas para maiores de idade: 18 para entrar e 21 anos para beber. Claro. — Ele ergueu uma das sobrancelhas, deu tempo para as pessoas rirem, o que obviamente elas fizeram, e depois continuou: — A cada semana, o promoter com menor pontuação será eliminado, e aquele com maior pontuação ganhará dinheiro para gastar na promoção e no planejamento de festas para suas boates. O promoter que tiver mais pontos ao final do verão ganha. Com "ganha", quero dizer que o vencedor levará *metade de todas as entradas cobradas pelas boates durante o verão.*

As palavras foram faladas pausadamente. Ou pelo menos foi assim que Aster as ouviu.

— Quanto mais todo mundo trabalhar, maior o prêmio. Os lucros podem ser *imensos* e serão do vencedor.

Blá, blá, blá. Aster não dava a mínima para o dinheiro. Claro que seria bom comprar seus próprios biquínis da Burberry, mas eram os contatos que realmente a interessavam. Seu agente estava certo: as boates de Ira atraíam a nata de Hollywood. Ela estava começando a se perguntar por que não tinha pensado nisso antes.

— Alguma pergunta? — O tom de Ira deixava claro que perguntas não eram bem-vindas, mas, assim que Aster foi levantar a mão, sem a mínima ideia do que perguntar, porém determinada a ser notada, aquela idiota da Layla foi mais rápida.

— E quanto à primeira semana?

Ira estreitou os olhos e mexeu na tampa de sua garrafa de água.

— O que tem ela?

— Vamos receber uma grana promocional para começar?

— Só 12 vão entrar. É inútil debater detalhes que não vão se aplicar à maioria.

Layla assentiu, depois lançou um olhar de soslaio a Aster.

Era óbvio que estava pouco se lixando para a resposta. Só queria a mesma coisa que Aster: ser notada por Ira em meio a um mar de concorrentes desesperados, apavorados demais para falar na frente dele.

É. Sem dúvida, valia a pena ficar de olho nela.

SETE

I CAN'T GET NO (SATISFACTION)

Tommy seguiu a assistente de Ira até seu escritório, tentando não olhar demais o jeito que seus quadris se moviam na saia preta curta. Pelo que ele vira, todas as assistentes ali eram maravilhosas. Estava na cara que seu pai vivia bem.

— Sr. Redman, Tommy Phillips está aqui. — A voz dela era formal, mas o olhar íntimo que se seguiu era tudo de que Tommy precisava para saber que Ira estava transando com ela.

Bom, pelo menos alguém na família estava se divertindo. Sua mãe desistira dos homens havia muito tempo. Dizia ser totalmente feliz morando com seu papagaio bilíngue. E em uma cidade de ostentação como LA, a beleza de Tommy mal compensava o carro ruim, o apartamento miserável e a carteira praticamente vazia.

Tommy sentou-se diante de Ira, desejando ter se preparado um pouco antes. Ele sabia da importância de ensaiar para um show, mas quando se tratou da entrevista mais importante de sua vida, não tinha sequer se dado ao trabalho de repassar algumas respostas possíveis para as perguntas inevitáveis de Ira. Mas nada poderia tê-lo preparado para a intensidade de ficar cara a cara com Ira em uma sala fechada com um bando de assistentes lindas à disposição com suas pranchetas.

Ira recostou-se na cadeira e arregaçou as mangas, deixando entrever uma pulseira de pequenas contas redondas que fazia Tommy lembrar as de oração que sua mãe sempre usava. Era uma escolha estranha para um homem feito Ira, mas a maioria dos magnatas de LA. gostava de fingir ter um lado espiritual, alegando seguir um rigoroso cronograma de ioga e meditação antes de sair por aí destruindo concorrentes, empresas inteiras e qualquer outra coisa que estivesse em seu caminho.

INIGUALÁVEL

Logo acima da pulseira, havia um relógio caro de ouro, desta vez um Cartier, e não o Rolex do outro dia. Provavelmente, tinha uma coleção inteira, um para cada dia do mês, enquanto Tommy se valia do celular para ter noção da hora. E, se as coisas não melhorassem, seria forçado a vendê-lo nos classificados.

Aquilo era um erro, um dos maiores em uma lista muito longa. Ele deveria ter deixado aquele panfleto idiota no lixo, onde o jogara a princípio.

— Então... — disse Ira. — Conte algo sobre você que ainda não sei.

Tommy hesitou, sem saber o que aquilo significava. Será que Ira o reconhecia daquele dia na Farrington's?

Obrigou-se a encará-lo, perguntando-se como o homem reagiria se Tommy dissesse: "Então, *pai*, olha que coincidência, sou o filho que você abandonou há muito tempo."

Será que Ira surtaria? Mandaria seus seguranças jogarem Tommy fora de sua sala?

Não valia a pena descobrir. Pelo menos não naquele dia.

— Acho que depende do que você *sabe*. — Tommy estava praticamente desafiando Ira a lembrar do episódio em que quase fizera o rapaz chorar ao comprar a guitarra dos seus sonhos. Ira parecia ser um babaca sádico o bastante para fazer isso.

— Você é ambicioso. — Ira juntou os dedos e os colocou sob o queixo. — Do contrário, não estaria aqui. A pergunta é: qual a sua ambição?

Dinheiro do aluguel, uma prateleira cheia de Grammys, provar meu valor e um dia suplantar seu sucesso de uma forma que você nunca imaginou.

Tommy deu de ombros e olhou a sala. Era elegante, moderna, minimalista, mas cara. Até a indispensável "parede do ego", coberta do chão ao teto de fotos emolduradas das várias capas de revista de Ira, era de bom gosto.

— Eu gostaria de vencer. — Tommy remexeu-se na cadeira, mas se arrependeu na hora, porque aquilo fazia com que ele parecesse nervoso, inseguro. E de fato estava, porém não precisava demonstrar.

— Quem não quer? — Ira franziu a testa, relaxou os dedos e deixou as mãos caírem no colo, onde brincou com as contas de olho de tigre da pulseira, enquanto Tommy se perguntava se algo do breve caso com sua mãe tinha deixado alguma marca.

A mãe de Tommy era uma daquelas hippies new-age (só que detestava a expressão; as crenças tinham milhares de anos, diria ela). Não só acreditava no poder curativo dos cristais, como também que todo mundo era guiado por anjos, que amor com A maiúsculo podia curar qualquer coisa, além de toda uma lista de coisas que Tommy nunca conseguira endossar completamente. Era ela que deveria ter se mudado para LA. Teria se encaixado melhor, mas se Tommy bem lembrava, ela podia ter dito algo sobre o olho de tigre ser uma proteção contra maldições e coisas do tipo. Tommy só sabia que em seu primeiro dia do ensino médio, ela havia enfiado uma pedra parecida em seu bolso. Ao final do terceiro tempo, ele já havia perdido a pedra, e mesmo assim conseguira sobreviver àqueles quatro anos praticamente ileso. Mas fazia sentido Ira precisar desse tipo de proteção. Um cara daqueles tinha uma longa lista de inimigos só esperando para atacar.

Tommy estava entre eles.

Ele mexeu no buraco na altura do joelho de sua calça jeans e esperou Ira continuar.

— Fiquei sabendo que causei problemas para você na Farrington's. — Ira hesitou, esperando Tommy confirmar ou negar.

Era um teste. Cada momento com Ira era uma prova final.

— O dono me demitiu. — Tommy deu de ombros como se não fosse nada de mais, porém ambos sabiam que ele estava mentindo.

— Você pode achar que isso me deixa em dívida com você. — Ira analisou as unhas, sem esmalte, só lixadas, mantendo o bom aspecto. — Mas seria um erro. — Ele encarou Tommy. — Minha tendência é ter uma visão mais niilista, ao menos no que diz respeito a tradições sociais mais mundanas.

Aquele cara estava falando sério? Será que todas as entrevistas eram assim, com Ira discursando a esmo como se ambos tivessem todo o tempo do mundo?

E como Tommy deveria reagir a uma declaração como aquela?

Ira era um falastrão que adorava ouvir a própria voz.

Tommy era um homem mais comedido.

Claramente puxara à mãe.

— Você fez uma escolha naquele dia. Escolheu agir por conta própria e arriscar as consequências. Todas as suas ações têm consequências. Ser demitido foi a sua.

Tommy passou a língua pela gengiva, apoiou a bota no joelho e mexeu no buraco que havia nela. Não se importava mais que Ira visse o estado deplorável de seus sapatos, de suas finanças, de sua vida. Parecia que tinha arruinado a entrevista muito antes de chegar. A cena da Farrington's estava se repetindo. O cara não tinha nem sinal do gene da empatia. Que ótima figura paterna ele estava se revelando.

Estava na hora de voltar para Oklahoma, onde ao menos as pessoas eram diretas e nunca ridicularizavam o bem-estar dos outros. Em casa, não conhecia uma única pessoa que se comportasse feito Ira. Eles eram camaradas bons, simples, estáveis, leais. Ele não acreditava que tinha acabado de usar a palavra *camaradas*... Mas, sim, *camaradas* que nunca pensariam em...

— É por isso que você não se encaixa.

A sala ficou silenciosa. Tommy não tinha ideia do que acabara de acontecer.

— Então... eu não me encaixo porque você gosta de adotar uma atitude niilista ou porque me fez ser demitido com tanta facilidade? — Ele se esforçava para acompanhar.

— O que você acha?

Tommy balançou a cabeça. Aquilo era inacreditável.

— Para alguém que diz que adora ganhar, você não disse nada para me convencer.

— Você nem me conhece. — Tommy levantou-se, lutando para manter a calma. Ele não era bom o bastante para o emprego; não era bom o bastante para ser filho de Ira. Nunca tinha se sentido tão impotente quanto naquele momento.

— Não? — Ira inclinou a cabeça, analisando Tommy como se conseguisse decifrá-lo.

— Você não tem ideia do que sou capaz.

Ira deu de ombros e pegou seu telefone, o que só enfureceu Tommy ainda mais. Ele podia estar falido, sem sorte, porém não precisava tolerar ser tratado daquela forma, e não ia sair sem dizer isso a Ira.

— Só para esclarecer... — Ele empurrou a cadeira para o lado, quase virando-a. — A consequência da *sua* decisão vai acabar sendo uma perda para você, não para mim.

Ele se dirigia para a porta, empurrando as assistentes que corriam para sair do caminho, quando Ira disse:

— Estou começando a me perguntar se você está certo.

Tommy abriu a porta, ainda decidido a sair enquanto estava ligeiramente por cima.

— Você é de longe meu candidato mais fraco.

Tommy fechou a cara. Ira era um idiota. Um idiota que não sabia quando parar.

— Mas se conseguir aprender a pegar esse seu rancor e usá-lo como combustível para seus objetivos, em vez de usá-lo como a mesma desculpa de sempre para continuar sendo uma vítima, talvez acabe surpreendendo a nós dois.

Tommy se virou.

— Então agora você está citando a Oprah?

Ira riu. Foi uma risada curta, quase inaudível, mas Tommy notou.

— Normalmente, nesse ponto, o entrevistado rastejante solta uma torrente de agradecimentos que mal consegue conter.

— Eu não me lembro de ter rastejado — disparou Tommy, questionando se talvez fosse ele quem não sabia quando parar.

— Para seu crédito. — Ira assentiu. — A Jennifer vai levá-lo à sala dos fundos, onde os outros concorrentes estão esperando. Você vai precisar ficar lá até o resto das entrevistas ser concluído, quando vai receber suas tarefas — disse ele, dividindo sua atenção entre o telefone e Tommy.

Tommy balançou a cabeça, tentando entender o que tinha acontecido. Talvez Ira não fosse tão ruim quanto parecera. Talvez só fosse preciso se acostumar. Além do mais, toda aquela conversa sobre Oklahoma era balela. Pessoas são pessoas. Predispostas a fazer o que sua natureza manda. A geografia não tinha nada a ver com isso.

— Ah, e Tommy? — Os olhos de Tommy cintilaram com uma emoção que ele não conseguiu identificar. — Estou vendo porque você adorava aquela guitarra. Meu professor disse que é um instrumento tão bom para começar quanto qualquer outro.

INIGUALÁVEL

Outro teste. Ira estava tentando irritá-lo, sugerindo que a guitarra de seus sonhos era insignificante, mas Tommy apenas sorriu.

— Bom saber que ela está funcionado para você — disse ele, seguindo Jennifer porta afora.

OITO

TEENAGE DREAM

Claro que Aster entrou. Ela viu a forma como Ira a olhava. Como a maioria dos homens que tinha ascendido a uma posição de poder, ele gostava de uma garota bonita. Provavelmente até achava que seu sucesso lhe dava o direito de namorá-la. Só que, no caso dele, não era só isso.

Quando Aster sentou-se na sua frente, foi inevitável notar que, embora claramente gostasse do que via, era mais uma questão de o que a sensualidade dela podia fazer pelas boates dele (em vez de imaginar suas pernas enroladas nele, ou o que quer que homens velhos pensassem quando fantasiavam com garotas novas demais). Seus olhos fizeram uma inspeção completa, avaliando seus atributos físicos como qualquer outra mercadoria, enquanto determinava a melhor maneira de explorá-los para seu benefício profissional, o que não a incomodou nem um pouco. Ela havia passado por bastantes testes frustrados para saber como as coisas funcionavam. Aquela era a primeira vez que ela ganhava uma.

Questionou a si mesma se tinha a ver com a última pergunta: *Por que você acha que tem chances ganhar?* O tempo todo analisando-a com aquele olhar profundamente penetrante.

Por alguns instantes de pânico, Aster ficou em silêncio diante dele, tentando determinar o melhor caminho a seguir. Finalmente decidindo que Ira não parecia o tipo que valoriza a humildade, ela o encarou.

— Perto de mim, todas as outras pessoas são amadoras — disse ela, abrindo depois o sorriso sexy e confiante que tinha ensaiado antes.

Ira olhara para ela por um bom tempo, o suficiente para fazê-la duvidar de sua resposta. Estava a ponto de dizer algo para amenizar a arrogância quando ele ordenou à assistente que a levasse à sala ao lado.

O que não esperava quando chegou lá era o grupo improvável que também tinha entrado. Claro que aquela Layla idiota estava lá, ela já imaginava. Mas Tommy, ela havia categorizado como uma incógnita. Até que era bonito, para quem gostava de homens falidos, atormentados e famintos. Aster, não. Quanto ao restante, bom, Karly era uma surpresa, mas alguns caras (um monte de caras; a maioria dos caras) adorava aquele visual louro, chamativo e fútil. O cara gótico, Ash, entrou, assim como Brittney, a garota de botas de caubói e short tão curto que cobria pouco mais da bunda que a parte de baixo do biquíni da Burberry de Aster. Havia outro garoto, Jin, que era tão magro e pálido que Aster imaginou que era um nerd viciado em videogame ou em tecnologia que raramente saía de casa, e uma garota andrógina, Sydney, coberta com várias tatuagens e piercings (pelo menos Aster *achava* que era uma garota). Dois dos caras, Diego e Zion, eram bastante normais (bom, normais para LA), o que significava que parecia que tinham saído direto de uma página de um anúncio de roupa íntima da Calvin Klein. Bonitos, claro, mas Aster não gostava de gente bonita demais. Caras feito aqueles tinham a tendência a passar tempo demais pensando em si mesmos, e não restava muita atenção para ela. Os dois últimos pareciam típicos americanos robustos. A garota, Taylor, era tão corada e saudável que parecia ter vindo direto de uma aula de equitação, enquanto o cara, Brandon, era bronzeado e tinha o cabelo bagunçado no nível certo, como se tivesse acabado de ancorar seu iate no porto e estivesse esperando seu motorista para levá-lo para tomar drinques e jantar no clube.

Ira tinha escalado uma boa variedade de visuais e etnias. Seis garotas e seis caras: ninguém passava dos 19 anos. Parecia não estar brincando quando disse que buscava uma amostra demográfica jovem e bonita de baladeiros.

Aster sentou-se entre eles, fazendo questão de evitar Layla, que já considerava seu primeiro alvo, e esperou para ver o que aconteceria em seguida. Ao contrário da sala de espera anterior, esse novo ambiente estava silencioso. Provavelmente porque eles não eram mais possíveis companheiros; eram competidores tentando vencer.

Ela cruzou as pernas e massageou os músculos tensos do tornozelo e da panturrilha. Fora um dia longo, e seus dedos do pé estavam começando a doer depois de tantas horas dentro do implacável bico dos

Louboutin. Ela lançou um olhar sorrateiro para Layla, perguntando-se se aquelas cópias baratas também estavam machucando, mas descobriu que tinham sido substituídas por um par de botas de motociclista pretas de aspecto mais sóbrio.

— Foi um dia longo e exaustivo. — Ira entrou na sala, seguido pela mesma equipe de assistentes. — O que deve lhes dar uma indicação do nível de comprometimento que espero. Mas antes que fiquem convencidos demais por terem chegado até aqui, deixe-me lembrá-los de que nenhum de vocês têm mais de 19 anos, ou seja, são terrivelmente inexperientes, apesar do que possam pensar. Trabalhar para mim vai dar uma ideia do tipo de educação da vida real que vocês não recebem na escola. Mas antes que eu continue, alguém tem alguma dúvida? Alguém quer desistir? — Ele olhou a sala por um instante antes de continuar. — Então, vamos à logística... Vocês precisam preencher formulários. Minhas assistentes vão ajudá-los com isso. Mas, primeiro, devem estar se perguntando que boates vão promover.

Todos assentiram como se estivessem fazendo exatamente isso, inclusive Aster. Ela queria a Night for Night, um tesouro estilo Casablanca chique no terraço. Era uma combinação perfeita, em todos os sentidos: elegante, sexy e batizada com o nome de uma técnica cinematográfica utilizada para filmar à noite. Aster tinha uma queda por Marrocos desde que encontrara uma pilha das *Vogue* antigas de sua mãe e passara o dia inteiro olhando uma página dupla de Talitha Getty usando botas brancas de couro e um casaco colorido, relaxando em um telhado com um homem misterioso ao fundo. Se Aster tivesse que escolher um único momento que moldaria a pessoa que ela se tornaria um dia, seria aquela foto de Talitha Getty. Ela era linda, mimada, exótica e adorada. Talvez até um pouco entediada, mas de um jeito positivo. Como se sua vida tivesse tantas aventuras luxuriantes que fosse inevitável questionar se ainda existia alguma coisa para entretê-la. Ela tocou o pingente *hamsa* para dar sorte enquanto Ira olhava a prancheta que a assistente segurava diante dele.

— Layla Harrison... Você vai promover a Night for Night.

Involuntariamente, Aster ofegou e lançou um olhar rápido à rival, tentando avaliar sua reação. Mas a garota apenas assentiu, sem expressar nada.

— Tommy Phillips... — Quando o olhar de Ira fixou-se em Tommy, Aster poderia ter jurado que viu algo se passar entre eles. Algo que ela não conseguia interpretar muito bem. — Você vai promover a Jewel.

Se Tommy parecia chateado, devia ser porque queria a Vesper, que estava ganhando reputação de boate underground, atraindo grandes músicos, uma combinação perfeita para alguém feito Tommy. A Jewel era elegante e moderna, e atraía um público de alto nível, ou seja, não era a praia dele.

Ira foi descendo pela lista, e embora ela estivesse acompanhando, não conseguiu evitar um gemido quando o olhar dos dois se encontrou. Sabia o que estava por vir.

— Aster Amirpour... Você vai promover a Vesper.

Ela balançou a cabeça quando levantou a mão.

— Algum problema? — Ira olhou para a moça.

— Eu gostaria de solicitar outra boate. — Ela não se encaixaria na Vesper de jeito nenhum, e alguém com tanto tino comercial feito Ira deveria saber disso. Ela se perguntou se ele a estava testando, testando todos eles.

Ira a avaliou por um bom tempo.

— Então acho que você vai ter que encontrar alguém com quem trocar. — Ele saiu sem falar mais nada, deixando suas assistentes distribuindo pilhas de formulários.

Aster enfiou os formulários na bolsa. Precisava chegar às três outras pessoas que tinham ficado com a Night for Night e que ela não tinha quase atropelado.

— É Sydney, não é? — Aster aproximou-se da garota que, pelo que dava para ver, tinha o corpo todo coberto de tatuagens.

Aster estava prestes a elogiar o piercing de septo de Sydney, qualquer coisa para ganhar sua simpatia, quando a menina disparou:

— Não se dê ao trabalho. Já troquei com a Taylor. — E deu as costas antes de Aster poder reagir ao desprezo.

Ela se aproximou de Diego e Jin do outro lado da sala, mas quando chegou lá eles já estavam negociando com Brittney e Ash. Então, só restava Layla.

Ótimo.

E, ainda por cima, Layla tinha sumido.

— Ei... Aster?

Virou-se e viu Tommy parado atrás dela.

— Eu queria saber se você quer fazer uma troca.

— Só se você tivesse pegado a Night for Night, que nós dois sabemos que não foi o caso. — Ela correu para a porta. Layla já devia ter ido embora, e Aster precisava chegar até ela enquanto ainda tinha oportunidade. Mas, quando repassou suas palavras, obrigou-se a voltar. Ela já tinha feito uma inimiga. Não precisava começar uma coleção. — Desculpe. Isso foi desnecessário.

— Foi mesmo. — Tommy abriu um sorriso que fez seus olhos brilharem. Talvez ele fosse mais bonito do que ela havia pensado a princípio.

— É que... Eu quero muito a Night for Night.

— Bom, a Jewel é uma combinação melhor que a Vesper, não?

Claro que era melhor, mas melhor não era bom o bastante.

— Você pode me ajudar a encontrar a Layla? — perguntou, torcendo para Tommy ter causado uma impressão melhor que ela.

Ele passou a mão pelo queixo e a olhou com ceticismo.

— Improvável.

— Você estaria, pelo menos, disposto a tentar? — Ela abriu seu melhor sorriso, aquele que guardava para testes e fotos de books.

— Depende. — Ele cruzou os braços e colocou o peso sobre os calcanhares, como se tivesse todo o tempo do mundo. — O que eu ganho com isso?

— A Vesper. — Ela deu de ombros. — É o que você quer, não é?

Ele a avaliou por um instante; depois a acompanhou até a entrada, onde Layla falava ao telefone até ver Aster e Tommy e terminar a ligação às pressas.

— Posso ajudá-los? — Ela franziu as sobrancelhas.

Tommy apontou o polegar para Aster.

— Achei que vocês duas deviam se conhecer.

— Já nos conhecemos... — Layla virou as costas. — Ela quase me matou para pegar uma vaga.

— E quero me desculpar por isso. — Aster correu para perto dela.

— Então, é verdade. — Tommy parecia estar se divertindo com a notícia.

— Não, não é verdade — retrucou Aster. — Eu nem a vi. Foi tudo um grande mal-entendido.

— Ah, você me viu, sim. — Layla virou-se para ela. — Nem tente fingir que não.

— Não é nenhuma surpresa que você precisasse de mim para mediar. — Tommy olhou para Aster, balançando a cabeça.

— Pode acreditar — disse Aster. — Já estou começando a me arrepender.

— Talvez, mas temos um acordo — lembrou Tommy a ela. — Eu fiz minha parte; agora faça a sua.

— Que acordo? O que está acontecendo? — Layla olhou para um e depois para o outro.

— A Aster quer trocar de boate.

— Hum, oi? Estou bem aqui e posso falar por mim mesma! — Aster balançou a cabeça. Talvez devesse simplesmente ficar com a Vesper; seria melhor do que lidar com aquilo. Mas a quem ela estava enganando? Era um desastre anunciado. Além do mais, ela ainda estava convencida de que tudo isso era parte de um estranho jogo que Ira estava fazendo.

— Então por que me pediu ajuda?

— Pedi ajuda para encontrá-la, não para... Argh, esqueça, ok? Ouça. — Aster virou-se para os dois. — O negócio é o seguinte. Todos nós queremos as boates uns dos outros. Então, proponho que deixemos nossos sentimentos pessoais de lado e...

— Eu não quero a sua boate. — Layla saiu para a rua cheia de turistas enquanto Aster e Tommy se apressavam em segui-la.

— Está mesmo tentando me dizer que quer a Night for Night? Não preferiria a Jewel?

Layla parou.

— Qual é a diferença? Boate é tudo a mesma coisa.

— Você não pode estar falando sério! — gritou Aster, olhando feio para um cara com uma fantasia de Super-homem puída e decrépita sob o sol forte de verão. Ele também devia feder. E, mesmo assim, não faltavam turistas dispostos a pagar para tirar fotos com esquisitos fantasiados. Às vezes, as pessoas confundiam completamente seu cérebro. Inclusive Layla.

— É assim que se negocia. — Tommy riu, o que só irritou Aster mais ainda, principalmente porque ele estava certo. Aquilo era uma confusão, e era tudo culpa dela. Aqueles dois conseguiam tirá-la do sério. Em geral, ela não tinha dificuldade em fazer amigos e manter a calma.

— Existe uma grande diferença — disse Aster, determinada a se controlar. — E, Layla, você é muito mais adequada para a Jewel.

— E por quê? — Ela cruzou os braços, protegendo-se contra qualquer insulto que Aster pudesse lançar.

— Porque é elegante, moderna e excêntrica. Todas as coisas que o Tommy não é, mas você, sim.

— Ah. — Foi possível perceber que Laura relaxou, mesmo que só um pouco. — Então, deixe-me entender. O Tommy quer a sua boate, e você quer a minha.

— Isso. — Aster ficou parada, insegura, na frente dela. Sem dúvida, até Layla conseguia entender a lógica de seu plano.

— Bem, boa sorte para vocês dois.

Layla foi em direção à moto, enquanto Aster corria atrás dela e Tommy continuava parado.

— Só me dê um minuto! — gritou Aster. — É tudo o que peço.

Para sua surpresa, Layla parou e olhou ostensivamente as horas em seu celular.

— Olha, desculpe o que aconteceu mais cedo. — Aster tentava recuperar o fôlego, falando rápido, mas com sinceridade. — Sério. Mas se você simplesmente...

— Diga. — Layla inclinou a cabeça e estreitou os olhos. Apesar da forma com que seus traços se acentuaram, Aster surpreendeu-se ao ver que ela era linda. — Se você tivesse conseguido a Night for Night, teria tentado se desculpar?

Aster levou um instante para responder, sem saber como agir.

— Sinceramente? — Ela cedeu, enfim. — Acho que não.

Layla assentiu, parecendo satisfeita.

— Então, o que eu ganho com isso?

Aster avaliou Layla, tentando entender por que a menina estava interessada no concurso de Ira. Presumia que a maioria das pessoas estivesse atrás do dinheiro, mas algo em Layla dizia que não era só isso. Mesmo assim, dinheiro era a única coisa que conseguiu pensar em oferecer.

— Eu lhe dou minha parte do dinheiro para o marketing da primeira semana.

Layla revirou os olhos.

— Por favor, você dirige uma Mercedes. Uma Classe C, mas mesmo assim uma Mercedes. Não quero o seu dinheiro. Quero algo que vá realmente fazer falta.

Aster ficou chocada com o desdém. Uma Mercedes Classe C sempre seria melhor que uma moto barata, mas não importava. Layla estava tentando atingi-la e Aster não ia cair na dela.

— Diga o que quer — disse Aster, pronta para acabar com aquilo.

— Vou dizer. Assim que pensar em alguma coisa.

Aster arregalou os olhos. Ela não podia estar falando sério, não é?

Layla hesitou por tempo suficiente para deixar passar um grupo de turistas estrangeiros, cujo guia apontava animadamente todos os monumentos que os nativos nunca se davam ao trabalho de olhar.

— Eu digo quando decidir — disse ela, enfim.

— Não me sinto confortável com isso — retrucou Aster.

— Isso parece mais um problema seu do que meu. — Layla deu de ombros. — E nem pense em tentar desistir quando o dia do pagamento chegar, porque eu *vou* cobrar.

Aster mordeu a parte interna da bochecha, um hábito nervoso do qual ainda precisava se livrar.

— Você não vai pedir a alma do meu primeiro filho ou coisa do tipo, não é?

Layla revirou os olhos.

— Por que eu ia querer seu erro ilegítimo?

Aster suspirou. Aquela garota era um pesadelo. Impossível saber o que pediria. Bom, ela se preocuparia com aquilo depois. Por enquanto, tinha a Night for Night, e era isso que realmente importava.

— Acho que você representa a Jewel — disse ela.

Layla deu de ombros como se para ela não fizesse diferença, deixando Aster insegura sobre o acordo que acabara de fechar enquanto observava a outra se afastar.

— Você a convenceu? — gritou Tommy, enquanto Aster voltava.

Ela assentiu, perguntando-se se dava para ver o quanto estava abalada.

— Acho que acabei de fazer um pacto com o demônio, mas, sim, tudo certo.

— Espero que valha a pena no fim das contas. — Tommy estreitou os olhos para o sol, observando-a com atenção.

Ela deu de ombros, apertou o alarme e destrancou o carro. Lembrando-se de suas boas maneiras, algo que estivera em falta o dia inteiro, ela olhou para trás e disse:

— Ei, Tommy... Boa sorte com a Vesper.

— Boa sorte para você. — Ele sorriu.

A competição tinha oficialmente começado.

NOVE

SUMMERTIME SADNESS

Layla saiu do chuveiro e pegou uma toalha ao mesmo tempo em que bateram na porta.

— Eu atendo — ofereceu Mateo, parando um instante para abrir um sorriso contente ao ver Layla nua antes de atravessar o corredor.

Ela se enrolou com a toalha e passou um pente no cabelo. Estava horrível, mais descuidado que de hábito, feito o cabelo de uma supermãe estressada cujo calmante acabara. Deveria se esforçar mais. Talvez mexer na cor. Embora duvidasse de que o faria. Já era ruim o bastante ter usado um par de saltos agulha que deixavam seus dedos dormentes para se adequar à entrevista. Se começasse a fazer luzes no cabelo, onde aquilo ia parar? Consultar painéis do Pinterest em busca de ideias para decoração de unhas? Ela se recusava a ser *esse* tipo de garota.

Mas, enfim, Mateo tinha aprovado os sapatos. Ainda mais porque Layla continuara com eles depois de tirar todo o resto. E, nos últimos dias, deixar Mateo feliz aliviava muito sua culpa por não contar que estava trabalhando para Ira. Ela queria contar. Só não tinha encontrado o momento certo. Mas naquela noite contaria com certeza. Era seu primeiro dia oficial no emprego, e a última coisa que queria era que Mateo descobrisse a verdade por conta própria.

Passou um pouco de hidratante na pele, deixando a toalha cair devagar no chão como algum tipo de show burlesco de banheiro, piscando lascivamente para Mateo pelo espelho enquanto ele voltava com um grande envelope branco na mão.

Ela tentou ler o que estava escrito, mas os dedos dele cobriam o logo.

— A Publishers Clearing House me mandou, enfim, aquele cheque de um milhão de dólares? — Ela riu alegremente, até ver a expressão magoada de Mateo e a risada morrer em seus lábios.

Ira enviaria a primeira lista de celebridades-troféu naquele dia, e Layla imaginara que seria por e-mail. Nem passara por sua cabeça que ele escolheria entregar em casa. E agora seu telefone apitava com novas mensagens, provavelmente de sua equipe querendo planejar uma estratégia.

— Você vai atender? — Mateo tentava manter a expressão impassível enquanto gesticulava com a cabeça para o telefone.

Ela fez que não, pegou sua toalha e cobriu-se às pressas.

— E se o Ira precisar de você? — questionou ele, quando o telefone apitou outra vez.

Ela engoliu apesar do caroço que se formara em sua garganta, procurando as palavras certas para explicar. Só que essas palavras não existiam.

— Quando ia me contar? Ou não ia?

— Hoje. — Ergueu o olhar para encontrar o dele, precisando que ele acreditasse.

— E há quanto tempo você sabe?

Ela baixou a cabeça, mesmo que só para evitar a expressão magoada dele. Mateo sempre fora muito aberto e honesto com ela. Layla era a desonesta, a traficante de segredos e mentiras.

— Há alguns dias — disse ela, em um tom quase inaudível.

Ele expirou calma e profundamente. Se a decepção tivesse um som, seria o suspiro de Mateo. Ele cedeu, entregando o envelope. Os dedos dela o pegaram com relutância. Por mais que quisesse o emprego, não parecia mais valer a pena diante da perspectiva de trair Mateo.

— Você já sabia o que eu achava disso tudo. Mas, se é o que você quer, não posso impedi-la.

— Mas não é nada disso! — Layla segurava o envelope com tanta força que ele ficou amassado, em protesto. — Estou fazendo isso para honrar o Carlos, para denunciar esse mundo sombrio e obscuro, para eu poder... — Ela ganhou tempo. Terminar a frase significava revelar outro segredo, e ela não estava nem um pouco pronta para isso.

Embora não tivesse enfrentado dificuldade para revelar esse segredo a Ira. Na mesma hora em que perguntou por que ela queria vencer,

Layla soltou que precisava achar um jeito de pagar a faculdade de jornalismo. A entrevista terminou logo depois, e de todas as perguntas que Ira tinha feito, e foram várias, ela sabia que essa fora a resposta decisiva.

Mas ali diante dela estava Mateo, e não havia uma boa maneira de dizer: *Ah, e por falar nisso, decidi fazer faculdade de jornalismo em Nova York, e espero que esse emprego renda dinheiro suficiente para que eu consiga me mudar para bem longe. E só para a sua informação... Você não está convidado.*

Como ela podia dizer isso logo para Mateo?

Mas, pela duração de seu silêncio, já tinha dito. Ou pelo menos o deixara alarmado o suficiente para fazer com que ele perguntasse:

— Para você poder o *que*, Layla? — A voz dele tinha uma agressividade, mas seus ombros se encolhiam de derrota. — Tem a ver com o dinheiro do prêmio? Porque você sabe que eu ficaria feliz em lhe dar tudo o que tenho.

Ela olhou o quarto, absorvendo o chão de madeira escura e paredes de tábuas brancas que combinavam com o restante do bangalô reformado de Venice Beach, a confusão de roupas recém-lavadas que precisavam ser separadas, a pilha de livros que ela pretendia ler assim que tivesse um tempo livre. Parou no retrato que o pai pintara dela aos cinco anos. A cabeça jogada para trás, os olhos bem fechados, a boca bem aberta, como se ela estivesse rindo de alguma coisa da qual não se lembrava mais. Devia ter sido a última vez em que sua vida fora tão descomplicada, a última vez em que se sentira uma criança. Em um ano sua mãe teria partido, e ela e o pai dariam os primeiros passos hesitantes para inventar uma nova vida sem ela.

Talvez o abandono da mãe a tivesse afetado mais do que ela imaginava. Talvez um terapeuta dissesse que foi uma das razões para ela ter se tornado o tipo de perfeccionista que não tolerava decepcionar ninguém, por medo de que fossem embora. Tudo o que ela sabia era que nunca quisera decepcionar Mateo, mas que o faria em algum momento.

Ela mordeu o lábio inferior, apertou a toalha com mais força. Uma olhada rápida para seu rosto revelava que ele desconfiaria de qualquer coisa que ela dissesse.

— Eu só não contei porque sabia que você não ia aprovar, e não aguento deixá-lo triste...

— Não estou triste. — Ele balançou a cabeça, começou de novo. — Tudo bem, estou triste por você ter escondido. Mas estou mais preocupado por você se envolver naquele ambiente.

— Não precisa se preocupar.

— Claro que preciso. Eu amo você. — Ele falou como fosse simples assim, como se não houvesse outro jeito de responder. Ele enfiou as mãos nos bolsos, baixando a calça jeans de forma tentadora. — E quando vamos nos ver? Você vai trabalhar todas as noites da semana.

— Só de quinta a sábado. Ah, e temos reunião todo domingo. E vou precisar trabalhar na estratégia durante a semana, mas, fora isso, sou toda sua. E você sempre pode passar na boate para me ver, sabe.

Ele fez uma cara estranha, que a estimulou a dizer:

— Ou não. Só... — Ela se obrigou a encará-lo. — Confie em mim. Prometo que não existe motivo para se preocupar. Você vai ver.

Ele contraiu os lábios e olhou o pequeno jardim pela janela do quarto.

— Tem certeza de que é isso que você quer?

O que ela realmente queria era voltar àquela manhã, puxar Mateo para os lençóis amarrotados e macios e repetir todas as coisas deliciosas que tinham feito um com o outro apenas poucas horas antes. Mas precisavam lidar com o assunto, então, ela assentiu.

Ele franziu a testa, pegou sua camiseta nas costas de uma cadeira e a vestiu. A imagem causou-lhe pânico e alívio ao mesmo tempo. Alívio por ter acabado, e pânico ao pensar que ele podia não voltar nunca mais.

— Ouça, não vou mentir, eu gostaria muito que você repensasse. Isso não muda o que sinto por você, mas preciso de um tempo para processar. — Ele passou uma das mãos pelo cabelo, pegou os óculos escuros e as chaves na cômoda, e foi para a porta.

— Desculpe... — sussurrou ela, forçando as palavras a passar pelo caroço na garganta, mas Mateo já tinha ido, e seu telefone estava apitando outra vez.

DEZ

MR. BRIGHTSIDE

Apesar do público descolado do almoço, quando Layla entrou no Lemonade, Tommy a viu imediatamente. Ele tinha 98% de certeza de que ela não apareceria. Mas, ao se deparar com ela, ficou tão nervoso que não conseguia explicar.

Layla pendurou a bolsa nas costas da cadeira e sentou-se diante dele.

— Do que se trata? — Sua expressão estava tão irritada quanto sua voz.

Ele a encarou e inclinou-se mais para perto. Uma jogada que nunca falhava em sua cidade natal, porém Layla era imune a seu charme.

— Agora que estamos trabalhando juntos, achei que podíamos tentar nos conhecer um pouco.

Ela suspirou, pegou a bolsa e começou a se levantar.

— Você está desperdiçando o meu tempo, na verdade.

— Ou... podíamos pular tudo isso e partir logo para as estratégias.

— Tommy... — Ela o olhou como alguém prestes a explicar a verdade sobre o Papai Noel e a Fada do Dente ao mesmo tempo. — Sei que você não é daqui, então, vou fazer um favor e...

— Como sabe que não sou daqui? — interrompeu Tommy.

— Primeiro, você tem sotaque, embora ache que não tem. E, segundo, você é lento demais para ser confundido com um nativo.

— O quê? Todo mundo sabe que o povo de Los Angeles é tranquilo.

Ela revirou os olhos.

— Isso é tudo RP. Se quiser ver a alma da cidade, arrisque-se na autoestrada 405 durante a hora do rush e veja quanto tempo leva para entrar na pista da extrema esquerda e quantos gestos obscenos recebe no caminho.

Tommy conteve o sorriso. Ela era sarcástica e bonita, mas era melhor guardar esse pensamento para si mesmo.

— Tudo bem. Então, é uma cidade difícil, amigos são raros. Isso é meio idiota, já que falamos de tudo na entrevista. Você obviamente me vê como algum caipira estúpido com um torrão de estrume nas botas.

Layla mordeu os lábios, supreendentemente envergonhada.

— Eu sei que você não gosta de conversa fiada, mas vamos esclarecer uma coisa: sim, eu sou de Tulsa ou, para ser mais preciso, de uma cidadezinha bem perto de Tulsa de que ninguém nunca ouviu falar. Então, é mais fácil dizer que sou de Tulsa. Mas, ao contrário do que você pode pensar, *não* cresci tomando leite da minha própria vaca. Não faço as minhas necessidades numa casinha separada no mato e não fico com as minhas primas. Até agora, minha vida foi normal, talvez um normal meio diferente do seu, mas isso tem mais a ver com geografia que com qualquer outra coisa. Não sou um estereótipo. Então, por favor, não me trate como se fosse.

Ela franziu as sobrancelhas e voltou a se sentar.

— E eu não estava brincando sobre falar das estratégias. — Tommy esfregou a mão sobre a barba malfeita cuidadosamente cultivada do queixo. — Acho que podemos ajudar um ao outro.

Ela cruzou os braços e ficou olhando para a porta por um bom tempo.

— Estamos em equipes diferentes. Vou encontrar a minha em uma hora.

— Bom, acabei de voltar da segunda reunião com a minha, e foi um completo desperdício de tempo.

— Então, agora você está tentando se vingar deles desperdiçando o meu?

Ele balançou a cabeça, recusando-se a validar as palavras dela.

— Na minha opinião, todo o concurso é armado para ajudar o Ira, não a gente.

— Ah, sim — disparou Layla, o que era basicamente o equivalente verbal a revirar os olhos. — *Tudo* tem a ver com o Ira. O vencedor é uma consequência bem recompensada.

— E ainda assim um de nós será eliminado a cada semana por ser um peso morto ou seja qual for a desculpa que o Ira inventar.

INIGUALÁVEL

Ela se permitiu assentir com cautela. Ainda estava ali, o que era o máximo que ele podia esperar.

— Então, não sei quanto a você, mas não tenho muita fé na minha equipe. E não vou compartilhar minhas melhores ideias para que eles as usem contra mim de jeito nenhum.

Layla estreitou os olhos, confusa, o que só a deixava mais bonita.

— Então... você quer compartilhar suas melhores ideias *comigo* para *eu* poder usá-las contra você?

— Sim. — Ele sorriu. — Mas não totalmente... — Ele se virou na cadeira, olhou a fila do balcão e, sem falar mais nada, levantou-se e foi para lá.

Era um truque que ele usava às vezes quando precisava de um momento para organizar os pensamentos. Também tinha o benefício extra de deixar a outra pessoa completamente perdida, ocupada demais se perguntando o que estava acontecendo para elaborar um argumento contra ele.

Quando voltou alguns minutos depois com um copo de limonada em cada mão, perguntou qual era a escolha dela.

— Laranja ou hortelã?

Layla virou as mãos em cima da mesa como se não se importasse.

— Se você quer ganhar a minha simpatia, sempre escolha café. Mas tudo bem, laranja, tanto faz. Isso tudo tem algum objetivo?

— O negócio é o seguinte... — Ele segurou a base do copo e se inclinou para perto dela. — O Ira precisa mais de nós do que precisamos dele. Depois de vender todas as suas boates da Sunset Boulevard no ano passado, ele está determinado a deixar sua marca na Hollywood Boulevard. A Sunset era óbvia. É um ponto de encontro estabelecido desde sempre. — Ele lançou um olhar penetrante a Layla. — Posso não ser daqui, mas pesquisei. Enfim, o Ira investiu muito dinheiro na tentativa de revitalizar a área e transformá-la na nova Sunset, dinheiro que provavelmente pode se dar ao luxo de perder se a coisa toda der errado, porque todos sabem que o cara é mais rico que Deus, mas ele não joga para perder. O fracasso não é uma opção. Ele está nessa para ganhar. Sempre. E vai fazer qualquer coisa para chegar lá.

— Parece que você sabe muito sobre o Ira. Por quê? — Layla ergueu as sobrancelhas enquanto fazia um trejeito adorável com a boca, embora Tommy tivesse tentado não focar isso.

Sua resposta foi dar de ombros. Era inútil deixá-la perceber o quanto estava obcecado.

— Gosto de saber para quem estou trabalhando. Enfim, pelo que entendi, as boates estão em crise. Claro, alguns figurões da indústria contribuíram, mas a Hollywood Boulevard não é um negócio tão fácil quando a Sunset, então elas não conseguiram deslanchar. É aí que nós entramos. Estamos lá para exaltar a marca dele, torná-la sexy, exclusiva, e o mais importante em Hollywood: jovem. No final, tudo vai ser resumir a três de nós. Bom, a um de nós, mas antes disso, três, já que não existe a mínima chance de Ira eliminar uma boate inteira da competição, já que precisa fazer dinheiro. Ele vai nos eliminar um a um, exatamente como prometeu, mas vai ser muito mais estratégico do que demonstra. Depois vai nos fazer lutar até a morte, provavelmente para a própria diversão, porque ele é assim.

Layla refletiu por um instante.

— Ok — arriscou a dizer. — Então, por que eu? De todos os outros competidores, por que eu e não, ah, sei lá, o Gamer, o Gótico, a Vaqueira, nossa, até a Rainha das Escrotas da Aster. — Vendo a expressão de Tommy, ela explicou: — Eu prefiro apelidos a nomes reais, e esse último, da Aster, é de uma música antiga do David Bowie.

— Do *Hunky Dory*. — Ele assentiu com satisfação, desfrutando o olhar de surpresa dela. — O que foi? Achou que eu fosse um Directioner ou um Belieber?

— Não... eu... — Layla balançou a cabeça, olhando para sua bebida. Estava sem chão, exatamente como Tommy queria que ela ficasse.

— Olha só... — Ele baixou a voz e assumiu um tom conspiratório. — Você parece ter pouca tolerância para babaquices, e não parece deslumbrada demais pelo Ira.

Ela assentiu. Até então, os dois concordavam.

— Mas isso também é o que vai causar a maior parte dos seus problemas.

Ela estreitou os olhos, claramente irritada com aquela repentina mudança dos elogios para os problemas que provavelmente nem sabia que tinha.

— Pelo que vi, o pessoal daqui é meio carente. Eles trabalham pesado, esforçando-se tanto para malhar e ficar bonitos quanto para ganhar dinheiro. Vivem pela bajulação, pelos elogios e pela sensação de importância. Querem garantir seu lugar sob os holofotes e encabeçar todas as listas VIP.

— Isso que é estereótipo. — Layla franziu as sobrancelhas. — Mais de quatro milhões de pessoas moram nesta cidade. É óbvio que nem todo mundo é assim...

— Talvez não, mas os que frequentam as boates do Ira...

Ela esperou um instante antes de admitir.

— É, ok, admito.

— E me corrija se eu estiver errado, mas você não me parece ser uma daquelas puxa-sacos que faz abraços em grupo e afirmações positivas.

Ela mordeu os lábios, porém imediatamente se obrigou a parar.

— Então, estou me oferecendo para ajudá-la com as suas habilidades sociais, e em troca você me ajuda a desenvolver algumas ideias. Todo mundo sai ganhando.

Ele não tinha nem chegando ao fim quando Layla se afastou da mesa, parecendo considerar seriamente jogar o restante da limonada na cabeça dele, mas se contentou em pegar sua bolsa.

— Você está louco? — Ela o olhou com ódio, sem se esforçar nem um pouco para baixar a voz, enquanto todas as pessoas das outras mesas interromperam suas conversas por um segundo para olhá-los.

Ele tomou um gole de sua bebida e continuou observando Layla.

— Desculpe se fui ofensivo. Só quis dizer que posso ajudar você a amenizar alguns das suas... asperezas, e em troca...

— E em troca posso lhe dar todas as minhas ideias. É, eu diria que é uma negociação muito justa, uma oferta realmente fantástica e nem um pouco ofensiva. Nadinha. — Ela colocou a bolsa no ombro e se encaminhou para a saída.

— Layla! — Em um segundo, ele estava de pé correndo atrás dela. — Eu gosto da sua atitude direta. Ela me situa, e agora vejo que a minha proximidade está deixando você desconfortável.

Ela já estava do lado de fora, estreitando os olhos por causa do sol enquanto procurava os óculos escuros.

— Olha... Desculpe...

Com os óculos bem posicionados, ela virou de costas, desviando por pouco de uma praticante de ioga empurrando dois gêmeos em um carrinho, um berrando e o outro observando placidamente o mundo, e começou a percorrer a Abbot Kinney seguida às pressas por Tommy.

— Layla...

Virou-se para ele, quase esbarrando em uma garota de biquíni com um gato no colo.

— O que foi, Tommy? O que está tentando dizer?

— Imagino que você tenha recebido a lista do Ira. — Tommy tentava enxergar através das lentes do óculos dela, mas eram escuras demais para revelar muita coisa. — Você parece a última pessoa do mundo que baba por uma celebridade, o que é basicamente uma exigência do emprego.

Ela engoliu em seco, mas fora isso permaneceu imóvel.

— E isso vai tornar ainda mais difícil atrair a Madison Brooks e o Ryan Hawthorne, sem falar na Heather Rollins e na Sugar Mills.

Ela tremia, tremia mesmo de raiva, uma reação que parecia desproporcional às circunstâncias. Mas a verdade é que ele não fazia ideia do que a tinha inspirado a participar do concurso para começo de conversa. Com certeza, havia algo em jogo. Ele achava que todos tinham. Mas só estava tentando ajudar. E, ao ajudá-la, podia ajudar a si mesmo.

— Tommy... — A voz dela estava tensa.

Ele enfiou as mãos nos bolsos, adotando uma postura relaxada e tranquila, pronto para qualquer ataque dela.

— Faça um favor a si mesmo e delete meu número. — Ela contraiu os lábios, esticou a coluna, fechou as mãos. Até seu cabelo pareceu reagir. Tommy nunca viu uma garota ficar tanto na defensiva quanto ela.

— Então, não é uma boa hora para perguntar que apelido você me deu? — gritou Tommy enquanto ela se afastava, observando-a murmurar um insulto e atravessar a rua correndo. Ansiando tanto se distanciar dele que correu o risco de ser atropelada por um velho em um Bentley que fazia um retorno proibido.

O encontro tinha sido ainda pior do que Tommy temia, e mesmo assim ele não conseguia evitar sorrir quando o repassava em sua cabeça.

Layla não fazia seu tipo. Nunca poderia ser descrita como peituda, mas qualquer garota seria sortuda de ficar tão bem quanto ela em uma regata. Ela era loura, o que era um fator positivo. Mas não o tipo de loura de que Tommy normalmente gostava. Não era o louro brilhante e dourado da Califórnia que as garotas de sua cidade se esforçavam tanto para imitar.

Era engraçado pensar que ele tinha dirigido até LA para se interessar por uma garota com o cabelo da cor de um campo de trigo de Oklahoma.

Ainda que fosse óbvio que Layla o odiava, algo no encontro lhe causou uma animação que ele não sentia havia algum tempo.

Delete meu número, dissera ela. Nem pensar. Por enquanto ele se afastaria. Daria a ela um pouco de espaço. Mas estava falando sério sobre aquela parceria. Só esperava que ela passasse da primeira eliminação.

Pensou em entrar em contato com Aster. Ela e Layla foram as únicas com quem tinha interagido na entrevista, mas ele duvidava de que conseguisse alguma coisa. Layla tinha um estilo mimado parecido demais com o de Madison Brooks. Provavelmente riria da sua cara. Além disso, Tommy não tinha nada a oferecer a uma garota como Aster, e duvidava de que ela tivesse alguma coisa a oferecer a ele além de uma longa lista de contatos cheia de riquinhos mimados que nunca pisariam na Vesper.

Ou pisariam?

Tommy observou o astro de um dos maiores sucessos da TV a cabo sair de um Porsche preto conversível e entrar em uma lanchonete de produtos orgânicos sem ser notado. Em Oklahoma, um ator daquele calibre teria sido cercado por uma multidão. Mas, em Venice, as pessoas eram indiferentes demais para sequer reconhecer sua presença.

LA funcionava em uma frequência totalmente diferente. Se Tommy tinha alguma esperança de deixar sua marca, precisaria encontrar uma forma de se sintonizar.

E, se em vez de tentar persuadir Madison de fora, uma tarefa que na melhor das hipóteses era impossível, ele se concentrasse em tornar a Vesper tão descolada, tão ilícita, tão comentada, que os riquinhos, movidos pela curiosidade, implorariam para dar uma volta no lado selvagem, incluindo Madison. Mais ou menos a mesma coisa que acontecia aos turistas profissionais de Los Feliz que frequentavam a Farrington's.

Podia dar certo.

Podia dar certo com certeza, cem por cento.

Pela primeira vez desde que conseguira o emprego, ele tinha uma verdadeira estratégia, uma baita estratégia.

Claro que não podia agir sozinho. Precisaria do consentimento de Ira. Mas que melhor forma de impressionar o velho do que dando uma ideia que podia salvar ambos do fracasso?

ONZE

ROYALS

Aster Amirpour estava sentada à formal mesa da sala de jantar, empurrando a comida de um lado para o outro no prato e ignorando os apitos incessantes de seu telefone como a garota educada e obediente que a babá Mitra criara. Aos 18 anos, quem cuidava dela ainda era a mesma babá que trocara suas fraldas. Aquilo extrapolava tanto o ridículo que pendia para o irracional, ultrajante, absurdo, grotesco...

— Você vai atender? — Seu irmão mais novo, Javen, que parecia muito uma versão masculina de Aster só que, desgraçado, com cílios ainda mais longos e cheios, apontou para o iPhone dela com o garfo.

— Claro que não. Estamos comendo e seria uma grosseria. — Aster retribuiu o olhar dele com um dos seus, antes de deixar seus olhos vagarem pela exibição de finas toalhas de mesa irlandesas, talheres de prata brilhantes e os jogos de jantar mais chiques de sua mãe. Frescura nem começava a descrever aquilo. Mesmo na ausência dos pais, as tradições mais enfadonhas de sua família imperavam.

— Então, você poderia pelo menos silenciá-lo? — Javen mordeu a ponta de seu aspargo e fechou os olhos enquanto mastigava.

Quando a babá Mitra decidia cozinhar, uma tarefa que em geral ficava para o chef particular da família, era um prazer raro e precioso.

Aster silenciou o telefone e voltou a comer, ou pelo menos fingiu. Seu estômago estava tão agitado de nervosismo e animação que não havia espaço para mais nada. Era sua primeira noite no emprego, e ela estava planejando algo que podia colocá-la na liderança. Se Ira queria a boate cheia de gente jovem e bonita, Aster ia levar toda a sua lista de contatos (e a lista de contatos deles, e assim por diante). Claro que ela não tinha a menor chance de conseguir Madison Brooks, muito menos qualquer outro da lista de Ira, mas nenhum deles tinha. Podia estar se precipitando, porém se considerava muito à frente no jogo.

Comparada aos outros competidores, ela era a mais próxima de Madison. Elas tinham tanto em comum que era assustador. Ambas eram garotas bem femininas, o que significava que as pessoas geralmente subestimavam seu cérebro e sua ambição. Ambas tinham um saudável apreço pelas melhores coisas da vida (ou seja, roupas e acessórios de grife) e ambas sabiam chegar a um lugar e atrair a atenção de todos os presentes sem precisar fazer nada. Ambas eram muito subestimadas por pessoas que se recusavam a ver algo mais que um rosto bonito. Aster ficava sempre com a dúvida: será que Ira também a subestimara?

Durante a entrevista, ele a avaliara ostensivamente como se ela fosse uma obra de arte que o empresário esperava vender com um lucro alto. O que não era um problema, desde que ela conseguisse o emprego, mas Aster estava determinada a provar que era mais que um rostinho bonito para ser usado como isca na Night for Night. Ela não estava jogando só para ganhar; estava lá para conhecer o tipo de gente que podia impulsionar sua carreira. E, sim, enquanto estivesse participando, por que não eliminar o restante de seus competidores e deixar sua marca no mundo?

— Aster, por favor... Coma! — A voz da babá Mitra afastou Aster de seus pensamentos e a levou de volta à mesa. Com os olhos escuros apertados, ela indicou o prato quase cheio, franzindo os lábios perfeitamente delineados e pintados. — Você está magra demais — ralhou.

De novo isso. A babá não ficaria feliz até Aster ter coxas cheias de furinhos e um pneu enorme. Segundo Mitra, Aster não só comia pouco (*magra demais!*), mas sua rotina semanal de aulas de tênis e de dança fazia mais mal que bem (*músculos demais não são um bom sinal para uma garota!*). Era uma batalha interminável que Aster não tinha esperança de vencer.

Aster olhou para Javen em busca de apoio, porém o sorriso malicioso dele piorou as coisas. Então, ela se concentrou em beliscar suas costeletas de cordeiro e empurrar as batatas de um lado para outro, mas a babá não se deixou enganar.

— Bons persas não gostam de garotas magricelas. Você precisa colocar carne nesses ossos e preencher suas curvas.

Aster alertou a si mesma para ficar quieta, para agradar a babá e comer algumas garfadas. Que mal podia fazer? Mas algo dentro dela, algo que não aguentava mais ouvir tudo o que ela precisava mudar para ficar mais atraente para os rapazes persas, recusava-se a ser amordaçado.

— Então, deixe-me entender direito: você está me pedindo para comer mesmo sem fome para algum garoto aleatório que nem conheço me achar agradavelmente roliça? E depois? Ele me pede em casamento e eu aceito na hora e esqueço todos os meus sonhos para ter uma ninhada de bebês e engordar para meu marido? — Os olhos dela encontraram os da babá, que ela amava, da mesma forma que amava a própria mãe, mas às vezes a mulher tinha umas ideias incompreensíveis, as quais precisavam ser desafiadas. — Sério, Bá. — Ela tentou amenizar a voz e controlar sua irritação. — Não estamos na velha pátria. As pessoas de L.A. cobiçam uma aparência completamente diferente, uma vida completamente diferente. As garotas não comem para ficar mais atraentes para os garotos.

— Embora às vezes elas *se recusem* a comer para ficar mais atraentes para os garotos — comentou Javen, fazendo Aster rir mesmo contra a vontade e babá Mitra mexer no relicário de ouro que guardava a foto do marido falecido havia muito tempo, enquanto murmurava em farsi.

— Muita magra. Sempre mostrando pele demais. — O domínio que a babá Mitra tinha da língua, em geral impecável, sempre falhava quando ela era confrontada por um mundo veloz demais para o seu gosto.

Aster levantou-se da cadeira.

— Vamos concordar em discordar, porque eu a amo muito apesar de suas ideias malucas e antiquadas. — Ela contornou a mesa, aproximando-se da babá e inclinando-se para lhe dar um beijo na cabeça.

— Aonde você vai? — Mitra pegou sua mão.

— Já contei — disse Aster, sabendo que não contara. — Vou à casa da Safi para ajudá-la a se arrumar para a festa. — Ela abriu um sorriso radiante, obrigou-se a piscar. Não lera em algum lugar que mentirosos não piscavam o suficiente e que isso os entregava? Ou piscavam demais? Droga. Ela não lembrava. Mas também não era exatamente uma mentira; ia passar na casa de Safi, e Safi realmente estava se arrumando para uma festa. Só que, por acaso, era a festa Lua Cheia de Aster na Night for Night. A ideia era genial. À prova de erros. Mas, se conseguisse driblar a babá Mitra, ela poderia colocá-la em prática.

— E ela prometeu me deixar no shopping a caminho da casa da Safi. — Javen abriu seu sorriso mais estonteante para Aster. — Vou encontrar uns amigos.

Aster olhou Javen com ódio. Levá-lo ao shopping não era parte do plano. Era óbvio que sabia que a irmã estava tramando alguma coisa, embora ela não tivesse escolha além de manter a farsa.

— Hã... Pode crer — disse Aster. — Quer dizer, *sim*. — Ela se corrigiu depressa. A babá tinha uma intolerância enorme a gírias, e Aster não podia se dar ao luxo de correr riscos. — Vou deixar o Javen no shopping. Mas ele tem carona para voltar, *não é, Javen?*

Ela não acreditava que Mitra não percebera o olhar que os irmãos trocaram: triunfo da parte de Javen e descrença da parte de Aster.

— Vocês crescem rápido demais. — A babá retirou o guardanapo de linho do colo e levantou-se com esforço, enquanto Aster corria para ajudar, e Javen chamava a empregada para começar a tirar a mesa. — É exatamente isso que vou dizer a seus pais quando ligarem hoje à noite e vocês não estiverem aqui para atender.

Aster vacilou, temendo que Mitra dissesse isso com aquele mesmo tom incriminador. Mas logo aquilo passou e o bom humor da Babá retornou.

— Agora vão. Vivam suas vidas. Aproveitem. Mas quero os dois em casa às onze.

Ambos se surpreenderam.

— Bá, a Safi tem muito o que planejar. Pode ficar tarde...

— Mas não muito tarde — O olhar da Babá encerrava o assunto, seu tom era inegociável, restando a Aster apenas concordar.

Então, assim que se afastaram o suficiente da babá, Aster puxou a manda de Javen e disse:

— Precisamos conversar.

Aster olhou pelo retrovisor enquanto saía com a Mercedes da garagem subterrânea para 12 carros.

— Não foi nada legal. — Ela olhou para o irmão.

— Você mentiu para a Bá. — Ele balançou um dedo de brincadeira.
— Além disso, sei tudo sobre a sua festa na Night for Night — debochou, aparentemente satisfeito consigo mesmo.

Aster franziu a testa. Deveria ter imaginado que ele ia descobrir. A maioria de suas amigas tinha irmãos e irmãs mais novos mais ou menos da idade de Javen.

— Mal posso esperar para ver. Sabe, como recompensa por não contar para a Bá.

— Você é menor de idade. — Ela parou em um grande portão de ferro ao final do caminho, apertou o controle remoto e observou-o se abrir.

— Temos identidades falsas.

— É? — Aster o olhou de soslaio. — Vinte e um ou 18?

— O que você acha?

Ela saiu para a rua, passando por uma sucessão de mansões escondidas atrás de grandes portões e cercas vivas ainda mais altas, enquanto dirigia em direção ao Santa Monica Boulevard.

— Acho que existe uma grande diferença entre 15 e 18. Nem queira saber o que acho sobre 21.

— Então, vou simplesmente aparecer lá. Você não pode me impedir.

— E como vai chegar?

— Eu tenho amigos, Aster.

— Acredite em mim: sei tudo sobre os seus amigos. — Ela observava as ruas bem cuidadas pelo para-brisa, consciente de que o irmão estremecia a seu lado.

— Como assim?

— Sei sobre os seus amigos homens. Sei que você gosta mais de garotos que de garotas. Tenho certeza de que isso não é algo que você esteja disposto a contar para...

Aster não tinha nenhuma prova real do que estava falando, mas quando viu os olhos dele se arregalarem de medo e seu rosto ficar pálido, sentiu-se a pior irmã do mundo por usar a sexualidade do irmão como ferramenta de barganha.

— Javen. Desculpe. — Ela se apressou em reparar o estrago. Não estava nem aí se Javen era gay. Mas infelizmente seus pais e a babá não pensariam da mesma forma. — Você sabe que desejo que você viva como for melhor, e estou disposta a ajudar nisso. Mas não pode me chantagear na frente da Bá. Temos muito mais a ganhar se trabalharmos juntos do que se ficarmos chantageando um ao outro.

Lentamente, a cor voltou ao rosto de Javen.

— Isso significa que você vai reconsiderar me colocar para dentro da boate?

— Não. — Ela franziu a testa. — Sou nova nisso. Não posso correr nenhum risco.

— Mas e depois?

— Tudo é negociável — disse ela, sabendo que, nesse caso em especial, provavelmente não era.

Os dois ficaram em silêncio pelo restante do caminho até ela parar no estacionamento do Grove, onde os amigos dele esperavam.

— Você vai cobrir para mim hoje, não é? — Ela precisava de uma promessa verbal para ter uma coisa a menos com que se preocupar.

Javen assentiu distraidamente, concentrado no menino fofo que o esperava.

— Sabe, quando a mamãe e o papai nos disseram que iam passar o verão em Dubai, eu sabia que ia ser o melhor verão de todos os tempos. Mas quando disseram que a Bá viria para ficar, achei que minha vida estava oficialmente acabada.

Aster riu. Ela havia sentido a mesma coisa.

— Mas agora que sei que protegemos um ao outro, tenho certeza de que vai ser épico. — Ele sorriu de um jeito que o deixava tão lindo, tão jovem e esperançoso, que o coração de Aster se apertou. Seu irmão estava no auge de sua vida, prestes a experimentar toda a alegria e a tristeza cruas que o mundo tinha a oferecer, e não havia nada que ela pudesse fazer para protegê-lo dos momentos mais sombrios que sem dúvida o encontrariam. Mas faria o melhor que pudesse para protegê-lo de Mitra e dos pais.

Ele saiu do carro e foi até o amigo, enquanto Aster, tomada por uma onda de amor e proteção, tocou o pingente *hamsa* de ouro e diamantes pendurado em seu pescoço, fez uma prece silenciosa por Javen e foi para a casa de Safi.

DOZE

I WANNA BE SEDATED

Layla olhou a boate quase vazia e suspirou. A Jewel estava fechando, mas não estava muito mais vazia que antes. O grupo na pista de dança tinha sido tão escasso que até o DJ parecia entediado. Sua primeira noite no emprego fora um fracasso. E, apesar de Karly alegar que o irmão do namorado da prima da sua amiga tinha feito o cabelo de Madison uma vez em um set de filmagem e, portanto, ela provavelmente seria a primeira a atrai-la, Madison não apareceu. Mesmo assim, eles tinham conseguido juntar gente suficiente para impedir que a noite fosse um desastre total, não por mérito de Layla.

Embora ela tivesse muitos amigos, nenhum deles gostava de boates. Se ela estivesse a cargo da Vesper, talvez tivessem aparecido, mas assim que souberam que ela estava promovendo a elegante, pomposa e chique Jewel, logo torceram o nariz daquele jeito indie, hipócrita e esnobe que sempre a divertia e chocava. Ao final das contas, o desdém de seus amigos pelos ricos e populares os tornava tão esnobes quanto os esnobes ricos e famosos de quem desdenhavam. Mas eles não viam dessa forma. Não importava. Ela amava seus amigos. Amava-os exatamente porque eles não entrariam na Jewel nem mortos. Mas isso não significava que ela não sentisse que a tinham abandonado.

Esperando assegurar alguns troféus para o fim de semana, foi até um grupo de garotas cujos vestidos colantes e de pouquíssimo pano demonstravam que elas gostavam de ser notadas.

— Oi! — Correu na direção delas, ignorando seus olhares intimidadores. — Gostariam que eu tirasse uma foto de vocês? — Balançou o celular para elas, imaginando que eram vaidosas demais para recusar a oferta.

INIGUALÁVEL

— Hã, não, obrigada. — zombou a loura alta, como se Layla fosse algum tarado patético de fim de noite.

— Não é para mim — explicou Layla, depressa. De um jeito ou de outro, ela havia começado aquela confusão e estava decidida a terminar. — É para a boate. Sou uma das promoters. — Hesitou, dando a elas bastante tempo para demonstrar que estavam impressionadas, mas continuaram ali paradas com os braços cruzados e as sobrancelhas erguidas. — Eu ia postar no Twitter e no Instagram. Sabe, na conta da Jewel. — Ela pressionou os lábios, torcendo para que elas fossem alienadas demais para saber que a boate não tinha redes sociais. Ira achava que aquela marca era descolada demais para tudo isso, um erro enorme que ela pretendia consertar.

Esperou enquanto elas deliberavam entre si, agindo como se aquilo fosse muito mais sério do que realmente era. Fazendo Layla se sentir tão estranha e inconveniente quanto se sentira no primeiro dia do ensino fundamental, quando as garotas populares a empurraram quando ela se sentara sem querer na mesma mesa que elas do refeitório.

— Tudo bem — disse, enfim, a loura. Todo grupo tinha uma líder, e ela fora coroada. — Mas só se pudermos aprovar a foto antes de ser postada e você prometer nos marcar.

Layla surpreendeu-se. Aquele era um público mimado.

— Talvez fosse melhor o seu agente aprovar primeiro — brincou ela.

Elas a encararam, inexpressivas.

— Combinado — concordou, tirando várias fotos e tentando não rir enquanto elas se agrupavam, fazendo aquele biquinho bizarro que significava *esta é a minha cara sexy*, que ela nunca entendera. Depois de pegar o Twitter e o Instagram de todas, que planejava usar para atraí-las de volta, Layla gritou "Tchau!" quando se dirigiam para a saída. Imediatamente se arrependeu quando todas caíram na gargalhada.

Nossa! Ela era uma completa idiota. Mateo não tinha nenhum motivo para se preocupar. Ela nunca seria atraída para esse mundo. O idiota do Tommy estava certo: se ela não conseguia fazer nem os amigos aparecerem, e as garotas com bico de pato tinham rido da sua cara, como atrairia o interesse de Madison Brooks? Precisava fazer alguma coisa depressa se não quisesse ser a primeira a sair.

Ela montou na moto e começou a percorrer o Boulevard, jurando não olhar quando passasse pela Night for Night e pela Vesper. Isso só a deixaria pior, mas a feroz competidora que existia dentro dela não conseguiu evitar uma olhadinha.

O público de escolas particulares de LA demorava-se do lado de fora da Night for Night, fazendo Layla se perguntar quantos deles eram frequentadores e quantos Aster e sua equipe tinham atraído.

Quando chegou à Vesper, ela acelerou, desesperada para passar pelo cruzamento antes que o sinal fechasse. Depois, xingou sua falta de sorte quando o carro à sua frente pisou no freio, forçando-a a parar derrapando a poucos metros de Tommy e de uma loura platinada de meia-arrastão, ankle boots altíssimas e um vestido preto minúsculo que mal a cobria.

Por sorte, ele estava ocupado demais flertando para perceber que ela estava ali.

Ou não.

— Layla!

Gritou seu nome duas vezes enquanto ela se concentrava com todas as forças no sinal, desejando que abrisse. Se não fosse pela câmera só esperando que ela ultrapassasse parar fotografar a evidência e entregar uma multa diretamente em sua porta, teria sumido dali.

— Layla... Oi!

Droga. Ela ordenou que o sinal abrisse, mas este continuou naquele frustrante tom de vermelho, enquanto Tommy parou no meio do Boulevard, puxando a manga de sua jaqueta de couro.

— O que eu disse na última vez em que o vi?

— Você veio ao meu território. Seria muito grosseiro se eu não desse um "oi", não é? — Ele sorriu ao dizer isso, como se tivesse acabado de recitar um lindo poema.

— Acha que pode soltar a minha manga? — Foi tosco, mas o melhor que ela conseguiu fazer depois de cometer o erro de encará-lo.

Ele baixou a mão, mas aquele sorriso deslumbrante continuou intacto, assim como aqueles profundos olhos azuis.

O sinal abriu, os carros buzinaram, mas ela continuava paralisada, odiando-se por cada segundo que passava.

— Como foi a sua primeira noite? — Tommy parecia imune ao caos ao redor.

— Não tão boa quanto a sua, pelo visto. — Layla assentiu para a garota, que tirava uma série de selfies enquadrando bem o decote enquanto esperava Tommy voltar.

— Não tem com que se preocupar — disse Tommy. — Ela é só uma amiga.

— Preocupar? — Layla fez para ele sua melhor cara de *você precisa definhar e morrer agora*. — Não se iluda.

Ele não reagiu. Nem sequer estremeceu. Apenas continuou irritante e impassivelmente diante dela.

Layla olhou da garota para Tommy. A imagem a deixou furiosa.

Devia ser porque estava com saudades de Mateo. Raramente discutiam, e quando acontecia, ela sempre se arrependia. Sobretudo porque em geral era quem começava.

— Avise se mudar de ideia — disse Tommy. — Sobre compartilhar estratégias — acrescentou, ao perceber que ela havia ficado confusa.

Layla franziu as sobrancelhas. Que se danasse a multa. Pagaria qualquer quantia para fugir dele e daquele sorriso idiota.

Acelerou a moto e disparou para o cruzamento na hora em que o sinal ficou vermelho de novo. Precisava tomar distância dele e da verdade incômoda de que provavelmente deveria aceitar a oferta de ajuda, embora soubesse que não o faria.

Ele tinha algo que a deixava inquieta. Era como se conseguisse desvendá-la, até as partes mais mesquinhas — coisas que Mateo não percebia ou perdoava fácil demais —, e não sentisse a menor repulsa. Inclusive, até parecia encantado com a descoberta. Também compartilhava as mesmas partes mesquinhas.

Ela dirigiu por mais alguns quarteirões, depois parou no acostamento, onde procurou o telefone, rezando para Mateo ainda estar acordado e disposto a conversar.

— Você está bem? — Foi a primeira coisa que ele disse, deixando-a culpada por preocupá-lo.

— Acho que não nasci para esse trabalho. — A voz dela estava tão cansada quanto ela. — Fiz papel de boba.

— Então saia.

Layla franziu a testa. Sair nunca foi uma opção. Ela preferia morrer tentando do que se entregar. Ele deveria saber disso.

O silêncio continuou entre eles, até Mateo finalmente dizer:

— Onde você está?

Layla observou um mendigo fazer xixi em um muro enquanto outro vasculhava uma lata de lixo, com todos os seus pertences empilhados em um carrinho de supermercado roubado que estava ao seu lado.

— Na capital do glamour do mundo.

— Por que não vem para cá?

— Posso levar um tempo para chegar aí.

— Não vou sair daqui.

Ela não percebeu como estava tensa até seus ombros afundarem de alívio. Mesmo que não aprovasse, Mateo sempre estaria do seu lado. Ele não guardava rancor. E nunca se desviava do que realmente importava. Na maior parte do tempo, Layla não entendia por que ele a amava. Só ficava grata por isso.

Já se sentindo melhor, ela enfiou o telefone no bolso e voltou para a rua. Ficaria tudo bem. Ela não se perderia. Podia ter Mateo e o emprego. Não havia motivo para escolher. Mas, se não tivesse ideias melhores, Ira escolheria por ela.

TREZE

EVERYBODY WANTS
TO RULE THE WORLD

Aster estava ao lado do DJ e olhava para a multidão que se dispersava feito uma rainha inspecionando seus súditos. Em sua primeira noite oficial no emprego, ela já era um sucesso. Era como se todos os recém-formados das escolas particulares mais exclusivas de LA tivessem aparecido usando tatuagens metálicas de luas e estrelas, transformando a pista de dança da Night for Night em uma constelação pulsante com a geração seguinte de figurões de LA.

— É um público bom. — Taylor estava ao lado dela.

Aster olhou disfarçadamente a linda loura. Em seu minivestido de couro furado, ela estava supreendentemente chique para alguém que a princípio Aster considerara uma patricinha.

— Obrigada! — Ela sorriu. — Foi muito maior do que eu esperava.

— Foi? — Taylor estreitou os olhos.

Aster desviou os seus, recusando-se a participar de qualquer que fosse o jogo de Taylor. Só o que importava era que já passava da hora de fechar e só agora a multidão estava começando a diminuir.

— Achei que éramos uma equipe — comentou Taylor.

Aster continuou olhando a pista de dança, acompanhando sua amiga Safi e tentando reconhecer o garoto com quem ela estava antes que se perdessem na multidão.

— Você sequestrou a noite; tornou-a sua. Se não quiser fazer parte da nossa equipe, não tem problema. Vamos ficar muito bem sem você.

— Vão? — Aster retribuiu o olhar, observando Taylor murmurar e correr para onde Diego e Ash esperavam.

Era a primeira noite da competição e sua equipe já se voltara contra ela. Não fazia diferença. Para que trabalhar em conjunto se só uma pessoa ia ganhar? Embora Aster não entendesse as regras, concluiu que sua recompensa seria maior por quebrá-las do que por tentar segui-las.

A noite foi um sucesso, e nada que Taylor dissesse poderia mudar isso. Os únicos problemas imediatos que Aster enfrentava eram seus pés latejando e bochechas doloridas graças aos saltos dez e a uma overdose de sorrisos e beijinhos no ar. Dores de anfitriã. Bem, era melhor se acostumar. Se as coisas continuassem assim, ela passaria facilmente pela primeira semana e iria além.

— Aster? — Ira apareceu atrás dela. — Tem um minuto?

Ela subiu a escada atrás dele e entrou em um escritório que era puramente profissional, assim como Ira, sem um único toque pessoal. Ele indicou uma cadeira, e Aster sentou-se, agradecida. Segurando um suspiro de alívio por enfim estar sentada, ela esfregou as panturrilhas doloridas enquanto Ira remexia em sua escrivaninha.

— Os números foram decentes para uma quinta-feira. — Ele pegou um envelope branco com o logo vermelho da Unrivaled Nightlife, depois, recostou-se na cadeira.

Aster sorriu tranquilamente enquanto uma dancinha de felicidade acontecia em sua cabeça.

— Pode me contar como fez isso?

— Criei uma festa dentro da festa. Disse a todo mundo da minha lista que uma estrela dourada ou uma tatuagem de lua lhes garantiria a entrada. — Ela ergueu o pulso, exibindo a sua. Depois, sentindo-se desajeitada sob o brilho do olhar fixo dele, deixou a mão cair no colo. — Enfim, eles tiveram que passar por mim para consegui-las, então acho que a notícia se espalhou. — Ela deu de ombros, relutando em admitir que possivelmente tinha roubado gente da lista de seus companheiros de equipe.

— E?

Ela se mexeu na cadeira, sem saber do que ele estava falando.

— Eles conseguiram tatuagens metálicas... Só isso? Sem drinques grátis? Sem descontos na porta?

— Eu posso fazer isso? — perguntou ela, questionando-se por que não tivera essa ideia.

— Só se seus troféus forem famosos. E nenhum deles era.

Ela afundou mais um pouco, menos satisfeita consigo mesma que um segundo antes.

— Acho que as pessoas gostam de sentir que fazem parte de algo legal.

Ira a observou com atenção.

— O que funciona em uma quinta vai falhar em um sábado. Você precisa jogar mais alto.

Ela fitou suas pernas.

— Enfim, sei que você está cansada, então, aqui está. — Ele deslizou o envelope na mesa e, sem sequer checar, Aster sabia que ali dentro havia um grande maço de dinheiro.

Ergueu os olhos para encontrar os dele, e os dois se encararam por um instante longo e demorado, o que fez Aster se perguntar o que ele podia esperar em troca.

— Uau... Obrigada. — Ela avaliou o envelope, querendo acreditar que era um prêmio merecido, e não algo escuso que a deixaria se sentindo suja e comprometida.

— Sou eu que estou agradecendo a você. — Ira a observou com olhos azul-escuros que viam muito e não revelavam nada. — Vai descobrir que posso ser muito generoso com aqueles que me impressionam. — Ele indicou o envelope com a cabeça, enquanto Aster fazia de tudo para encontrar a resposta perfeita, mas nada lhe vinha à mente. — Mas eu a aviso... — O olhar dele se aprofundou como se conseguisse enxergar através do vestido dela, através de sua pele. Ira tinha idade para ser seu pai, e mesmo assim ela não conseguia deixar de imaginar como seria beijá-lo. Não que quisesse. Não queria. Nem pensar. Mas mesmo assim Ira fazia sua lista de ex-namorados parecer uma sucessão embaraçosa de meninos mal desenvolvidos e desajeitados. — Raramente a mesma coisa me impressiona mais de uma vez.

A voz dele a arrancou de seus pensamentos, e foi bem na hora. Ela mordeu os lábios e puxou o vestido para os joelhos, esperando não ter revelado sem querer o que estava pensando.

Aster assentiu em resposta, sabendo que acabara de tocar seu único sucesso em uma playlist vazia. A primeira coisa que faria no dia seguinte seria um brainstorm... assim que tivesse uma noite de sono decente. Ela conteve o bocejo. Esperou para ver se havia algo mais. Mas, quando Ira se levantou da cadeira, ela se apressou em fazer o mesmo.

Ira contornou a mesa e ofereceu sua mão, que praticamente engolia a dela, capaz de esmagar seus dedos sem qualquer esforço.

— Agora vá descansar um pouco. — Ele a conduziu de volta à boate quase vazia, deixando Aster sem saber se ele a levaria até o carro. E se levasse? Seria constrangedor, sexy, grotesco? Antes que ela chegasse a uma conclusão, Ira disse a um dos seguranças, James, para acompanhá-la até o lado de fora, enquanto Aster enfiava o envelope na bolsa e ia até sua Mercedes. Ela esperou James ir embora antes de abrir o envelope e folhear a pilha de notas de vinte e de cem que, sem dúvida, davam um total de... muito. Não era burra o bastante para ficar sentada sozinha no carro na Hollywood Boulevard, contando sua fortuna.

Ela recolocou o envelope na bolsa e saiu para a rua. Deleitando-se com o fato de ter conseguido ser notada por Ira por algo além da aparência.

Mas, se conseguisse passar despercebida pela babá Mitra, a noite estaria completa.

QUATORZE

SEX AND CANDY

Tommy voltou para dentro da Vesper, ciente de que a garota o seguia. Serena, Savannah, Scarlet... Não tinha certeza.

Quanto tempo fazia que ele não ficava com uma garota? Era deprimente demais calcular, mas fez isso mesmo assim. Amy. A ex-namorada de Oklahoma. Pouco antes de ele dar a notícia da mudança. Depois disso, não houvera nada além de lágrimas, recriminações e... melhor não pensar nisso. A questão era que seu tempo em LA provara ser um longo e brutal período de solidão. Os locais adoravam reclamar da seca; bom, Tommy estava bem no meio de sua inanição pessoal, e se aquela garota com um nome que ele não conseguia lembrar oferecia alívio, quem era ele para recusar?

Ele não tinha por que se sentir culpado. Ninguém a quem dar satisfações. Além do mais, um homem não aguenta passar muito tempo sem sustento. Permitindo que seus olhos se banqueteassem na recompensa diante dele, os seios perfeitos (provavelmente falsos, mas e daí?), a cintura fina curvando-se em quadris macios de ampulheta, olhou direto para a garota e disse:

— É melhor você ir embora.

Ela se surpreendeu, oscilando um pouco nos saltos gigantes.

— Está falando sério? — Parecia não acreditar que ele estava recusando uma oferta tão deliciosa. Ele próprio mal conseguia acreditar.

No entanto, por mais tentadora que ela fosse, não queria passar a noite com uma mulher bonita com quem não tinha nada em comum. Ela tinha um conhecimento de música de groupie, o que ele conseguia deixar passar, mas até aquele momento ela havia concordado com tudo o que ele dissera. Isso logo torrou o saco.

— Desculpe — disse ele. — A boate está fechada.

— Não acredito nisso. — Ela fez um biquinho adorável, mas nenhuma menção de ir embora.

— Se isso a faz sentir melhor, nem eu. — Ele deu de ombros.

— É por causa da sua namorada?

Tommy estreitou os olhos, sem saber aonde ela queria chegar.

— A garota da moto. — Ela apontou o polegar para a porta que dava para a rua.

Ela estava oferecendo uma saída que salvaria a reputação de ambos, mas não queria mentir, então, disse:

— É complicado.

— Sempre é. — Ela lançou um sorriso enviesado para Tommy e deu-lhe um beijo na bochecha, deixando-o com o cheiro de doces, promessas e garota, e foi preciso toda a sua força de vontade para não correr atrás dela.

Os bartenders ainda faziam a limpeza. O gerente fora para algum lugar dos fundos. E, como Tommy estava agitado demais para voltar para a pocilga que era seu apartamento, pegou uma guitarra sem dono, tomou seu lugar no palco e começou a tocar. Ficou tão perdido em sua música que só quando a segunda canção terminou ele percebeu que Ira Redman estava assistindo.

Tommy tirou a alça da guitarra do ombro e colocou o instrumento no banco, retraindo-se sob o brilho do olhar rigoroso de Ira.

— Eu precisava relaxar um pouco — disse Tommy, sentindo a necessidade de se explicar, mas desejando não ter parecido tão constrangido.

— Estranho você preferir a música e não a garota.

Tommy o encarou. Desde quando Ira estava observando?

— Como foi a primeira noite?

O rapaz deu de ombros.

— Diga você.

— Quero saber *sua* opinião.

Ao contrário do restante da equipe, ele não tinha um grande grupo de amigos para levar. Então mandara fazer alguns cartões, distribuíra-os em sua loja de discos preferida e fizera questão de deixar alguns na academia de ioga ao final da rua. Como estratégia, estava longe de ser genial. Mesmo assim, tinha resultado em muitos troféus anônimos e algumas praticantes de ioga maravilhosas.

Ira encarava Tommy, esperando uma resposta, mas Tommy sabia que não devia se gabar, sobretudo quando não havia motivo para isso. Ira só apontaria seu erro, deixaria-o mais inseguro do que já estava. Ele era implacável. Bastava saber que tinha largado sua mãe depois de saber que estava grávida; não precisava de outras provas. Claro, havia deixado algum dinheiro para ela, o suficiente para pagar o aborto. Mas não se deu ao trabalho de esperar mais um pouco para levá-la à clínica. Na época, ele simplesmente presumiu, como fazia naquele momento, que todo mundo ficava feliz em obedecê-lo. Talvez nunca tivesse lhe ocorrido que ela havia usado o dinheiro para comprar fraldas e um berço.

— Poderia ter sido melhor — admitiu Tommy, enfim. — E vai ser. Tenho uma ideia que gostaria de discutir se você tiver um minuto. — Ele desceu do palco, preferindo ficar no mesmo nível. — Quero transformar aquela sala dos fundos em um espaço privado.

Ira franziu a testa.

— Já é um espaço privado.

— Não, com *privado* quero dizer acesso apenas para VIPs.

— É lá que a banda fica entre os sets.

— Exatamente — disse Tommy. — Temos uma boa série de shows neste verão, e se abrirmos aquela sala para um grupo seleto de pessoas, criaremos ali uma sensação de lounge, podemos aumentar nossos lucros e nos tornar mais descolados.

Ira o examinou, mas não deixou transparecer nada.

— E eu quero comandá-la e ganhar crédito por quem vier, já que fui eu que pensei nisso.

— E quanto à sua equipe?

— O que tem ela? — Tommy deu de ombros com desdém.

— E que VIPs você pode trazer?

— No momento, nenhum. — Era inútil mentir. — Mas, em breve, muitos. Mais do que cabem na sala.

Ira levantou-se sem dizer uma palavra e foi para seu escritório, virando-se para trás e dizendo:

— Por enquanto, por que não pensa em um plano que não dependa da minha ajuda?

Tommy olhou com fúria para ele, que já lhe dera as costas, perguntando-se quem odiava mais no momento: Ira ou a si mesmo. Era uma boa ideia, quase ótima, mas ele a transmitira muito mal. Fora ao mesmo tempo pretensioso e desleixado. Não era de estranhar que Ira não o tinha levado a sério. Mesmo assim, ia roubar a ideia e negar o crédito a Tommy.

Ele pegou a jaqueta de couro e saiu a passos largos em direção a seu carro detonado. Que se danasse. Ele encontraria outro jeito de aumentar seus lucros e impressionar o velho de um jeito que o homem seria obrigado a reconhecer. Vinha pensando num plano B, mas esperava adiá-lo até a competição estar mais adiantada, caso ficasse desesperado. Era muito arriscado e podia causar sérios problemas para a boate. Mesmo assim, não via motivos para esperar, pois ser prudente nunca foi vantajoso. No mínimo, Ira admiraria sua motivação. E, se desse certo, ele seria o vencedor. No dia seguinte, testaria seu plano. No sábado, teria se livrado dos obstáculos. No domingo, Ira estaria recompensando-o por um trabalho bem-feito.

Ele se perguntou se Layla teria se recomposto até lá.

Tommy sorriu ao lembrar do rosto dela, aquele rosto doce de criança com lábios grossos, olhos separados e límpidos e uma pele imaculada como porcelana.

Quando o assunto era o tipo de rede de contatos necessária para se dar bem naquele trabalho, ela era a pior inimiga de si mesma. LA era uma cidade de atores e escritores, povoada por aqueles que se sentiam mais confortáveis representando um papel imaginário do que sendo eles mesmos, e o prêmio sempre ia para quem fingia melhor.

Layla não sabia ser nada *além* de si mesma. Não demoraria muito para mudar de ideia e admitir que ele estava certo desde o começo.

As Scarlet-Savannah-Serena do mundo não chegavam aos pés dela. Ele tinha esperado todo esse tempo para ficar com uma garota. Achava que podia muito bem esperar pela que realmente o interessava.

QUINZE

YOUNG AND BEAUTIFUL

Por sorte, Javen tinha desligado o alarme da casa, possibilitando que Aster entrasse sorrateiramente em seu quarto sem alertar a babá Mitra e caísse em um sono profundo e sereno. Pelo menos foi profundo e sereno até seu telefone apitar na manhã seguinte com uma mensagem de texto de uma das assistentes de Ira, confirmando que a Night for Night tivera o maior lucro, graças aos esforços de Aster. Só que sua equipe estava em completo silêncio, o que a chateava. Aster não estava acostumada a ser odiada.

Não diziam que sucesso gerava rancor? Ao que parecia, era verdade.

Ela se recostou à cabeceira de capitonê de seda, procurou na bolsa o envelope que Ira lhe dera e espalhou seu conteúdo sobre o lençol branco da Frette. Apesar da imensa riqueza da família, seus pais eram mão-fechada com os filhos. Aster tinha exatamente dois vestidos que podia usar na boate, sendo que usara um deles para a entrevista, e o outro na noite anterior. O restante de seu guarda-roupa consistia em coisas que sua mãe aprovava, o que significava que comprar mais vestidos, vestidos muito sensuais (mas de bom gosto, nada sem classe) era absolutamente necessário. Alguns saltos agulha a mais também seriam úteis. E talvez joias, daquelas que estão na moda, o tipo de coisa que faria sua mãe desmaiar se pegasse a filha usando.

Ela transferiu o dinheiro para sua carteira, ligou para a empregada pedindo café e foi para o chuveiro. Tinha um grande dia de compras pela frente.

Tendo crescido em Beverly Hills, Aster conhecia várias butiques que seriam adequadas, mas queria um lugar sem nenhuma conexão com a mãe. Por sorte, sua mãe nunca entrara na Neiman's (era fiel à Saks), e foi por isso que a Neiman's tonou-se a primeira opção de Aster.

Ela deixou o carro com o manobrista e foi para a escada rolante, onde examinou as intermináveis araras de vestidos, completamente tranquila, mesmo sabendo que ficaria o tempo necessário. Quando as compras eram sérias, ela preferia estar sozinha. Ainda não conhecera um vendedor que não tivesse tentado lhe impor seu gosto pessoal.

Ela arrastou suas escolhas até um provador e experimentou uma pilha de vestidos colantes até chegar a um favorito absoluto e dois reservas. Estava prestes a recolocar a roupa e ir para a seção de sapatos quando ouviu uma garota no provador ao lado.

— Você não imagina quem está aqui! Aquele cara daquele programa de TV. Sabe, aquele de olhos verdes e... Nossa, não acredito que esqueci o nome dele... Ele namora a Madison Brooks.

Aster se encostou à porta com o coração batendo freneticamente.

— Ryan Hawthorne — sussurrou ela, esperando a amiga da garota confirmar.

— Ryan Hawthorne?

— Isso, ele está lá embaixo. Provavelmente, comprando alguma coisa para a Madison.

— Se o programa dele for cancelado, vai ser o último presente em um bom tempo.

Ambas riram.

— Você precisa vê-lo. Ele é ainda mais lindo em pessoa.

— Estou indo. Não quero essa calça jeans mesmo. Ela me deixa com bunda de mãe.

Antes de Aster conseguir ouvir mais alguma coisa, já estava saindo de seu provador com o vestido mais sexy dos três e indo para o andar de baixo. Infelizmente, a garota não dissera onde vira Ryan, mas, se ele estava mesmo comprando alguma coisa para Madison, estaria nos cosméticos, bolsas ou joias... o que resultava em muitos metros quadrados para procurar.

Ela passou pelo balcão de perfumes, fez um desvio depois da pilha de bolsas da Prada, e estava a ponto de se dirigir ao mostruário dos maxicolares quando percebeu que a garota devia ter se enganado.

Com seu característico cabelo louro desgrenhado, pele bronzeada e olhos verdes, era impossível não ver Ryan Hawthorne. Pelo que Aster estava notando, não havia um único homem na loja que acertasse o visual de garoto dourado de Ryan. Embora vários tentassem.

Era bom demais para ser verdade. Enquanto ia para a seção de sapatos, ela lançou um último olhar para o balcão de joias, vendo um cara mais ou menos da altura de Ryan, com o físico musculoso de Ryan, usando um gorro preto e óculos bem escuros. Claro que Ryan não sairia de casa sem algum tipo de disfarce. Mesmo em uma loja acostumada a lidar com celebridades, sem dúvida haveria alguns turistas que não pensariam duas vezes em abordá-lo. E, mesmo assim, apesar de sua tentativa de passar despercebido, quanto mais Aster observava, mais se convencia de que era ele.

Mesmo a distância, ela viu que ele realmente era mais bonito em pessoa. Mas o mais importante era que estava finalizando uma compra, o que significava que iria embora a qualquer momento. Ela precisava agir rápido.

Pegando os primeiros Manolo que encontrou, ela calçou um e ficou diante do espelho, virando a perna de um jeito que erguia o vestido, enquanto esperava Ryan Hawthorne passar.

Só que ele não passou.

Ele parou e ergueu os óculos escuros para admirar a vista. Não era exatamente uma jogada muito legal para um cara conhecido por namorar a queridinha de Hollywood, mas para Aster era um ótimo sinal de que ela estava no caminho certo.

O emprego, o vestido, os sapatos, tudo aquilo estava prestes a gerar algo bom. O olhar descarado de pura apreciação masculina de Ryan bastou para Aster reunir coragem.

— Devo comprá-los? — Ela levantou um pouco mais o vestido.

— Eles têm meu voto. — A voz de Ryan soava gutural e tensa enquanto ele perdia a batalha para conter o sorriso que dominava seu rosto perfeitamente delineado.

Ela passou os olhos sobre seu famoso corpo sarado, que naquele momento usava jeans e camiseta. Sua pulsação latejava e suas mãos começaram a tremer, mas mesmo assim ela conseguiu se olhar no espelho e dizer:

— Hum... Não sei... — Ela balançou os quadris de um lado para o outro, sabendo muito bem que Ryan sorria como um idiota que precisava ir embora, mas não conseguia sair dali.

— Acho que não posso ir até saber como isso acaba — disse ele, alheio ao grupo de vendedores e clientes que começava a se aglomerar, instintivamente atraídos pelo cheiro do escândalo em formação.

A última coisa que ela queria era criar problemas para Ryan com a imprensa, muito menos com Madison, de quem ela precisava desesperadamente e quase idolatrava. Mesmo assim, não ia deixar a oportunidade escapar. O destino colocara Ryan em seu caminho; era sua responsabilidade aproveitar a situação ao máximo.

— Bom, você pode passar na Night for Night amanhã e ver o que decidi. Se eu comprar, vou usá-los... — Aster balançou outra vez, abrindo para ele seu sorriso mais sedutor. Concluindo que era melhor deixá-lo querendo mais, ela lançou um último olhar convidativo por cima do ombro e foi para o provador. Tão tomada de empolgação pelo que acabara de acontecer, mal conseguia se controlar. Não era seu primeiro encontro com uma celebridade, mas era o primeiro que importava.

Pelo que sabia sobre os homens, especialmente os homens mimados e arrogantes (e não era praticamente uma especialista, tendo passado a vida inteira cercada por eles?), aquele encontro não seria esquecido tão cedo.

Era só uma questão de tempo até ele aparecer na boate. Se levasse Madison, melhor ainda. De um jeito ou de outro, a vitória logo seria sua.

DEZESSEIS

BLURRED LINES

Madison Brooks estava deitada de lado, abrigada pela sombra de um grande guarda-sol, desfrutando a vista de sua piscina de borda infinita, que parecia cair direto no cânion que ficava além. Depois de seu closet luxuoso, o quintal era seu segundo lugar preferido da propriedade. Após uma infância passada a milhares de quilômetros de qualquer pedaço de terra capaz de sustentar uma palmeira, seu paraíso tropical era mais um símbolo do quanto ela fora longe.

Era seu primeiro dia livre em... Bem, fazia tanto tempo que ela não conseguia se lembrar da última vez em que aproveitara um sábado sem pelo menos uma reunião, uma prova de roupas ou um roteiro para ler. Mas com o dia diante dela como um delicioso bufê de ofertas ilimitadas, ela estava feliz em ficar bem ali na espreguiçadeira, deleitando-se com o fato de não ter absolutamente nada para fazer e lugar algum para ir.

— Oi, amor.

Ao ouvir o som da voz de Ryan, Blue, que dormia ao lado dela, ergueu a cabeça, abaixou as orelhas e rosnou, mostrando os dentes, o que fez Madison ter a ideia de mandá-lo atacar. Claro que ela não faria nada, mas isso não queria dizer que não tivesse ficado tentada.

Sob uma perspectiva puramente física, Ryan não podia ser mais maravilhoso. Seu cabelo louro-areia captava os raios cintilantes do sol, fazendo parecer que tinha sido polvilhado com ouro em pó. Suas pernas musculosas caminhavam com determinação até ela. Seus bíceps se destacavam pela força do braço carregado de sacolas de compras da Neiman Marcus. Era fácil entender por que Ryan estimulara as fantasias de tantas adolescentes (e da maioria das mães delas).

— Tem um presente para mim? — Ela baixou os óculos para o nariz. Claro, estava cansada dele, mas presentes eram sempre apreciados e raramente retribuídos.

Ele abriu seu deslumbrante sorriso Ryan Hawthorne (o ganha-pão, como às vezes o chamava) e vasculhou sua coleção de sacolas até encontrar a certa.

— Ele rosnou para mim? — Ele olhou Blue com desconfiança.

Madison observou Blue descer da espreguiçadeira e trotar para a casa. Depois, endireitou-se, cruzou as panturrilhas e escavou as camadas de papel vegetal branco antes de desenterrar uma pequena caixa de joias quadrada no fundo.

Argolas. Mais um par de argolas. Só que essas eram muito mais bonitas que a maioria de sua coleção, sobretudo por causa dos pequenos pedaços de turquesa que as adornavam. Madison percorreu as bordas com os dedos, apreciando-as muito mais do que deixava transparecer.

Aproximou-se para dar um beijo indiferente na bochecha dele, mas Ryan virou a cabeça no último instante, reivindicando o beijo.

Seus lábios entreabriram-se, e sua língua disparou para a frente enquanto sua mão subia para a nuca dela, enfiando os dedos profundamente no cabelo, puxando seu rosto mais para perto.

— Eu estava com saudades de você, amor... — Ele murmurou as palavras em seu pescoço, em seu cabelo, antes de reencontrar a boca.

Ele a puxou mais para perto, e depois mais ainda. E, quando sua mão desceu para o seio dela, prestes a escorregar os dedos sob a parte de cima do biquíni, ela pressionou a palma com firmeza contra seu peito e o empurrou.

— Calma aí, garotão. — Ela manteve o tom de brincadeira enquanto reunia toda a sua força de vontade para não limpar a boca na toalha. Não que Ryan beijasse mal, mas cada beijo era o beijo errado quando você mal conseguia tolerar a pessoa. — Quero experimentar meus brincos novos antes que você se deixe levar. — Ela esperava distraí-lo por tempo suficiente para ele esquecer onde tinham parado.

Madison estava convencida de que o status de galã de Ryan devia-se unicamente ao fato de que jamais algum integrante de seu público fervoroso adivinharia os gemidos estranhos e as constrangedoras caras sexies que ele fazia durante o ato. Mas os dias de Ryan como

Rei Adolescente do horário nobre da TV iam chegando ao fim. Seu programa estava à beira do cancelamento. Os roteiristas tinham ficado sem ideias, a trama se tornara sem graça e a audiência estava caindo. Era, com certeza, uma sentença de morte. Se o agente de Ryan não lhe arranjasse alguma coisa rápido, de preferência maior e melhor que a novela adolescente boba que o tornara famoso, sua carreira seria oficialmente declarada acabada dali a um ano.

Fora uma elite intocável de supercelebridades que conseguia sobreviver a uma série de fracassos e mesmo assim manter a base de fãs, a regra geral de Hollywood era que o ator valia tanto quanto seu último projeto. O público era volúvel, jurando amor e devoção eternos em um momento, enquanto ao mesmo tempo procurava o próximo rosto para adorar.

Era a hora certa para terminar com Ryan. Se o objetivo do relacionamento era impulsionar a imagem de ambos, Ryan estava prestes a se tornar um problema. Ela não via nenhuma razão para adiar o inevitável.

— Deslumbrante. — Os olhos dele percorriam seu rosto, mas claramente não estavam prestando atenção nela. Era como se ele estivesse olhando para dentro e não para fora, como se alguma outra pessoa houvesse reivindicado um lugar em sua memória.

— Então, o que mais você comprou para mim? — Ela o avaliou com cuidado, sabendo que não havia mais nada. Estava mais interessada no jeito que ele ia responder. Ryan era o tipo de ator que se baseava muito no roteiro. Improvisação não era um de seus talentos.

Suas sobrancelhas se juntaram como se ele tivesse esquecido onde estava, ou talvez com quem estava.

Seria possível que Ryan tivesse se cansado dela como Madison se cansara do namorado?

Pela primeira vez em muito tempo, ele a intrigava.

— Hã, nada — disse ele, com a voz distraída enquanto se esforçava para voltar ao presente. — O resto são só coisas básicas que eu precisava repor. Estavam no carro, então achei melhor trazer para o caso de acabar dormindo aqui.

Ela assentiu como se entendesse, e entendia, só que não da forma que ele queria. Ryan estava escondendo alguma coisa. E, embora houvesse uma parte dela que não desse a mínima, a outra, que vigiava atentamente sua imagem e qualquer coisa que pudesse ameaçá-la, estava em total alerta vermelho.

— Eu achei que a gente podia sair hoje à noite. — Ele agiu como se "sair" fosse um evento raro, quando ambos sabiam que era a base do relacionamento. Serem vistos era fundamental.

Em vez de aceitar na hora, como de hábito, ela se recostou, lenta e fracamente, dobrando o braço sob a nuca, destacando seu decote de um jeito que em geral Ryan não conseguia resistir. Como ele mal percebeu, Madison soube que Ryan fora, ou estava prestes a ser, um menino muito mau.

— Não sei... — Ela arrastou cada palavra. — O que você tinha em mente?

Ele esfregou o queixo como se estivesse pensando no assunto, mas seu joelho sacolejante o entregou.

— Jantar no Nobu de Malibu? Não vamos lá há algum tempo.

Madison estreitou os olhos, sem saber aonde ele queria chegar. Mas havia alguma coisa em seu jeito de falar aquilo, algo tão furtivo e culpado, que ela soube na hora que não ia terminar o namoro naquele dia. Pela primeira vez no relacionamento, ela se perguntava se era a única jogando aquele jogo.

— Hummm... Talvez... — ronronou ela como um gato, descruzando lentamente as pernas de um jeito sedutor, antes de cruzá-las outra vez, deixando uma coxa perfeita deslizar contra a outra. Claro que ele veria aquilo. Claro que reagiria.

— O que você quiser, amor. — Quando ele se focou nela, sua voz ganhou o tom grave que ela conhecia até demais. — O jantar pode esperar... mas isto... — Ele correu o dedo do topo de suas costelas, passando pelo vale suave da barriga firme até se enfiar sob a tira da parte de baixo do biquíni. — Só consigo pensar nisso. — Ele inclinou a cabeça para ela enquanto Madison fechava os olhos, pensava em um garoto de um lugar distante e retribuía o beijo com um tipo de fervor que surpreendeu os dois.

DEZESSETE

GO HARD OR
GO HOME

— *B*row, você vai quebrar essa para a gente ou não? Por cima do leão de chácara, Tommy olhou os dois moleques que conhecia da Farrington's. Ele fora chamado à porta para lidar com eles, e tudo em que conseguia pensar era: *Como foi que eles me acharam?*

— Precisamos entrar nessa lista, *brow*! — gritou um deles. Era Ethan? Tommy nunca conseguia lembrar o nome deles. Muito menos saber quem era quem.

Ele olhou para trás deles. A fila estava longa, cheia de gente mais importante e com idade mais apropriada.

— Você os conhece? — O leão de chácara lançou um olhar impaciente a Tommy.

Assentiu com relutância, sabendo que, do contrário, fariam o tipo de cena que ele não podia se dar ao luxo.

— Eles têm 18 anos?

— Vinte e um, mano! — Ethan jogou o punho no ar, que o fez parecer ter ainda menos do que 18.

— Dezoito. — Tommy lançou um olhar de advertência aos garotos, sabendo que até aquilo era forçar a barra.

— Se você diz... — O leão de chácara estava desconfiado, mas ergueu a corda mesmo assim, deixando-os entrar.

— *Show*! — Eles correram para dentro da boate escura balançando a cabeça, quando viram as paredes cobertas de grafites, o grande palco, o bar lotado e as garotas bonitas.

— Que droga é essa? Vocês estão me perseguindo? — Tommy pegou cada um deles pela manga e os puxou. Ele sempre gostara mais

deles do que queria admitir, mas naquele momento estava muito irritado por terem aparecido.

— Vai sonhando — desdenhou Ethan, soltando-se. — Isso é muito
melhor que o seu último trabalho — disse ele. — Ainda bem que mantivemos contato.

— Não mantivemos. — Tommy balançou a cabeça, tentando não
rir. Ele não queria encorajá-los ainda mais.

— Então, quando vai nos arrumar aquelas pulseiras pretas para po-
dermos começar a nos divertir? — Quem disse isso foi o outro, droga,
qual era o nome dele? Colpher. Era isso... Algum tipo de sobrenome-
-usado-como-nome.

Tommy olhou de um para o outro.

— Como vocês ficaram sabendo disso?

— Os boatos correm, *brow*. — Eles sorriram ansiosos enquanto
Tommy passava uma das mãos pelo queixo, tentando decidir se essa
era uma notícia boa ou ruim.

Ainda estavam na segunda noite do concurso, e ao que parecia a
notícia já tinha se espalhado por lojas de música e pistas de skate. O
uso liberado das pulseiras pretas, normalmente reservadas para o público acima de 21 anos, impulsionara seus números ainda mais do que
ele esperava. Embora não visse mal em aumentar a idade de algumas
pessoas de 18 anos ansiosas para se divertir com três anos a mais,
aqueles dois não podiam ter mais de 14 no máximo, e Tommy se recusava a corrompê-los mais do que já fizera.

— Ouçam... — Ele passou uma das mãos pelo cabelo e olhou para
a porta, vendo mais convidados seus entrando. — Fiquem quanto quiserem. Mas não causem nenhum problema. Nem sequer pensem em
roubar uma pulseira.

Tommy viu a expressão deles murchar, em um desânimo quase engraçado.

— Você é o pior promoter do mundo — disse Colpher.

— Por que está nos esculachando assim? — Ethan fechou a cara.

— É, é. — Tommy riu e os empurrou para um ponto perto do palco
que normalmente reservava para VIPs. — Aproveitem enquanto durar
— disse a eles. — E prestem atenção a essa próxima banda... Talvez
aprendam alguma coisa. Mas lembrem-se: estou de olho em vocês. —

INIGUALÁVEL

Para frisar o que estava dizendo, ele apontou os dedos em V de seus olhos para os deles. — Se agirem que nem idiotas, não vou hesitar em ligar para os seus pais e dizer para virem buscar vocês.

Ele os observou se acomodarem, claramente satisfeitos consigo mesmos. Depois, certificando-se de que o restante de sua equipe não estava olhando, saiu de fininho pela porta lateral e começou a percorrer o boulevard.

DEZOITO

THE POLITICS OF DANCING

Em menos de duas horas, a primeira semana de competição estaria oficialmente terminada. Em menos de 12, Layla seria a primeira eliminada. Ela só podia imaginar a expressão de Aster, a Rainha das Escrotas quando Ira chamasse seu nome. Ela jogaria seu cabelo brilhante sobre o ombro e ergueria uma sobrancelha convencida em desdém malicioso, observando de seu trono acolchoado Layla cair em desgraça com o rabo entre as pernas.

As coisas que a tornavam uma blogueira de sucesso a atrapalhavam como promoter. Ela podia ser espirituosa, mas lá no fundo era uma solitária cínica, mais acostumada a zombar da cultura das celebridades que a cortejá-la. Suas tentativas constrangedoras de atrair gente para a Jewel, com mensagens e convites toscos nas redes sociais, faziam-na sentir-se a maior poser do mundo.

Contar com seu blog era sórdido e pouco profissional, algo que no final das contas se voltaria contra ela. Mas, se por acaso conseguisse mais uma semana, faria de tudo, menos subornar seus leitores para levá-los à Jewel. Do contrário, era inútil continuar. Tentar equilibrar seu trabalho na boate e seu relacionamento com Mateo a estava deixando estressada. Embora ele não guardasse rancores, também não a apoiava muito. Parecia que o mundo dela estava dividido em duas partes desiguais — nenhuma das duas disposta a se adaptar à outra.

Karly e Brandon passaram, diminuindo o passo só para olharem feio para ela, o que provavelmente era merecido, mas não era sua culpa não ter os amigos certos para se dar bem nesse meio. Era como reviver o ensino médio. Ela estava fora de seu habitat, não se encaixava. Só que naquela época ela fingia muito melhor que não se importava.

Que se dane. Que eles se danem. Que se dane o Ira. Que se dane tudo isso. Ela foi até o bar, passou para o outro lado e se serviu de uma dose de tequila cara. Tinha fracassado de um jeito espetacular. O mínimo que podia fazer era atenuar um pouco a tristeza.

— Na última vez em que tomei uma dessas, foi em um umbigo com um pouco de sal e limão, mas soube que no copo tem o mesmo efeito.

Tommy estava na sua frente, seus olhos azul-marinho focados nos dela.

Layla franziu a testa, jogou a cabeça para trás e esvaziou o copo de tequila.

— Você não deveria estar aqui. — Ela bateu o copo contra o bar com um pouco mais de força do que pretendia. O álcool já percorria sua corrente sanguínea, esquentando-a por dentro e fazendo sua mágica. O efeito era tão agradável que ela pegou a garrafa e se serviu de novo.

— Você vai me dar uma chance algum dia? — Tommy pôs as palmas das mãos contra o balcão e se inclinou para ela, com uma expressão esperançosa.

— Claro. — Ela passou o dedo pela borda do copo. — Espere sentado. — Ela terminou a bebida e se serviu de novo.

— Eu gosto da sua honestidade. — Ele apontou para a garrafa. — Mas, caso você não saiba, compartilhar é legal. Tenho meus próprios problemas, sabia?

Layla o avaliou por um momento longo e intenso. Seu olhar se demorou na mecha solta de cabelo castanho-claro que insistia em cair sobre os olhos dele, na camiseta velha do Black Keys que deslizava perfeitamente sobre seu corpo musculoso, na calça jeans desbotada pendendo baixa em seus quadris, no cinto de couro marrom tão gasto que ela não conseguia deixar de se perguntar quantas garotas o tinham tirado às pressas...

Ela engoliu sua bebida, serviu outra e depois encheu um copo para ele. Se Tommy achava que ela estava sendo "honesta", não fazia ideia do que era honestidade. Sua irritação com ele não tinha nada ver com o que o rapaz achava. Estava irritada por ele estar certo, por aparecer na boate bem a tempo de pegá-la em um momento profundamente constrangedor de fracasso e insegurança. Por aqueles olhos azuis idiotas.

Ela esvaziou seu copo, serviu outra dose, virou-a e depois afastou o copo. Estava na hora de parar de jogar e ir direto ao ponto.

— O que você está fazendo aqui? Foi o Ira quem o enviou?

Tommy balançou a cabeça, pegou a garrafa, despejou mais um pouco de bebida em seu copo e virou de uma só vez.

— Vim ver você.

Ela revirou os olhos e tentou dizer algo ofensivo, mas a tequila estava afogando seus neurônios e a impedia de pensar em uma única resposta.

— Venha, dance comigo. — Os dedos dele passaram por cima do balcão e seguraram seu pulso.

— Eu não danço. — Ela puxou a mão, soltando-se, odiando o jeito que seu pulso passou de quente a frio no instante em que Tommy o soltou.

— Está falando sério? — O rosto de Tommy se contraiu como se ele estivesse a segundos de cair na gargalhada.

— Eu sei. — Layla riu sem querer. — Eu não poderia ser menos adequada para este emprego.

O olhar dele ficou sério.

— Uma dança. Depois eu volto para a Vesper tão rápido que você vai esquecer que estive aqui.

Layla o analisou atentamente. Na última vez em que o vira ele estava flertando com o tipo de loura curvilínea com a qual ela nunca poderia competir. Ela se perguntava se Tommy a levara para casa. Imaginava que sim.

— Vamos. — Sua voz foi gentil; seu olhar, sincero, ou tão sincero quanto podia ser para um cara em quem ela não tinha decidido confiar. Ela se esforçou para pensar em uma boa razão para não ir com ele, mas seus instintos geralmente afiados estavam tão diluídos que, quando ela se deu conta, já o seguia até a pista de dança.

Ele a puxou para o meio da pista, mantendo uma distância decente até a multidão os empurrar, juntando-os, e ele deslizar a mão pela curva de seu quadril e pressionar a boca contra a dela.

Eu preciso afastá-lo. Preciso impedir isto. Preciso ir ao banheiro e me obrigar a vomitar para eliminar essa tequila do meu organismo e parar de fazer coisas das quais só vou me arrepender...

Ignorando a voz em sua cabeça, ela ficou na ponta dos pés e retribuiu o beijo.

Como tinha passado os últimos dois anos com Mateo, beijar Tommy era estranho, proibido e sexy de um jeito que só as coisas erradas são.

— Tommy... — murmurou ela, sem perceber que tinha falado em voz alta, até ele sussurrar seu nome do mesmo jeito ofegante.

Apesar dos esforços dele para continuar, apesar do desejo dela de permitir, o som de seu nome nos lábios dele a fez voltar à realidade.

Ela se desprendeu dele e atravessou a multidão, dividida entre alívio e irritação por ele não ter tentado segui-la. Por simplesmente ter continuado dentro do círculo de corpos dançantes, observando-a se afastar em silêncio.

DEZENOVE

WICKED GAME

Madison Brooks recostou-se à sua cabeceira de veludo azul-gelo, observando Ryan vestir uma calça jeans skinny antes de ele entregar o baseado aceso que tinha nos lábios.

Ela passou o baseado sob o nariz. O cheiro a fazia lembrar de sua infância, por estranho que parecesse. Mas a infância de Madison fora mais estranha que a maioria.

— Isso não é um incenso, Mad. É para fumar, não cheirar. — Ryan voltou com os dedos estendidos e a camisa desabotoada, revelando o abdômen definido que trabalhava duro para manter. Detestava quando ela não participava. Não tolerava ninguém careta se ele não estivesse.

Madison devolveu o baseado com prazer, imaginando o que mais Ryan podia odiar nela. Quão longa era sua lista? Seria mais longa que a que ela fizera das coisas que odiava nele? Por estranho que parecesse, a ideia não a perturbava.

Ela esticou as pernas e empurrou os lençóis amarrotados com o pé, lembrando que a festa que tinham começado do lado de fora tinha acabado ali dentro. Ele certamente não a odiara naquela hora. E, para ser honesta, ela também não. Aquilo era muito problemático, mas havia algo nesse Ryan mais sombrio e cheio de segredos que a fazia querê-lo por perto mais algum tempo.

Não sabia se era por ser competitiva o bastante para querer sair do relacionamento como a mulher que ele deixou escapar (e não como aquela que se tornou tão chata que o cara mal conseguia esperar para se ver livre dela), ou porque tinha um fascínio por segredos e pelo jeito que ditavam a forma que as pessoas viviam e as decisões que tomavam.

Talvez fosse uma combinação de ambos.

Talvez não fosse nenhum dos dois.

Ela não ia debater seu caso com um psiquiatra para que fosse profissionalmente analisado.

Madison era uma das poucas pessoas de Hollywood que não frequentava um terapeuta. A maioria de seus conhecidos, do astro mais famoso até o mais baixo assistente, contava muito com suas sessões semanais de terapia, além de drogas estabilizadoras de humor que os terapeutas prescreviam. Com exceção de um grupo bem selecionado, os segredos de Madison eram só seus. Sua infância era bem documentada pela imprensa, e toda aquela mentira fabricada era a única versão que ela pretendia compartilhar.

Ryan se sentou na beira da cama com o baseado entre os lábios enquanto calçava as botas.

— O que aconteceria se eu tirasse uma foto sua e postasse na internet? — Ela pegou o telefone, sentindo-se perigosa, imprudente, disposta a passar de todos os limites.

Ele apertou o baseado entre os dedos e tragou profundamente.

— Você não faria isso — disse Ryan, com aquela voz de quem está segurando a respiração que os maconheiros fazem, o que sempre a irritava.

— Como tem tanta certeza de que pode confiar em mim? — Ela tirou uma série de fotos até ele largar o baseado e agarrá-la, jogando o corpo vestido sobre o corpo nu dela.

— Porque isso a prejudicaria tanto quanto a mim. — O olhar dele foi direto. Meio sonolento e vermelho, mas mesmo assim direto. Aquele único olhar a faz perceber que ele sabia muito bem do jogo que ambos estavam jogando.

Ryan tentou pegar o telefone e Madison o levantou sobre a cabeça, sorrindo de triunfo quando ele abandonou a perseguição e começou a beijar seu pescoço antes de descer.

Ele se recusou a parar até Madison se derreter sob ele. Então, pegando o telefone de sua mão, ele deletou as fotos.

— Você está com cheiro de sexo. Sexo bom. — disse ele, sorrindo e se afastando.

— Você está com cheiro de alguém que não tem medo de jogar sujo. — Madison franziu a testa para o telefone que ele havia abandonado a seu lado.

— Tem certeza de que não quer vir? — Ele se voltou outra vez para o espelho, passando as mãos pelo cabelo.

Ela se virou de lado e colocou um travesseiro sob a cabeça.

— Eu preferiria ficar aqui, talvez entrar em um banho de espuma.

Ryan pegou a carteira e as chaves. Voltou para um último trago antes de apagar com cuidado o baseado.

— Vou sentir saudades, Mad. — Ele foi até a porta.

— Não duvido — sussurrou ela, observando-o ir embora enquanto seu celular tocava com a chamada de um número que não ligava havia muito tempo.

Ela mal conseguira dizer "alô" quando ouviu uma voz masculina.

— Temos um problema.

VINTE

LIPS LIKE SUGAR

Um sorriso de satisfação se abriu no rosto de Aster enquanto ela subia as escadas, sabendo muito bem que Ryan Hawthorne a seguiria. Claro que seguiria. Ele basicamente a seguira diretamente da seção de sapatos da Neiman Marcus até a pista de dança da Night for Night. Era o desfecho perfeito para a primeira semana.

Ela o vira no instante em que ele tinha entrado na boate. Bem, ela e todas as outras garotas que estavam por perto. Só que, ao contrário delas, Aster passou por ele fingindo não perceber nem se importar.

Caras como Ryan estavam acostumados com garotas se jogando a seus pés, felizes por aproveitar o brilho de uma grande celebridade sem pedir nada em troca. Embora isso provavelmente inflasse o ego deles, era degradante para as garotas. Se queriam uma ficada rápida para poder se gabar com as amigas, tudo bem, que fossem em frente. Mas se esperavam que aquilo resultasse em algo mais (e Aster suspeitava de que a maioria esperava), aquele era o primeiro e maior erro. Ninguém na história dos relacionamentos já quisera estar com uma pessoa fácil demais de conquistar, ou pelo menos não por muito tempo.

Aster tinha conseguido se manter virgem por todo aquele tempo, não por causa das expectativas dos pais (que tinham pouco ou nada a ver com isso, sem contar que sua virgindade era um detalhe técnico, na melhor das hipóteses), mas porque ela respeitava tanto a si mesma que ainda não encontrara ninguém digno de compartilhar uma parte tão íntima dela. Não que achasse que Ryan Hawthorne era essa pessoa. Primeiro, ele tinha uma namorada famosa. E, em segundo lugar, Aster não podia irritar essa namorada famosa de jeito nenhum, se tivesse alguma esperança de atraí-la para a boate.

Mesmo assim, não havia nada errado em um flertezinho inocente. E que melhor maneira de deixar Ryan louco do que ignorá-lo?

Ela chegou ao topo da escada quando uma mão fria segurou seu pulso e puxou-a para trás de um pilar.

— Eu perdi o sono me perguntando como esse mistério ia terminar. Será que ela compraria os sapatos... Será que não? — disse ele.

Aster ergueu o olhar para encontrar o dele.

— Eu conheço você? — Ela o observou jogar a cabeça para trás e rir.

— Você é sempre tão provocadora? — Ele se aproximou mais até seu rosto ficar a apenas centímetros do dela. Ela viu o relance da barba malfeita em seu queixo e as manchas âmbar em seus olhos. Mas foi sua boca que realmente a impressionou: aqueles lábios perfeitos, delineados e infinitamente fotografados. Ela se perguntou como seria beijá-los.

— Onde está a Madison? — Seu tom foi mais incisivo do que ela pretendia.

— Então, você sabe quem eu sou.

— Sei quem é a sua namorada, mas eu e você não chegamos a nos conhecer.

Ele tinha uma risada fácil.

— Ryan. Ryan Hawthorne. — Ele ofereceu a mão.

— Aster Amirpour. — Ela pegou a mão dele, depois afastou a sua rapidamente.

— Na verdade, a Mad decidiu ficar em casa. — Ele passou os dedos pelo cabelo.

— Então, por que você não ficou com ela?

Um sorriso lento se abriu em seu rosto.

— Eu tentei ser um bom menino, mas o mistério dos sapatos precisava ser solucionado.

A mente de Aster disparou diante de todas as formas de agir naquela situação. Ryan Hawthorne tinha acesso ao mundo para o qual ela queria desesperadamente entrar, mas era preciso manter a calma e jogar direito. Provocaria Ryan (ele parecia gostar), mas não a ponto de arriscar despertar a ira de Madison.

Ainda bem que Madison ficara em casa. Claro, ela precisava do troféu, mas estava tão à frente dos outros que seria impossível ser cortada. Além do mais, ela tinha atraído Ryan Hawthorne à Night for Night. Não era triunfo suficiente? Talvez ele não valesse tantos pontos quanto Madison, mas estava no topo da lista. Se ela conseguisse passar um pouco mais de tempo com ele, sabia que o convenceria a voltar, talvez com Madison na próxima vez.

— Merda. — Ryan se afastou de Aster, deixando uma distância mais platônica entre eles. — Fãs. E, pior ainda, fãs com telefones com câmera.

Claro, a notícia da chegada dele tinha se espalhado, e Aster ficou horrorizada ao ver seus próprios amigos das escolas particulares agindo sem o menor controle diante de gente que tinha crescido com riqueza e privilégios em Beverly Hills, onde ver celebridades não era nada de mais.

— Ei, Aster! — chamavam eles, olhando descaradamente para Ryan.

Ela franziu a testa, pegou a mão dele e puxou-o para o andar de baixo, para a Riad, a área VIP particular da Night for Night.

— Então, você trabalha aqui. — Ele se acomodou em uma tenda enquanto Aster puxava as cortinas finas em volta deles. — E eu achando que você era o mais novo anjo da Victoria's Secret.

Ela revirou os olhos e suspirou.

— Você também usou essa cantada com a Madison?

Ele pegou a garrafa de champanhe que gelava em um balde, estourou a tampa e serviu uma taça para cada um.

— A Madison e eu fomos apresentados pelos nossos agentes. Foi tudo muito romântico, posso garantir. — Ele se recostou na almofada enquanto Aster mexia na haste de sua taça, sem saber como responder.

Estava surpresa com a franqueza dele, com seu nível inesperado de honestidade, sem falar da óbvia fadiga com tudo o que dissesse respeito a Madison. Mesmo sabendo que não devia acreditar em nada que lia nos tabloides, especialmente quando o assunto era o casal mais comentado de Hollywood (se não estivessem alegando que um término era iminente, procuravam incessantemente um sinal de gravidez em Madison toda vez que ela usava uma blusa solta), ela estava chocada ao ouvi-lo se referir ao primeiro encontro dos dois de forma tão entediada.

Será que Ryan já estava cansado dela?

E caso estivesse? Será que Madison sabia?

Era por isso que tinha preferido ficar em casa?

E, o mais importante, o que tudo aquilo significava para Aster? Ela teria de repensar toda a sua estratégia ou...

— Sabe, você parece meio obcecada pela Madison. É a segunda vez que toca no nome dela.

Aster levou a taça à boca. Ele estava certo. Ela tinha feito uma pesquisa exaustiva. Reunira até uma pasta cheia de fotos e recortes de entrevistas documentando a ascensão de Madison. Tinha a vida que Aster queria, e Aster faria qualquer coisa que pudesse para imitá-la, mas não compartilharia isso com Ryan.

— Só quero ter certeza de que você não vai ter problemas — disse ela, tentando encontrar o equilíbrio entre flerte e modéstia. — Sabe, sozinho nesta tenda comigo.

— Então, é só por preocupação?

Ela hesitou. Ryan era mais inteligente do que Aster esperava. Perceberia se ela mentisse.

— Não totalmente — admitiu ela. — Acho que a Madison seria uma inimiga assustadora. De um jeito ou de outro, estou decidida a não descobrir.

Ele tomou um gole de champanhe, depois se aproximou tanto que precisou apoiar a mão no joelho dela para não cair em seu colo.

— Chega de falar da Madison, ok? Desculpe pela cantada brega de antes. Estou envergonhado por ter tentado. Vejo que você não é uma groupie ansiosa que vai fingir ficar encantada por qualquer coisa que eu disser. A verdade é que você me intriga. E pode acreditar que fiz o que pude para ficar afastado. Tentei até convencer a Mad a sair para um jantar romântico comigo esperando que isso me impedisse de fazer algo sem volta...

Antes que ele pudesse continuar, Aster ergueu a mão entre eles, calando suas palavras. Ela precisava que ele desacelerasse, precisava que ambos fizessem uma pausa.

— Eu tenho 18 anos. Sou de uma área de Beverly Hills que talvez você conheça como Tehrangeles, e ficaria de castigo para sempre se minha família soubesse que estou aqui, usando essas roupas e conversando com você. Sonho em ser atriz, mas estou vendo que é impossível conseguir uma chance. Então, aceitei este emprego na esperança de que me ajudasse a ter a vida dos meus sonhos em vez da vida que os meus pais sonharam para mim. O Ira quer que a gente encha as boates, mas, se conseguirmos trazer celebridades, são mais pontos, rumo à vitória. E estou contando isso porque já sei tudo sobre você, pois você é famoso, mas também porque está fazendo vários elogios e não sabe nada sobre mim. E também imagino que descobriria em algum momento e não queria que achasse que eu estava usando você, ainda que, no começo, estivesse. — Ela respirou fundo e contraiu os lábios, temendo ter ido longe demais, quando ele inclinou a cabeça e estreitou os olhos.

— Então, no começo você estava me usando... E agora?

Ela fez uma pausa. Já tinha falado demais. Mas, com os olhos verdes fixos nos dela, ele era irresistível.

— Agora estou fazendo algo de que, com certeza, vou me arrepender. — Ela exalou profundamente, mal acreditando que tinha se desviado tanto da promessa que fizera mais cedo, que era mais sensata. Ela se armou contra qualquer resposta que ele pudesse dar, mas estava totalmente despreparada para a gentileza inesperada do beijo que se seguiu.

Foi apenas um beijo. Suave. Quente. Que terminou quase tão rápido quanto começou. Mas deixou uma impressão duradoura.

Ele se afastou e passou os dedos pelo rosto dela, olhando-a como se fosse algo ao mesmo tempo frágil e maravilhoso.

— É o seguinte, Aster Amirpour de Tchrangeles. — O olhar dele refletiu no dela. — Se for para ajudar você a assegurar a vitória e ter a vida dos seus sonhos, vou voltar sempre que puder. Vou até trazer a Madison. Mas, quando nos vir juntos, você precisa se lembrar de que nada nesta cidade é o que parece.

VINTE E UM

SUNDAY BLOODY SUNDAY

Layla acordou com uma dor de cabeça horrível, a alma manchada de arrependimento e seu pai sentado na borda da cama com uma velha camiseta de um show de Neil Young suja de tinta, a barba malfeita, desgrenhado, mas ainda bonito, enquanto a olhava com preocupação.

— Você está bem? — perguntou ele, com o cabelo grisalho caindo sobre os olhos.

Ele parecia sincero, mas ela não conseguia encará-lo. Então, pegou o travesseiro extra e colocou sobre a cabeça.

— Qual é? Deixe disso, eu trouxe um presente. — Ele jogou o travesseiro para o lado e lhe entregou um copo de café do lugar que ela mais gostava no final da rua.

— Eu não mereço presentes. — Ela se ergueu um pouco na cabeceira de madeira e tomou um pequeno gole.

— Eu acrescentei algumas doses de tequila, sabe... Um pouco de pelo do cachorro...

— Mentira! — Ela afastou o copo, mas seu pai riu e o empurrou de volta para ela. — Você sabe que não pode brincar com essas coisas. — Ela pegou a aspirina e a água que ele tinha deixado em sua mesa de cabeceira. — E não você deveria me ajudar a melhorar. — Ela engoliu a aspirina, seguida por um gole de água, antes de voltar ao café.

— A Wikipédia diz o contrário.

Ela começou a rir, mas se arrependeu imediatamente quando isso aumentou sua dor de cabeça.

— Você deveria me dar um sermão, me cobrir de vergonha.

— Achei que dava para pular essa parte. Em geral, você faz isso muito bem por conta própria.

Ela fechou os olhos e se deixou cair nos travesseiros, desejando poder rebobinar a semana anterior e começar de novo. Além de todas as suas decisões ruins, que tinham sido muitas, ela havia ficado bêbada de tequila e beijado um garoto que não tinha de beijar. Que desastre tinha se tornado.

Será que isso significava que ela era igual à mãe?

A propensão para a infidelidade era genética?

Ela esperava sinceramente que não.

— Então, o que aconteceu? Você tentou beber mais que todos os seus troféus? É o risco de se trabalhar em uma boate?

Layla revirou os olhos.

— Não consegui nenhum troféu.

— Então, quem é Tommy?

Ela arregalou os olhos. Como ele sabia aquele nome? Mas um instante depois a lembrança lhe deu um tapa bem no cérebro.

Correra para o banheiro logo depois daquele beijo, só para sair e encontrar Tommy esperando para avisá-la de que Ira estava lá. Então, ele a puxou para fora antes que Ira a visse.

— O Tommy é... — Ela balançou a cabeça e deu de ombros, sem saber como explicar.

— Bom, ele trouxe você para casa em segurança. Então, não pode ser de todo mau.

Tommy fizera questão de dirigir a moto dela, e durante a primeira metade do percurso Layla rira do jeito que ele conduzia. Na segunda metade, pedira a ele que parasse para ela vomitar na sarjeta. Quando chegaram à porta dela, Layla passou tanto tempo procurando a chave que Tommy se arriscou a tocar a campainha.

— Desculpe por termos acordado você — disse ela. Essa era a menos importante de uma longa lista de coisas das quais ela se arrependia.

— Quem disse que vocês me acordaram? — O pai dela tomou um gole de café. — Eu estava no estúdio. Trabalhando.

Layla se animou. Pelo menos um dos dois estava dando passos positivos na vida.

— Quando vou poder ver?

— Logo. — Ele assentiu e tomou outro gole.

— Sério?

Ele deu de ombros de um jeito incerto e olhou pela janela.

— Quando estiver pronto. Enquanto isso, uma das maiores galerias demostrou interesse. Pode ser essa que vai mudar tudo. É melhor que seja.

O maxilar dele se contraiu de preocupação, e Layla o analisou, inquieta. Fazia anos que ele não vendia uma obra. E, embora ela tivesse alcançado um preço alto, sem dúvida o dinheiro já devia estar quase acabando.

Ela estava prestes a perguntar sobre isso, mas antes que conseguisse tocar no assunto, o pai sorriu e bagunçou seu cabelo.

— Ei... Cuidado com a cabeça! — Bateu na mão dele de brincadeira. — Parece que tem uma banda de heavy metal lá dentro.

— Metallica ou Iron Maiden? — O olhar dele se estreitou como se estivesse tentando decidir qual seria pior.

— É um *metalpalooza*, com apresentações do Metallica, Iron Maiden, Black Sabbath... Quem eu deixei de fora?

Ele fez uma careta exagerada.

— Sabe do que você precisa?

— Uma máquina do tempo?

— Isso. — Ele assentiu com sabedoria e seus olhos azuis se enrugaram nos cantos. — Mas, até lá, que tal eu levar você para tomar café da manhã? Algo imenso, calórico e cheio de gordura trans?

— Viu? Agora, além de ser mole demais comigo, você encoraja meus maus hábitos. Estamos indo ladeira abaixo, pai.

— Vamos debater isso durante o café da manhã. Você pode me contar qual é forma correta de agir quando sua filha entra em casa bêbada com um garoto que nem é seu namorado. — O olhar dele encontrou o dela. Era ainda mais cortante que suas palavras.

— Parece que você já entendeu tudo, no fim das contas. — Ela sorriu, abatida. — Mas infelizmente não vou poder. Preciso ir a uma reunião para o Ira me demitir.

Layla parou na Night for Night, perguntando-se por que Ira não tinha simplesmente mandando a má notícia por um mensageiro. Serviria como uma espécie de arremate poético para a forma que toda aquela confusão tinha começado. Bom, pelo menos eles não iam se encontrar na Jewel. Na cabeça dela, a boate inteira era uma cena do crime gigantesca que ela esperava nunca revisitar.

Quando entrou na boate com tema marroquino, quase todo mundo estava lá. Ela estava cinco minutos adiantada; eles deviam estar dez. Mais um exemplo de como era inadequada para o emprego.

Ela arriscou um olhar rápido para Aster, perfeita e imaculada como sempre em seu vestido branco curto estilo tenista e rabo-de-cavalo brilhante, e evitou de propósito o olhar de Tommy. Uma rápida contagem demonstrou que o garoto gótico não estava presente, e ela não conseguiu evitar a esperança de que sua falta contaria como desistência e lhe daria mais uma semana para compensar a anterior.

Mas a quem ela estava enganando? Ela já tinha sido taxada como a primeira a sair. Provavelmente era por isso que todos estavam tão convencidos e relaxados, mexendo nos celulares. No caso de Tommy, ele estava esparramado em um dos sofás, com os pés apoiados em um pufe, tirando um cochilo.

Ela precisava encontrar outro jeito de chegar à faculdade de jornalismo. Mais do que nunca, mudar de estado era imperativo.

Por acaso, o garoto gótico entrou segundos antes do enxame de assistentes de Ira tomar seu lugar diante dos competidores.

Layla encontrou uma cadeira vaga e se deixou afundar nas almofadas com uma expressão preguiçosa e insubordinada, mas ela não se importava mais. Só esperava que a demitissem logo para ela poder subir em sua moto e fazer um longo passeio para clarear a mente. Laguna seria legal. E ela podia convidar Mateo para ir junto. Ele ia gostar das ondas, e os dois precisavam passar um tempo juntos...

— Não foi de surpreender: a noite de quinta foi a nossa mais fraca.

Quando Ira tinha começado a falar? Layla se obrigou a se endireitar na cadeira.

— Embora seja inquestionável que a equipe da Night for Night tenha trazido a maior quantidade de pessoas, sobretudo graças a Aster Amirpour.

Layla conteve o sorriso malicioso. Claro que Aster, a Rainha das Escrotas tinha todo o crédito. Por que a vida era tão injusta?

— Os números das três boates melhoraram de forma constante, culminando ontem à noite, que teve o maior público até agora. Cada boate conseguiu quantidades decentes, mas algumas mais decentes que as outras. — Ira olhou com tranquilidade para eles por um instante. O sádico idiota estava se divertindo. Provavelmente ia arrastar aquilo o máximo que pudesse, como se fosse o apresentador de algum reality show idiota da TV.

— Como vocês devem saber, a Vesper é a menor das três boates, enquanto a Jewel é a maior.

Bom, aí está. Eu não tinha nenhuma chance. Estava destinada a perder desde o primeiro dia.

— Então, os vencedores são decididos com base na porcentagem, ou seja, calculamos a porcentagem com base na capacidade da boate vezes os números absolutos. Com isso em mente, o vencedor da noite de sábado é...

Ali estava a longa pausa que Layla esperava. Ela ficou surpresa por não haver um rufar de tambores. Ira era muito dramático.

— A Vesper.

Layla tentou não fechar a cara quando a equipe da Vesper praticamente se abraçou de todos os cantos em que estava.

— Vocês têm jeito de azarões porque o tamanho do seu público é diretamente ligado à popularidade das bandas que tocam. Dito isso, conseguimos marcar alguns shows ótimos de verão, então espero ver números maiores e melhores lá. Night for Night, vocês ficaram em segundo lugar. Chegaram perto, mas chegar perto não é ganhar.

Oito pessoas na sala respiraram com mais facilidade. Layla não estava entre elas. Mesmo assim, talvez devesse apenas fechar os olhos e tirar uma soneca como Tommy. Com certeza a acordariam a tempo de ser mandada embora.

— A Jewel ficou em último lugar. — Layla abriu um dos olhos por tempo bastante para ver Ira se dirigir à equipe da Jewel com uma expressão séria. — Se vocês não correrem atrás, não terão a menor chance de ganhar a competição.

Layla estremeceu. Não conseguiu evitar. Ela era um quarto de seu grupo, mas tinha cem por cento da responsabilidade pelo fracasso.

— Não sei o que aconteceu, mas sugiro que vocês descubram.

Pronto: eles tinham sido punidos. Agora, era a hora da decapitação pública.

— A boate com os ganhos mais altos esta semana foi a Vesper.

— Mas... — Aster quase pulou de sua cadeira.

Ira ergueu uma das sobrancelhas.

— Mas eu levei o Ryan Hawthorne!

— O Ryan não é a Madison. O troféu não foi o suficiente para superar os números da Vesper.

Aster franziu a testa.

— Na próxima vez, vou conseguir a Madison — murmurou ela, afundando novamente na cadeira.

— Meu conselho para vocês é não ficar confortáveis demais. — Ele lançou um rápido olhar a Aster. — As regras podem mudar de repente. Vocês precisam estar prontos para qualquer coisa. Agora, ao corte...

Layla descruzou as pernas e passou as mãos pela calça jeans skinny escura. Ela deveria ter se esforçado mais na aparência para não parecer tanto a perdedora que era.

— Layla Harrison?

O momento chegara. Logo, ela seria a garota condenada à morte. Ira faria de tudo para envergonhá-la. Tinha certeza disso. Mas não podia ser pior que as várias formas que envergonhara a si mesma só na noite anterior. Assim que aquilo terminasse, ela iria embora e nunca mais precisaria ver aquelas pessoas.

— Como está se sentindo?

Ela deu de ombros, com a dolorosa consciência de que todos a encaravam abertamente.

— Você tomou uma grande quantidade de tequila cara ontem à noite.

Layla esfregou os lábios, recusando-se a confirmar ou negar.

— Não há nada de errado em tomar umas, mas não na boate enquanto você tem menos de 21 anos.

Ela pegou a bolsa, pronta para sair dali, quando Tommy se levantou do sofá.

— Fui eu, não a Layla — disse ele.

Ira o encarou com uma expressão astuta, enquanto Layla olhava sem acreditar.

— Eu estava checando a concorrência. Não que exista alguma. — Ele deu uma olhada para Layla antes de se voltar outra vez para Ira. — Parece que me deixei levar.

Tommy enfrentou Ira de um jeito que Layla não pôde deixar de notar que havia algo muito diferente nele. Ele não estava fazendo aquilo por ela. Estava provocando Ira, desafiando o chefe a demiti-lo, tendo a certeza de que ele não o faria. O impasse silencioso durou tanto tempo que todo mundo começou a se mexer e se reacomodar. Todo mundo menos Tommy, que manteve sua posição, provando o que quer que quisesse provar.

— Não deixe isso acontecer de novo — disse Ira, enfim, com a voz cortante, o olhar firme. Mas Tommy se limitou a assentir e retornar ao seu lugar, enquanto Ira voltava seu foco para Ash.

— Os números impressionantes da Night for Night não tiveram nada a ver com você. Você deve ter levado umas dez pessoas no máximo. Não vamos tolerar isso.

Com a maquiagem pesada que usava nos olhos, era impossível saber o que o garoto gótico estava pensando.

— Tem algo a dizer em sua defesa?

— Não, cara... Só obrigado pela oportunidade. — Ele se levantou depressa da cadeira e foi para a porta enquanto Layla observava, confusa. Sem entender como tinha conseguido sobreviver mais uma semana. Se Ira sabia sobre a tequila, claramente sabia que os números dela eram ainda piores que os de Ash.

Não importava. Ela aceitaria o adiamento da sentença como um presente. A noite anterior marcara seu último erro.

Alguns minutos depois, Tommy foi para a porta enquanto Layla corria para alcançá-lo.

— O que foi aquilo? — perguntou ela.

Ele abriu a porta, forçando-a a proteger os olhos da luz. Às vezes, a claridade incessante parecia um ataque. A alegria forçada de 330 dias de sol era absolutamente irritante. Ela daria qualquer coisa por um dia chuvoso.

— Aquilo fui eu salvando você. *De novo.*

Layla se encolheu sob o olhar azul penetrante dele. Por mais que temesse tocar no assunto, precisava que Tommy soubesse que ela considerava aquele beijo um erro que nunca se repetiria.

INIGUALÁVEL

— Tommy, sobre o... — começou a explicar, mas ele a interrompeu.

— Esqueça. Vai ser nosso segredinho.

Ela ficou parada diante dele, constrangida, querendo acreditar naquilo, sem saber se podia.

— Quanto ao que aconteceu lá dentro... — Ele apontou para a boate com o polegar. — Eu aviso quando estiver pronto para cobrar o favor.

— Como assim? — Ela correu atrás dele. — Eu não me lembro de ter pedido aquilo. Estava pronta para pagar o preço.

— Está na cara. — Ele balançou a cabeça. — Você nem reagiu. Então, eu dei um golpe por você.

Ela estava com medo da resposta, mas se obrigou a fazer a pergunta mesmo assim.

— Por quê?

O olhar dele esquadrinhou o dela, analisando-a por um momento desconfortável antes de finalmente ceder.

— Tenho minhas razões. E agora, por causa disso, você tem uma segunda chance para decidir o que realmente quer da vida.

Ela o viu se sentar ao volante de seu carro, desejando gritar alguma resposta mal-educada, sabendo que em vez disso devia agradecer, e acabou não fazendo nada.

E agora estava em dívida com ele. Só podia imaginar o que ele pediria como pagamento.

VINTE E DOIS

GHOST IN THE MACHINE

— Como isso aconteceu?

Madison estava sentada no banco do carona de um SUV verde-escuro, puxando a aba de seu boné de beisebol velho e olhando pelo para-brisa para uma paisagem marcada por navios de carga, contêineres retangulares coloridos e gruas altas. Tudo naquele encontro era planejado para passar despercebido. O carro era comum. O porto de San Pedro era movimentado demais para que alguém os questionasse e, se isso acontecesse, Paul tinha as credenciais para afastar os outros. E havia o próprio Paul e seu rosto completamente esquecível. Era uma das coisas que o tornava tão bom em seu trabalho: ninguém nunca se lembrava de tê-lo visto, e era quase impossível descrevê-lo.

— Você me disse... Não... Melhor: você me *garantiu* que meu passado inteiro estava selado, bem trancado e guardado em segurança em um cofre sem chave enterrado bem fundo.

Ele assentiu, examinando o porto com os olhos claros.

— Recentemente, passei a pensar de outra forma.

Ela suspirou. Tão afundada em seu banco que mal conseguia ver além do painel. Tinha obrigações, um monte de entrevistas, um filme para promover, um término iminente com Ryan que se tornaria bastante público por mais que ela tentasse mantê-lo em segredo. Não tinha tempo para problemas. Não dessa magnitude.

— Como você sabe que não é mais uma tentativa falsa de me extorquir? Sabe como a fama atrai oportunistas. — Ela o avaliou com atenção. O rosto que um dia a salvara, mudara sua vida de formas que ela nunca poderia retribuir, agora dava a pior notícia possível.

— Agora, é diferente. — Ele pressionou tanto os lábios que eles praticamente desapareceram, fazendo-a se perguntar para quem esse momento era mais difícil. Paul se orgulhava de ter atenção meticulosa aos detalhes. Mas, se tinha mesmo cometido um erro, a vida que Madison trabalhara tanto para construir se incendiaria tão rápido quanto a anterior.

— Diferente como? — Ela se mexeu no banco, observando o cabelo bege, a pele bege, os finos lábios pálidos, o nariz discreto e dois pequenos olhos castanho-claros. Ele certamente fazia jus ao apelido: Fantasma. Mas normalmente ela o chamava de Paul.

Sem dizer nada, ele lhe entregou uma foto dela bem pequena.

Madison a segurou pelas bordas, fazendo um estudo cuidadoso do cabelo embaraçado, do rosto sujo, da chama de rebeldia queimando naqueles olhos brilhantes e determinados. Uma foto de *antes* perdida havia muito tempo em uma vida meticulosamente cultivada para consistir apenas em *depois*.

Até agora.

Suas mãos tremiam enquanto ela tentava se lembrar de quem a tirara... De quantos anos ela devia ter. Isso sim era um fantasma. Fazia anos que não via aquela versão de si mesma.

— Achei que tudo tinha sido queimado no incêndio. — Madison virou-se para ele.

Era a explicação trágica usada para justificar a falta de fotos de bebê de Madison ou de qualquer outro vestígio de uma vida antes da morte de seus pais. A história fora contada à imprensa tantas vezes que se tornara quase mítica. Uma menina de oito anos que tinha conseguido escapar de um terrível incêndio quase sem cicatrizes, e se erguera das cinzas, renascida, limpa, jogada na gloriosa fase seguinte de sua vida.

Distraída, ela passou a borda da foto sobre a cicatriz no antebraço, lembrando-se do dia em que pegara um pedaço de madeira em brasa e o encostara à própria pele enquanto Paul observava, perplexo. "É para ficar mais plausível", dissera ela, já sabendo naquela época que, dali em diante, sempre desempenharia um papel.

— Tudo *foi* queimado. — O tom dele estava sombrio. Provavelmente, era a pior coisa que ele poderia dizer.

Se alguém tinha fotos dela, era impossível saber o que mais podia ter.

— Sem dúvida, sou eu. — Ela olhou para Paul. Pela primeira vez em muito tempo, temeu pela própria vida.

Ele suspirou, apertando o volante com mais força.

— Você vai fazer o seguinte.

Esperou pela fórmula que faria aquilo desaparecer, disposta a qualquer coisa para pôr um fim àquele pesadelo.

— Você vai continuar vivendo normalmente e vai me alertar ao primeiro sinal de algo incomum.

Madison virou-se para ele tão exasperada que achou que talvez entrasse em combustão espontânea ali no banco.

— Nada na minha vida é comum. Eu nem sequer reconheceria algo *in*comum.

— Você entendeu o que eu quis dizer.

Ela franziu a testa. Até essa altura, confiara nele de forma irrestrita, mas até o Fantasma tinha seus limites.

— Só sei que não vou ficar sem fazer nada e esperar isso me destruir.

Ela balançou a foto diante do rosto de Paul, e ele a puxou de seus dedos.

— Eu já falhei com você?

Ela o avaliou por um bom tempo.

— Acabou de falhar.

Paul estreitou os olhos, observando a rede de cicatrizes que cobria os nós de seus dedos.

— Se está com medo que as pessoas a decepcionem, devia prestar mais atenção no seu namorado.

Ela olhou pela janela, observando uma grua carregar um contêiner para um navio. Talvez devesse rastejar para dentro de uma daquelas grandes caixas de metal, navegar para algum porto exótico, começar uma nova vida com uma nova identidade, e Madison Brooks desapareceria da face da terra. Já tinha feito isso uma vez, e funcionara muito melhor do que o esperado. Mas agora era apenas mais uma fantasia que nunca seria realizada. Uma pessoa tão famosa quanto ela não tinha onde se esconder.

Ou tinha?

— O Ryan está traindo você com uma garota chamada Aster Amirpour. — Paul estendeu a mão para o banco de trás e entregou a ela um dossiê grosso, detalhando quase tudo sobre a vida da pobre garota.

— Eu sei de tudo. — Madison deu de ombros, triste por não existir uma única pessoa em quem pudesse confiar. — Você não é o único trabalhando para mim — disse ela, percebendo a expressão surpresa no rosto dele.

Ela abriu a porta e estava voltando para seu carro quando Paul a chamou pelo nome que seus pais tinham lhe dado.

— Tome cuidado.

Madison franziu a testa, abalada pelo som daquele nome.

— Faça o seu trabalho e não vou precisar — disse ela, sentando-se atrás do volante e indo embora.

VINTE E TRÊS

SUICIDE BLONDE

BELOS ÍDOLOS
Destruidor de corações

Então, sabem aquela alma linda e verdadeiramente sensível* por quem todos nos apaixonamos no dramalhão cheio de lágrimas do mês passado? No final das contas, ele é um idiota. Eu sei; estou tão chocada quanto vocês. Neste exato momento, estou arrancando os pôsteres dele das paredes do meu quarto. Quando eu terminar de queimar a fronha com o rosto dele, meu ícone do Twitter vai voltar a ser uma foto do meu gato. Talvez depois de ler isto vocês considerem fazer o mesmo.

Em uma recente entrevista para uma revista fabulosa que esta blogueira *adora*, foi assim que o Príncipe Não Tão Encantado descreveu sua noção de uma garota perfeita:

"Uma garota que fique olhando você jogar videogame por quatro horas e depois faça um sexo incrível com você: essa é a que você deve namorar."

Para aqueles que adorariam ficar sentados olhando seu namorado brincar com o joystick por horas a fio, tenho o cara certo para vocês!

Para o restante de nós, que tem um cérebro, padrões e um desejo de fazer nosso próprio jogo, vamos todos fazer o juramento de parar de tornar gente idiota famosa, ok?

* Os primeiros dez comentários que acertarem o nome do celebri-tonto tarado e sem noção desta semana ganham um lugar na lista de convidados da Jewel neste fim de semana. Mandem ver nos comentários!

Layla franziu as sobrancelhas enquanto relia seu post. A história era de segunda mão, pega de uma revista de moda. Não era o tipo de texto que ela imaginara quando tinha decidido trabalhar por conta própria. Mas como iria atrás das celebridades que tinham começado a frequentar a Jewel? Agora que estava escrevendo o próprio blog, não podia exatamente esculhambar essas pessoas quando precisava delas para ajudá-la a continuar no jogo.

Quanto à exposição que prometera a Mateo, a sórdida cena das casas noturnas sobre a qual ele a alertara não passava de um bando de jovens, alguns famosos e outros, não, tentando aproveitar o fim de semana e se divertir. Não exatamente um crime.

O telefone dela tocou enquanto o rosto maravilhoso de Mateo aparecia na tela.

— *Tácabando?* — Ele falou tão rápido que as palavras se juntaram.

— Ainda estou trabalhando. — Ela tomou um gole de seu *latte* e franziu a testa para o laptop.

— Precisamos estar no restaurante em vinte minutos.

Layla estreitou os olhos, sem saber do que ele estava falando.

— O aniversário da Valentina — disse ele, respondendo a seu silêncio. — Acho que você esqueceu.

Ela fechou os olhos. Culpada.

— Você vai mesmo assim, não é? — disse o rapaz, já que ela não falou nem que sim nem que não.

Ela suspirou, detestando o que ia dizer.

— Você sabe que preciso ir para a Jewel.

— O que eu sei é que você prometeu à Valentina que iria à festa dela.

Tinha prometido mesmo? Provavelmente. Desde que havia se embebedado e beijado Tommy, ela concordava com quase tudo o que tinha a ver com Mateo e sua família.

— Isso foi quando eu achei que ia ser demitida — admitiu ela.

— Bom, explique isso para a Valentina. Ela vai ficar arrasada.

Layla revirou os olhos. Estava se cansando dos jogos de culpa.

— Você está pegando meio pesado, não acha? Todos os amigos dela vão estar lá. Ela nem vai perceber que eu não fui.

— Eu vou perceber. Minha mãe vai perceber. E, no caso de *você* não ter percebido, minha irmã a idolatra.

— Bom, talvez esse tenha sido o primeiro erro dela. — Com raiva, Layla apertou as laterais de seu copo ainda meio cheio. Ela devia pedir desculpas. Retirar tudo o que tinha dito. Mas parte dela desafiava Mateo a expor sua babaquice. Merecia isso por furar com Valentina, e mais ainda pelas coisas que ele não sabia.

— Sabe, você está há poucas semanas nesse emprego e já está acontecendo, você está mudando e nem consegue perceber.

Ela franziu as sobrancelhas.

— Tenho certeza de que o post que acabei de escrever no blog prova que não sou a adoradora de celebridades que você me acusa de ser.

— Talvez não, mas está tão focada naquele mundo que está perdendo de vista as pessoas que importam.

— Isso não é verdade, eu...

A voz dela enfraqueceu. Madison Brooks tinha acabado de chegar ao balcão e estava fazendo seu pedido.

Ela tinha ouvido falar que Madison malhava em uma academia próxima e, com frequência, aparecia ali para uma dose de cafeína pós-exercício. Por sorte, a decisão de Layla de alterar o local aonde ia para escrever e ficar ali por tempo suficiente para beber três *lattes* tinha valido a pena. Era melhor que entrar para a academia e persegui-la em uma aula de spinning.

— Preciso ir — murmurou ela, finalizando a ligação enquanto olhava a nuca de Madison, sabendo que tinha de agir rápido.

Até então, ninguém conseguira Madison como troféu, sobretudo porque era muito difícil chegar até ela. Mas, enquanto Layla observava Madison esperar seu pedido, sem sua habitual comitiva, os guarda-costas e a agitação geral que normalmente a cercava, havia uma boa chance de Layla mudar tudo isso.

Ela enfiou o laptop na bolsa e se afastou da mesa, vendo a barista falar "*Latte* desnatado gelado para Della!" e entregar a bebida a Madison como se não tivesse a mínima ideia de quem era sua cliente.

Com a bebida em uma das mãos e a carteira e as chaves na outra, Madison tentava manter a porta aberta com o ombro quando Layla apareceu para ajudá-la.

— Pronto, eu seguro — disse ela, enquanto Madison lhe lançava um olhar cauteloso. Seus olhos se arregalaram de reconhecimento ou surpresa, Layla não conseguiu definir. — Hã, eu não pude evitar ouvi-la chamar você de Della. — Layla correu para alcançar Madison, que saiu rapidamente pela calçada. — Mas você é a Madison, não é? Madison Brooks?

Madison balançou a cabeça, murmurando alguma coisa ininteligível entre os dentes.

— Quer dizer, é muito legal você não querer ser notada. Eu entendo perfeitamente. Mas é que... — Layla respirou fundo, esforçando-se para acompanhá-la. — Sou uma grande fã — mentiu ela, surpresa quando Madison parou e fixou aqueles brilhantes olhos violeta nela.

— É mesmo? — perguntou ela, como se soubesse que era mentira.

Layla observou um labrador amarelo passar trotando, puxando um garoto com o cabelo da cor de seu pelo sobre um skate e com uma prancha debaixo do braço.

— Bem, sim. — Ela estremeceu, sabendo que não estava sendo nem um pouco convincente. — E eu queria convidá-la para uma festa — disse a garota, desesperada para disfarçar o estrago.

Madison balançou a cabeça, virou as costas e saiu rapidamente pela rua.

— Não é nada bizarro, juro — disse Layla, o que só fez aquilo parecer ainda mais bizarro. Nossa, estava estragando tudo! Por que ela era tão incompetente? — É do Ira. Do Ira Redman.

Madison se virou para ela.

— Se o Ira quer me convidar para uma festa, ele sabe como me encontrar.

Layla ergueu as mãos, rendendo-se. Tinham começado com o pé esquerdo e ela queria, precisava, consertar as coisas antes que piorassem ainda mais.

— Não na casa do Ira; na Jewel. Uma das boates dele. Eu sou promoter e...

Madison se virou para ela, extremamente irritada.

— Pode acreditar, eu sei quem você é. Você é uma blogueira insignificante que ganha a vida falando mal de celebridades. — Ela elevou o tom de voz. As pessoas estavam começando a se aproximar.

— Não é verdade! — gritou Layla quando Madison voltou a andar, passando às pressas por uma sucessão de parquímetros e palmeiras, a habitual paisagem de LA — Bom, talvez seja parcialmente verdade, mas...

— Olhe... Você precisa me deixar em paz! — Madison se virou bem na hora em que Layla tropeçou em uma parte irregular da calçada, derrubando o que restava de seu café na regata branca da artista.

— Não acredito! — Madison olhou para a sujeira e, depois, para Layla, com os olhos violeta arregalados e uma expressão de descrença e ultraje.

— Desculpe... Eu... — Layla se aproximou dela com um guardanapo amassado, querendo ajudar a absorver a mancha, mas alguém já tinha alertado a segurança por causa da pobre supercelebridade sendo atormentada por uma garota louca que não a deixava em paz.

— Algum problema aqui? — Um policial grandalhão saiu de uma loja e se colocou bem no meio das duas.

— O quê? Não! — gritou Layla.

— Sim. Ela está me seguindo há quarteirões — disse Madison ao mesmo tempo. — Não me deixa em paz. Quando pedi para me deixar em paz, ela jogou o café em mim.

O policial olhou para o café escorrendo na frente da regata de Madison e para o copo vazio na mão trêmula de Layla.

— Isso é verdade?

— Eu não a estava perseguindo!

— Quem falou em perseguir? — Os olhos dele se estreitaram enquanto Layla balançava a cabeça e fechava a boca com força, recusando-se a dizer qualquer coisa que pudesse incriminá-la ainda mais.

— Quer dar queixa? — O policial olhou para Madison.

— Com certeza. — Virou aqueles olhos arregalados para ele enquanto botava a mão sobre o coração como alguém que temesse pela própria vida. — Meus advogados vão entrar em contato com ela.

O policial assentiu, observando-a andar até o carro. Quando estava segura lá dentro, ele se virou para Layla.

— Vou precisar ver sua identidade — disse ele.

VINTE E QUATRO

KNOW YOUR ENEMY

Madison pegou a bolsa, saiu de seu carro e se dirigiu para a Night for Night, onde cumprimentou o leão de chácara, James, e se aproximou para um raro e sincero abraço que reservava para uma pequena lista de pessoas. Ela realmente gostava de James. Claro, ele era meio bruto, mas e daí? Houvera uma época em que o mesmo podia ser dito sobre ela. James sabia se virar, era um guerreiro, não tinha medo de trabalhar duro, aceitando algumas tarefas extras, e era ferozmente leal àqueles que eram ferozmente leais a ele. Todas as qualidades que Madison admirava.

A garota ficou na ponta dos pés e sussurrou em seu ouvido.

— Ela está aqui?

James assentiu.

— Mas até agora o Ryan não apareceu.

— Ah, ele vai aparecer. — Madison olhou por cima do ombro dele, estreitando os olhos para enxcrgar melhor o interior da boate. — Você me avisa quando ele chegar?

— Pode deixar.

— E não dê crédito a ela por ter me trazido até aqui.

— Alguma preferência?

— Qualquer um, menos a Aster. — Ela lhe deu um beijo na bochecha, enfiou discretamente um bolo de notas em seu bolso e entrou. Era raro ela sair sozinha, mas seu grupo habitual só serviria para distraí-la, e além disso não planejava ficar muito tempo.

Ela andou pela boate. Era uma de suas preferidas só pela decoração. Madison já tinha visitado Marrakesh e, e embora a viagem tivesse sido curta, achava que Ira fizera um bom trabalho de capturar a sensação exótica e luxuosa com todas as lanternas de cobre, arcadas curvas e abundância de ladrilhos pintados à mão. Até a música que eles tocavam era mais langorosa e suave que a da maioria das boates; o ritmo lento e sexy no volume certo para você não precisar gritar durante uma conversa.

Ela olhou para todos os lados, torcendo para Ira não estar ali. Ele se apressaria para tentar impressioná-la com baldes de champanhe e um lugar na melhor mesa VIP. Era sempre muito cortês, beirando a bajulação, e, ainda que Madison normalmente não se importasse, naquela noite preferia manter a discrição. Teria pedido a James para não dizer a Ira que ela tinha chegado, mas duvidava de que ele cooperasse. Ela não era a única a quem ele era ferozmente leal.

Embora a boate estivesse lotada, Aster era fácil de encontrar. Ela estava bem ali na Riad, como Madison havia imaginado. Apesar de todas as fotos que vira, ela ficou surpresa ao ver que a garota era extremamente bonita. Embora não houvesse falta de atrizes bonitas em LA, Madison estava convencida de que o fator intangível que tornava algumas mais atraentes que outras não tinha nada a ver com a curva do nariz ou com a linha das maçãs do rosto. Era a capacidade de habitar tão completamente um papel que o corpo parecia se dissolver no personagem.

Para Madison, fora a capacidade de desaparecer que a tinha atraído para o ramo. E, ironicamente, estava na hora de desaparecer de verdade. Paul faria o que pudesse, mas ela não confiava mais nele para mantê-la segura sozinho, e não pretendia ficar sem fazer nada esperando a ameaça encontrá-la. Por sorte, tinha postergado seu término com Ryan. No final das contas, agora precisava mais dele do que nunca.

Madison se orgulhava de ter um nível de discernimento raro para alguém de sua idade. Sua capacidade de ler as entrelinhas de um roteiro e chegar à motivação exata por trás de cada palavra, cada ação, era seu maior dom. E naquele momento, observando Aster flertar com um produtor que deveria estar em casa com a esposa e o filho recém-nascido, Madison sentiu seu desespero, a necessidade insaciável de ser a estrela de todas as cenas. Não era exatamente raro para um ator; eles eram conhecidos por ser um grupo carente, neurótico e inseguro. Mas, ao contrário de Aster, Madison tinha aprendido a se livrar de suas emoções básicas (pelo menos na aparência), e o desespero foi a primeira a ser eliminada.

Um leve sorriso surgiu em seu rosto. Se era atenção que a garota queria, ela forneceria com prazer. Mas isso teria um preço que Aster não esperava.

Madison divertiu-se ao olhar a expressão de Aster mudar de charmosa e sedutora anfitriã da festa para uma de choque absoluto ao ver Madison Brooks parada diante dela.

— Madison... Oi! — Seu tom foi amistoso, alegre. E com sua pele oliva impecável, cabelo escuro brilhante, enormes olhos castanhos com cílios tão grossos que não pareciam reais, embora muito provavelmente fossem, e o corpo flexível e sinuoso de alguém que tinha familiaridade com aulas de dança, ela era ainda mais bonita de perto e em pessoa.

— Gostei dos seus Sophia Websters. — Madison apontou para os saltos agulha adornados de Aster. Não havia forma melhor de começar uma amizade que um amor mútuo por sapatos caros. E, ainda que elas nunca viessem a se tornar verdadeiras amigas, agora o destino das duas estava unido de maneiras que Aster nunca poderia prever.

— Quer uma mesa? — Aster sorriu como se mal conseguisse conter a animação.

Madison olhou para sua tenda habitual.

— Estou vendo que a minha preferida está ocupada...

Aster piscou uma vez, duas, provavelmente calculando a quantidade de problemas que teria se expulsasse os ocupantes atuais para abrir espaço para Madison.

— Sinto muito. Se eu soubesse que você apareceria... — disse ela, sabiamente decidindo não fazer isso.

Madison agitou a mão em um gesto de indiferença, presenteando Aster com um sorriso como se elas fossem amigas afastadas há muito tempo.

— Como você saberia? — O sorriso se desfez enquanto ela permitia que a pergunta pairasse entre as duas.

Por alguns momentos, Aster realmente pareceu muito assustada. Depois, com a mesma rapidez, o pânico sumiu de seu rosto.

— Tenho outra mesa ótima que acho que você vai adorar. E posso mandar seu champanhe favorito imediatamente. Dom Pérignon rosé, não é? — disse ela.

Madison assentiu. A garota tinha feito o dever de casa. Mas, se alguém já tivesse se dado ao trabalho de observar com um pouco mais de atenção, notaria que Madison raramente bebia as muitas taças de champanhe que as boates lhe empurravam sem parar. Era aí que sua *entourage* entrava. Eles forneciam a distração perfeita para o fato de que Madison não era tão festeira quanto fingia ser.

Ela seguiu Aster até a mesa na borda do terraço, sempre estudando-a como se Aster fosse um personagem que um dia ela desempenharia. Já tinha visto todos os dados de Aster no papel: endereço residencial, fortuna da família, as escolas particulares e o acesso a *country clubs*, mas para entender Aster de verdade Madison precisava observá-la em pessoa. Era indispensável saber exatamente com quem estava lidando, se ia permitir que Aster desempenhasse um papel tão importante em sua vida.

Términos em Hollywood eram complicados. Só perdiam para a ansiosa vigília dos tabloides por sinais de gravidez e casamentos de celebridades. Uma separação entre atores tinha o poder de impulsionar ou destruir uma carreira. Tudo dependia de como a história era contada.

Normalmente, um escândalo de traição pegava muito mal para quem traía. Mas, sem dúvida, havia casos em que os tabloides se voltavam contra a vítima, pintando-a como alguém tão horrível que o traidor era automaticamente perdoado por seu ato. De um jeito ou de outro, uma coisa era certa: se a outra pessoa trabalhasse fora da indústria, em geral não perdia tempo e logo tentava subir vendendo seu lado da história. Tentava passar de zé-ninguém para alguém com um lugar permanente sob os holofotes. Claro, assim que acontecia um novo escândalo, eles eram rapidamente esquecidos, mas isso não os impedia de tentar.

Quando a notícia de Ryan e Madison viesse à público, muitas revistas estariam dispostas a pagar a qualquer um que tivesse informações sobre a separação. E, depois de vê-la em pessoa, Madison estava convencida de que Aster não hesitaria em agarrar qualquer chance mínima de fama.

Pelo que vira até então, Aster fora criada para ser uma boa garota, e um escândalo como aquele abalaria toda a sua família.

Mas, enfim, seu sonho de fama e fortuna parecia ser tão forte que ela tinha aceitado um emprego que seus pais provavelmente não aprovavam.

Como saber do que mais ela era capaz?

Ou quão longe iria para conseguir o que queria?

Era com essa fome insaciável que Madison contava.

Ela observou Aster abrir a rolha habilidosamente e encher uma taça, que depois colocou diante de Madison.

— Posso lhe trazer mais alguma coisa? — Ela sorriu com expectativa.

Madison estava prestes a responder, concluindo que talvez fosse divertido mandar a garota fazer alguma tarefa impossível, quando seu telefone vibrou com uma mensagem de texto de James, alertando-a de que Ryan tinha acabado de entrar.

Madison agitou a mão distraidamente. Ela esperou Aster sair antes de responder a James com um rápido agradecimento e sair sem ser vista.

VINTE E CINCO

SHADES OF COOL

Quando Madison Brooks entrou na Vesper, ninguém notou. As luzes eram fracas, a banda estava no meio de um set barulhento e a plateia estava tão focada na música que ninguém se deu ao trabalho de olhar a supercelebridade que parecia muito satisfeita de se encostar à parede dos fundos, completamente desapercebida.

Quando a banda saiu do palco para uma pausa, Tommy começou a atravessar a multidão, fazendo um inventário mental de todos os rostos que reconhecia. Viu uma imagem tão inexplicável que a primeira coisa que imaginou foi que era algum tipo de brincadeira. Talvez até uma sósia. Mas, quando Madison mirou seu olhar diretamente no dele, e seu lindo rosto se curvou em um sorriso lento e sedutor, bem, Tommy tinha visto capas de revista e outdoors suficientes para reconhecer o artigo verdadeiro diante dele.

Ele olhou em volta, procurando os outros promoters para ter certeza de que não a tinham visto, pois nem lhe passou pela cabeça que Madison pudesse estar ali por causa deles. Concluindo que não a tinham visto, percorreu a curta distância entre os dois, perguntando-se o tempo todo como se dirigir a ela (*Madison? Srta. Brooks?*) antes de finalmente se decidir por algo casual.

— Oi.

Ela inclinou a cabeça, deixando o cabelo cobrir sua bochecha enquanto o inspecionava de trás do véu de mechas soltas.

— O que você achou da banda? — Ele apontou o polegar para o palco, desesperado para prender a atenção de Madison.

— Pelo pouco que ouvi, era boa. — Ela enfiou o cabelo atrás das orelhas, destacando as maçãs do rosto magníficas, as argolas de ouro e turquesa, mas nada disso podia competir com aqueles olhos de um violeta/azul profundo que observavam os dele.

— Você chegou agora? — Claro que ele teria percebido se ela tivesse chegado mais cedo. Mas, enfim, quando não estava se divertindo com seus convidados, estava sonhando com o dia em que subiria ao palco. Poderia tranquilamente não tê-la visto.

As laterais da boca de Madison se repuxaram, formando uma espécie de meio-sorriso que a deixava tão insuportavelmente linda que ele achou que seu coração ia derreter no peito. Ela ergueu os ombros magros em um gesto de indiferença, mas fora isso continuou em silêncio. Ela também não tentou ir embora; então era um ponto para Tommy.

— Quer uma bebida? Um lugar para sentar? — disse ele, repreendendo-se por parecer tão ansioso para agradar no instante em que as palavras saíram. Mas, enfim, *Madison Brooks estava parada bem diante dele!* Era impressionante ele sequer conseguir formar uma frase em sua presença mágica.

— Sim para os dois — disse ela, e aquela declaração simples bastou para inspirar um milhão de comemorações na cabeça de Tommy.

— Mas, esta noite, não. Talvez outra hora, quando não esteja tão lotado.

— Normalmente fica bem lotado. — Tommy abriu um sorriso de falsa modéstia. — Temos os melhores shows ao vivo da cidade. Mas posso reservar a mesa que você quiser.

— Eu sei do concurso de vocês.

Tommy ficou surpreso, sem saber o que dizer.

— Você foi o único que não me perseguiu, no Insta, no Twitter, nem em pessoa. Esse tipo de coisa normalmente mostra o que as pessoas têm de pior, mas não com você.

Tommy deu de ombros, tentando demonstrar indiferença.

— Não pareceu que você reagia a nenhuma dessas coisas; e, em vez disso, me concentrei na quantidade.

— Parece que está dando certo. — O olhar dela percorreu a boate antes de voltar para ele. — Pena que a Layla e a Aster não tenham usado a sua estratégia. Aquelas duas são terríveis. Pode contar a elas que eu falei isso.

— Vou repassar — disse Tommy, de repente feliz por nunca ter compartilhado estratégias com Layla. Por causa disso, tinha conseguido Madison.

O olhar de Madison se amenizou. Ela ergueu a mão para a bochecha dele e, por um breve momento, permitiu que seus dedos percorressem a pele dele como se estivessem descobrindo algo, ou talvez até se lembrando de algo. Era impossível saber. Se Madison Brooks queria entrar em sua boate e acariciar sua bochecha, ele não tinha nada que questionar suas razões.

Embora ela tivesse a reputação de ser uma garota muito festeira, seu olhar estava sóbrio e límpido, mas a profundidade de seu foco dava a impressão de que estava olhando através dele para outro lugar.

— Você não é daqui. — Ela afastou a mão de sua bochecha.

Tommy balançou a cabeça. Estava hipnotizado. Ela era tudo o que ele tinha esperado: segura, linda, inalcançável, e o exato oposto do que ele tinha presumido: aberta, autêntica, profunda.

— Deixe-me adivinhar: você veio para cá atrás do sonho de fama e fortuna? — Ela inclinou a cabeça e seus olhos brilharam maliciosamente.

Tommy lançou a ela seu olhar mais tímido e enfiou totalmente as mãos nos bolsos da calça jeans, reduzido de repente a mais um clichê de LA.

Ela correu os olhos pela boate.

— Eu gosto daqui. Ninguém dá a mínima para a minha presença. Você não imagina como isso é um alívio.

— Ah, imagino, sim. — Tommy riu. — Estou aqui todos os dias e ninguém dá a mínima.

Ela riu de um jeito que fez a piada parecer mais engraçada do que era, deixando Tommy sem saber se ela estava sendo sincera ou talvez só atuando. Tudo aquilo era muito confuso. Tommy só tinha certeza de que nunca tinha visto nada mais bonito que Madison Brooks divertindo-se com uma risada espontânea, fosse qual fosse a razão. A partir desse momento, Tommy estava nas mãos dela.

A banda voltou e começou um novo set. A repentina explosão de som fez Tommy olhar para o palco e, ao voltar-se outra vez para Madison, percebeu que ela sumira.

Tommy correu atrás dela, o que não foi nem um pouco legal, mas isso não o deteria.

— Ainda falta um set! — gritou ele, mas ela já tinha ido, deixando Tommy tentando pegar freneticamente o celular e tirar uma foto de sua silhueta se afastando. Ele precisava de evidências para provar que aquilo tinha mesmo acontecido, tanto para Ira quanto para si mesmo.

Quando a perdeu de vista, tocou o ponto onde os dedos de Madison tinham estado em sua bochecha, desejando ao menos ter feito a barba, enquanto ao mesmo tempo se sentia mal por tê-la julgado como mais uma escrotinha fresca que se achava muito acima dele.

Madison podia estar acima dele, mas, depois de tê-la conhecido e conversado com ela, tinha a sensação de que Madison Brooks era mais do que ele pensava. Tommy os imaginou relaxando com uma cerveja, zombando da filosofia de vida um do outro. Pelo que ele vira, parecia inteiramente possível.

VINTE E SEIS

SHOW ME WHAT
I'M LOOKING FOR

Layla rondava a mesa mais importante de troféus, garantindo que tivessem bastantes bebidas, carregadores de celulares e o que mais precisassem. Ela basicamente fora reduzida a uma serviçal de subcelebridades, mas algumas delas estavam na lista de Ira; então, isso era algo a considerar.

Outra coisa era certa: ela podia retirar Madison Brooks de sua lista, pois ela não apareceria tão cedo. Mesmo assim, apesar dos avisos lúgubres do policial, Madison não chegara a prestar queixa, o que dava a Layla liberdade para persegui-la em seu blog a cada chance que tivesse.

Quando não estava esculachando Madison, usava seu blog para promover a Jewel, o que fazia toda a diferença.

Ela também entrara em contato com os maiores empresários e assessores de imprensa de Hollywood, avisando que seus clientes tinham um lugar permanente em sua lista de convidados. Além disso, seu pai tinha um amigo que era dono de uma loja descolada em Santa Monica e estava disposto a oferecer alguns bons descontos casados. O tipo de coisa que ela deveria ter feito desde o começo.

Com as luzes coloridas girando no teto e a música parecendo pulsar por sua pele, era como estar dentro de um caleidoscópio. Era engraçado como ela passara rapidamente de odiar tudo o que se relacionava com seu emprego a ansiar pelo tempo que passava na boate. No mínimo, suas noites na Jewel forneciam uma boa pausa para o mundo exterior e as partes mais tensas de sua vida, ou seja, a crescente tensão entre ela e Mateo.

— As modelos chegaram! — Zion brandia uma garrafa de vodca cara, sorrindo de um jeito que tornava difícil saber se estava se gabando ou compartilhando. Mas, da parte dele, era tudo a mesma coisa. Ele trabalhava como modelo em meio período (quando não estava na boate ou servindo mesas) e tinha conseguido um acordo com sua agência que trazia as pessoas bonitas e jovens que Ira estava buscando. Bom para a Jewel, não necessariamente bom para ela.

Sorriu rigidamente e mostrou a ele a mensagem de texto que acabara de chegar. Ryan Hawthorne estava na Night for Night outra vez. As atualizações constantes das assistentes de Ira eram, ao mesmo tempo, irritantes e viciantes.

— Escrota. — Zion fechou a cara enquanto Layla erguia uma sobrancelha.

— Mais para Rainha das Escrotas — disparou ela, observando Zion ir até sua mesa de modelos sedentas.

Ela ficou perto dos elegantes sofás de couro branco que brilhavam em tons alternados lançados pelas luzes coloridas do teto, esperando o momento certo para atacar. Era impressionante como aqueles aspirantes idiotas a atores ficavam descuidados depois de alguns drinques. Os celulares que deixavam largados tinham dado a Layla acesso a todo tipo de fotos e mensagens de texto picantes que ela não via problema em explorar.

Seu acesso interno já tinha lhe valido um grande aumento nos lucros com anúncios. Se as coisas continuassem assim, ela poderia pagar a faculdade de jornalismo tranquilamente só com os lucros do blog. Claro, a seção de comentários estava se tornando meio cáustica, mas e daí? Os números eram a única coisa que importava, e os números nunca mentiam.

Ela passou as mãos pela frente do minivestido justo de couro preto, um recente investimento pago com o dinheiro do blog. Nunca pretendera gastá-lo em algo tão banal quanto roupas, mas o melhor jeito de ganhar a confiança de seus troféus era imitá-los. A princípio, isso a deixara desconfortável e, juntando as roupas novas sexy e as luzes platinadas, ela se sentia uma impostora. Mas as novas camadas davam ao seu cabelo um ar moderno que lhe caía bem, e as roupas não eram só uma versão um pouco mais feminina de seu visual de sempre? Não importava. Era impossível negar que funcionava.

— Acho que o carregador do meu celular quebrou! — reclamou uma das aspirantes a famosa, agindo como se isso fosse a pior coisa que já tivesse acontecido, e talvez fosse. Layla nunca tinha conhecido um grupo mais arrogante e mimado.

Ela tentou determinar quem do grupinho desagradável tinha falado. Seu olhar se fixou em Heather Rollins, uma subcelebridade da TV com uma fixação enorme em tudo o que tinha a ver com Madison Brooks. Ela olhava furiosamente para Layla como se ela fosse pessoalmente responsável. Ela era, mas Heather não tinha como saber que Layla sempre desligava ao menos um dos carregadores a cada noite. Podia ser um exagero, mas até então estava dando certo. E, por mais que ela detestasse Heather (ela era, sem dúvida, a mais malcomportada de todos eles, o que não era dizer pouco), seja lá por que razão naquela noite a roleta tinha parado nela. Layla considerou aquilo um golpe de sorte.

Ela completou a bebida de Heather e começou a mexer no carregador que tinha desligado mais cedo, como se tentasse consertá-lo.

— Quanto tempo vai demorar? Todos nós queremos dançar.

— Vai estar funcionando quando você voltar.

Heather jogou o longo cabelo louro sobre o ombro e lançou um olhar penetrante a ela.

— É bom mesmo. — Ela observou os amigos se afastarem. Depois desbloqueou a tela de propósito. Sua boca rosa e brilhante se abriu em um sorriso conivente quando ela empurrou o telefone para Layla.

Layla olhou de Heather para o telefone.

Será que Heather sabia o que ela estava fazendo?

— Tem umas fotos novas que talvez você goste. — Os olhos castanhos de Heather olharam de um jeito malicioso para Layla. — E cuidado para não deixar passar a última mensagem de texto da minha assistente. — Layla a encarou, perplexa, observando-a se afastar, quando Heather olhou por cima do ombro e disse: — Eu ajudo você e você me ajuda. Fique à vontade para enviar o que precisar para si mesma.

Ela se juntou à pista de dança lotada enquanto Layla olhava o telefone antes que ele voltasse ao modo bloqueado. Contou tantas fotos de Madison que foi meio assustador. Sobretudo por ser óbvio que Madison não sabia que estava sendo fotografada. Mesmo assim, passou por elas rapidamente, parando em uma série de Madison e Ryan em um restaurante. Uma dos dois na mesa com um estranho homem de meia-

-idade tirando fotos ao fundo; outra de Madison indo embora enquanto o mesmo homem abordava Ryan; e a seguinte do homem pegando o que parecia um autógrafo de Ryan enquanto olhava para Madison. Eram estranhas, claro, embora ela não soubesse por que Heather quisera guardá-las. Mesmo assim, ela as enviou para si mesma junto com outra tão incriminadora quanto. O post do blog estava praticamente se escrevendo sozinho.

Em seguida, foram as mensagens. A da assistente incluía uma foto de Ryan e Aster.

Então, foi assim que a Aster conseguiu.

Ela encaminhou a foto para si mesma e deixou o telefone carregando. Ao que parecia, Heather odiava Madison tanto quanto Layla. E agora, graças a ela, o blog de Layla estava prestes a viralizar.

VINTE E SETE

BACK DOOR MAN

ra estava sentado atrás de sua mesa e empurrou outro envelope cheio de dinheiro para ela.

— Parece que o Ryan está se tornando cliente. — Ele ergueu uma das sobrancelhas. — Eu diria que isso merece uma recompensa, você não acha?

Aster encarou o envelope, sentindo-se vazia, trêmula e muito enjoada.

Madison sabia sobre ela e Ryan.

Não que houvesse muito o que saber, ou ao menos não exatamente, mas uma coisa estava clara: Madison Brooks estava de olho nela.

O jeito que Madison a olhara e procurara intencionalmente... Não havia outra forma de explicar.

Era estranho ela ter conseguido tudo o que queria, só para perceber que era muito mais do que conseguia lidar.

— Eu soube que a Madison também apareceu. Estranho ela ter saído bem quando o Ryan chegou. Você sabe alguma coisa sobre isso?

Aster franziu a testa e examinou suas unhas.

— Enfim, continue assim e vai ter uma boa chance de vencer.

Ela abriu um sorriso fraco, ansiosa para que a reunião terminasse.

— Não era exatamente a reação que eu esperava.

Ela balançou a cabeça, esperando clarear as ideias, porém acabou sendo uma tarefa impossível.

Será que Madison iria atrás dela?

Vingaria-se de alguma forma por ela ter roubado seu namorado?

Ela só sabia que precisava tirar isso da cabeça e voltar para a sala.

— Desculpe. Acho que me perdi...

Onde ela estava com a cabeça? Ninguém se perdia diante de Ira Redman!

— Quer dizer, eu não considero feito até estar feito — disse Aster, voltando ao ponto em que pensava ter parado. — Celebridades são volúveis. Podem mudar de ideia de repente. E ainda temos muitas semanas pela frente.

Celebridades são volúveis. Podem mudar de ideia de repente.

Ela só esperava que uma celebridade em particular não se voltasse contra ela.

Ira a observou por um momento longo e desconfortável. Por sorte, Aster sabia que não devia preencher o silêncio com conversa desnecessária, embora nunca tivesse muita certeza do que Ira esperava. Fosse o que fosse, ela torcia para não ter nada a ver com o dinheiro que ele estava lhe dando.

— Vá descansar um pouco — disse ele finalmente. — Peça ao James para levá-la até seu carro.

Aster assentiu, parando quase na porta.

— Ira...

Ele desviou os olhos do telefone.

— Obrigada pelo... reconhecimento. — Ela balançou o envelope para ele. — Eu realmente agradeço por você reconhecer meu trabalho duro. — Ela estremeceu com a redundância, mas precisava deixar claro que, em sua mente, o dinheiro era um bônus por seus esforços e nada mais era requisitado dela.

Ira fez um gesto de indiferença e ela atravessou a boate, mas encontrou Ryan esperando na porta dos fundos.

— Eu disse para você não esperar. — Ela franziu a testa, irritada. Sim, ele era deslumbrante e famoso, e sua atenção era lisonjeira. E, sim, havia uma boa chance de estar começando a gostar dele, mas isso nunca fora parte do plano. Ele deveria ajudá-la a fazer os contatos certos, talvez até ganhar a competição, mas nos últimos tempos ela tinha se afastado muito do percurso.

Aster não era o tipo de garota que corria atrás do namorado de outras garotas, e a ideia de roubar o de Madison Brooks era completamente impensável. Algumas garotas poderiam considerar uma vitória afastar um cara famoso de uma garota mais famosa ainda, mas Aster não via as coisas dessa forma. Aquilo a deixava culpada. E o jeito que Madison a olhara a fazia se sentir uma vadia.

— Eu queria levar você até o carro. — Ryan passou uma das mãos pelo cabelo e abriu um sorriso irresistível.

— Tenho o James para isso. — Seu tom era afetado e mimado de um jeito que a fazia lembrar Madison. — Além do mais, você passou a noite inteira comigo. — Ela passou pela porta dos fundos e saiu para o ar frio da noite, abraçando a cintura para não tremer.

— Eu queria mais.

Ela se encostou à porta do carro, apoiando-se nela.

— E a Madison? — Ela o encarou.

— Eu soube que ela foi embora. Não sei por quê.

— Tem certeza? — Queria que ele admitisse ter ido longe demais. Havia passado dos limites. Ao mesmo tempo, esperava que ele a convencesse de que estava tudo bem, de que o que quer que a estivesse preocupando só existia em sua cabeça paranoica.

Ele coçou o queixo, observando uma fileira de carros andando de um lado para o outro no boulevard.

— Tenho quase certeza de que a Madison não dá a mínima para o que eu faço.

Aster o avaliou com atenção. Aquela era a última coisa que ela esperava.

— Então, por que vocês ainda estão juntos?

Ryan franziu a testa e olhou o pequeno estacionamento quase vazio. Depois, voltou-se para ela.

— É... Complicado.

— Eu não lido com coisas complicadas. — A voz dela saiu cansada, não só porque estava tarde, mas também por causa do mundo confuso no qual vivia agora.

— Eu disse que a Mad e eu somos complicados. — Ele chegou mais perto, tão perto que ela sentiu a respiração de Ryan na bochecha. — Não existe nada complicado entre você e eu. — O sorriso que se seguiu foi impossível de resistir. E, quando ele se inclinou para beijá-la, ela não fez nada para detê-lo.

Ele já a beijara antes, mas nunca assim. Aster sentia a profundidade de sua adoração pela forma como ele a abraçava, que sua língua deslizava contra a dela, que suas mãos carinhosamente envolviam suas bochechas.

— Aster... — Ele pressionou a testa contra a dela. — Eu vou resolver as coisas com a Madison. Mas você precisa saber que está me deixando louco. Não consigo parar de pensar em você.

Eram as palavras certas ditas da maneira certa. Quando Ryan reivindicou o beijo, suas mãos agarraram os quadris dela e os pressionaram com força contra os dele. Ele emitiu um som grave e baixo enquanto seus dedos percorriam a curva da cintura dela, aproximando-se dos seios, que pareceram inchar em suas mãos. Traçando círculos delirantes com os polegares e com a respiração quente na orelha da moça, ele sussurrou:

— Aster, vá para casa comigo, *por favor*.

— Não. — Toda a sua força de vontade foi necessária, mas de alguma forma ela conseguiu afastá-lo. Desconcertada e ofegante, ela puxou a maçaneta, ávida para escapar, só que não destrancou. *Droga*! Ela enfiou a mão na bolsa e tentou achar o alarme do carro, totalmente consciente de que seus seios desejavam o toque dele, que seus quadris queriam se derreter contra os dele. Aster não tivera a intenção de deixar as coisas progredirem tão rápido. Mas Ryan era muito sexy, e às vezes ser virgem era um fardo. Mesmo assim, não ia transar com ele de jeito nenhum. Pelo menos não naquela noite.

— Não? — Ele se moveu até ela senti-lo pressionado com força contra suas costas.

Ela respirou fundo para se controlar, achou o alarme do carro e abriu a porta.

— Não. — Ela se afastou. Sentou-se no banco, onde finalmente conseguiu recuperar o fôlego. — Sei que não é uma palavra que você está acostumado a ouvir, ainda mais quando convida garotas para fazer sexo com você. — Os olhos dela encontraram os dele. Era melhor ser sincera. — Mas eu não vou para casa com você. Foi uma noite longa, e só quero ir para a cama. Minha cama. Sozinha.

Ele se ajoelhou a seu lado, aquele rosto, aquela boca a apenas centímetros da dela.

— Você vai me matar, Aster! — Ele estendeu a mão para tocar sua bochecha e contornou a curva de sua orelha com a ponta do dedo.

— É o que você diz. — Ela o empurrou, dominada de alívio quando ele abriu um sorriso bem-humorado e saiu de seu caminho.

Aster fechou a porta entre eles e saiu para a rua, olhando pelo retrovisor para ver que ele ainda estava parado bem onde ela deixara, observando-a ir.

Quanto tempo mais ele estaria disposto a esperar?

Será que ele duraria o verão?

Ou ia se cansar em uma semana e não voltar mais?

A escolha era dele. Tudo o que ela podia fazer era esperar para ver.

VINTE E OITO

WORK B**CH

Layla estacionou o jipe de Mateo bem atrás da Mercedes de Aster, lendo os comentários deixados em seu blog enquanto esperava Aster terminar de se admirar no retrovisor.

Exatamente como esperado, a matéria que ela tinha escrito, baseada em uma das fotos de Heather com o rosto de Madison pairando de forma suspeita sobre um tampo de mesa, foi um sucesso. A seção de comentários estava quase igualmente dividida entre os adoradores de Madison, que se recusavam a acreditar naquilo, e os que odiavam Madison e suspeitavam desde o começo. Ainda que começasse a pender para estes últimos.

No final, não importava o que a maioria pensava. A semente fora plantada, e Madison não merecia nada melhor.

BELOS ÍDOLOS

Anjo da Neve

Eu não sei o que vocês acham, mas não consigo pensar em nada mais triste que a foto a seguir. Aquele tampo de mesa está soltando um irresistível cheiro de inverno. Madison Brooks tem um sério caso de narcolepsia não diagnosticada ou, mais provavelmente, a queridinha dos Estados Unidos acabou de encher uma narina de pó mágico...

A porta de Aster se fechou com um *tump*, fazendo Layla a enfiar o celular na bolsa e sair às pressas do jipe para alcançá-la. Determinada a chegar até Aster antes que ela entrasse na Jewel, Layla chamou-a para que parasse, mas Aster se limitou a revirar os olhos e continuar andando.

— Eu soube que você teve uma boa noite ontem. — Layla andava ao lado dela, sabendo que tinha acertado quando Aster parou, esperando Tommy, Karly e Brittney entrarem antes de encará-la.

— O que você quer? — Ela colocou uma das mãos no quadril, batendo o pé contra a calçada. Tentava transmitir arrogância e calma, mas havia uma rachadura no verniz, e estava a ponto de piorar.

— Estou pronta para receber meu pagamento. — Layla manteve o tom amistoso. Não havia necessidade de alarmá-la ainda. Ela viu Aster passar de calma a irritada em poucos segundos.

— Não me diga que já esqueceu o nosso acordo. Aquele no qual você vendeu sua alma pela chance de ser promoter da Night for Night.

— Então, você está confirmando que realmente é Satã. Com certeza, não vai ser surpresa para absolutamente ninguém. — Aster balançou a cabeça e esperou Zion e Sydney entrarem antes de continuar. — Olha, podemos resolver isso mais tarde?

— Tenho certeza de que o Ira não vai se importar que seu cavalo premiado se atrase. — Layla analisou o rosto perfeitamente maquiado de Aster, seu cabelo brilhante e suas pernas ridiculamente longas saindo de um short rosa. Tinha aquela aparência rica, privilegiada e bem-cuidada que Layla nunca conseguiria mesmo que tentasse. E não tentaria. Mas mesmo assim.

— O que você quer dizer com isso?

Ela não queria dizer nada de mais. Mas, pelo jeito que a boca de Aster se contraiu, Layla notou que havia pisado em um calo que, sem dúvida, ia explorar.

— Quero dizer que você é a favorita de todo mundo, incluindo o Ira.

— Bom, acho que você não tem como saber, com esse seu dom para fazer inimigos.

Layla sorriu, decidindo se deixar levar. Era uma das vantagens de estar no controle.

— Nem todo mundo pode ser tão popular e requisitado quanto você.

Aster mexeu na tira de sua bolsa Louis Vuitton e olhou para a porta da Jewel.

— Aonde você quer chegar?

— Quero que você traga o Ryan Hawthorne à Jewel junto com todas as celebridades amigas dele. E quero que faça isso em meu nome.

— Hã, ok. — Aster jogou o cabelo sobre o ombro e foi para a boate. — Vou fazer isso imediatamente! — Ela riu como se Layla estivesse brincando.

— Você pode rir, ou pode pensar no assunto.

— Pedidos razoáveis serão considerados. Esse pedido é patético demais, até para você.

— Você é quem sabe. — Layla deu de ombros, observando-a se afastar. — Acho que vou ter de mandar esta foto sua beijando o Ryan para o Perez Hilton, o TMZ, o Page Six, o Gawker, o Popsugar, o Just Jared... Esqueci de alguém?

Aster congelou.

— Ah, claro! — Layla deu um tapa de desenho animado na testa. — Madison Brooks! Aposto que ela vai adorar saber dessa última novidade.

Aster se voltou lentamente para Layla.

— Ou você pode trazer o Ryan e os amigos para a Jewel e eu esqueço o que vi.

— Onde conseguiu isso? — Seu rosto empalideceu enquanto ela olhava a imagem no telefone de Layla. Ia pegá-lo quando Layla o puxou.

— Não importa onde eu consegui. A pergunta é: o que você vai fazer a respeito?

— Isso é chantagem. — A boca de Aster se contraiu em uma linha fina e rígida.

Layla deu de ombros, observando um grupo de turistas com um pau de selfie posar com um cara velho imitando a Marilyn Monroe em um vestido branco esvoaçante.

— E chantagem é ilegal.

Layla sorriu.

— Então me processe.

Aster esfregou os lábios e olhou ansiosamente para a porta.

— Você é uma pessoa horrível, sabia?

Layla virou-se para a porta e Aster segurou seu braço.

— Tudo bem. Vou fazer o que puder. Mas não garanto nada.

— Para o seu próprio bem, é melhor garantir. — Layla deixou a ameaça pairando ao entrar e se sentar no Cofre ao lado de Karly. Estava aliviada por Aster ter acreditado na ameaça. Derrubar Madison era uma coisa; ela merecia. E, embora Aster sem dúvida também merecesse, Layla se sentia desconfortável com a ideia de fazer aquilo.

Todo mundo estava espalhado pelos sofás de couro branco, dormindo ou no telefone, embora todos compartilhassem a mesma aparência cansada e tensa. As duas semanas de competição já estavam cobrando seu preço.

— Cadê o Ira? — Sydney se levantou e olhou em volta. — Nos deixar esperando é uma babaquice.

— Shhh! — Brittney fez uma careta, como se Ira estivesse ouvindo, enquanto Tommy continuava de olhos fechados, tirando um cochilo.

Irritação, paranoia e exaustão: Layla se identificava com as três.

Um instante depois, quando os celulares de todos começaram a apitar, Jin foi o primeiro a dizer.

— É o Ira. Ele mandou o link de um vídeo.

— Agora ele nos demite por vídeo? — Sydney revirou os olhos.

— Demite você, não eu. — Karly abriu um sorriso malicioso e apertou play na mesma hora em que Layla, vendo o rosto de Ira preencher a tela.

"Eu avisei que gosto de confundir as coisas, o que significa que hoje dois de vocês serão eliminados."

— Mas isso vai encurtar a competição! — gritou Zion, e Layla se perguntou se ele sabia que o vídeo fora gravado com antecedência.

"Se vocês me impressionarem na semana que vem, talvez eu compense não demitindo ninguém. Ou talvez demita três. É com vocês a decisão de me impressionar ou não."

— Ele está em um iate? — Taylor aproximou o telefone do rosto, enquanto Aster encarava sua tela com uma expressão conflituosa.

"Estou com pressa; então, vamos ser rápidos," disse Ira, cujos óculos escuros refletiam a garota de biquíni que segurava a câmera. "Vesper, vocês ficaram em primeiro lugar."

A equipe da Vesper começou a comemorar, mas se calou logo, pois todo mundo queria ouvir.

"Night for Night em segundo, o que deixa a Jewel em último. De novo." Ele balançou a cabeça e franziu a testa.

— Culpa sua — murmurou Karly, olhando com raiva para Layla.

— Ei, eu trouxe a Heather Rollins e os amigos — disse Layla, em defesa própria.

— Você a trouxe ou ficou na porta para poder dizer que ela era sua?

Layla revirou os olhos e se concentrou no vídeo.

"Diego, você conseguiu a Madison Brooks. Bom trabalho."

— O quê? — Aster se virou na cadeira, lançando um olhar cortante a Diego, que pareceu perplexo por um momento.

"Tommy, você também."

Parecia que Aster ia implodir.

"Brandon e Jin... Não se deem ao trabalho de voltar. Duvido de que a Jewel e a Vesper vão sentir a falta de vocês."

Um segundo depois, a tela ficou preta.

Sem despedida.

Sem um *"aproveitem o resto do fim de semana"*.

A tela nem mesmo escureceu gradualmente.

Layla não sabia por que tivera que ir até ali para aquilo, fora o fato de que Ira era um idiota controlador.

Mesmo assim, ele não a demitira. Agora que Aster entregaria Ryan e seus amigos, ela sem dúvida duraria mais uma semana. Depois disso, teria de pensar em outra medida desesperada para se salvar.

VINTE E NOVE

GOLD ON THE CEILING

— Oi... — Tommy correu para alcançar Layla, que tinha fugido da Jewel como se a boate estivesse pegando fogo. — Lembra que você me deve um favor?

Layla se surpreendeu. Era como um *déjà vu*, só que desta vez era com ela.

— Você andou conversando com a Aster?

— O quê? — Ele estreitou os olhos no sol e começou a andar ao lado dela.

Ela balançou a cabeça, colocou os óculos escuros e continuou em frente.

— Estou pronto para cobrar.

Ela continuou a ignorá-lo.

— Sabe, é assim que os boatos começam — disse Tommy. — Percebeu que ninguém mais está falando com ninguém? O fato de nós estarmos falando os assusta.

— Quem está falando é você. Só estou tentando chegar ao meu carro. — Layla balançou a cabeça e se dirigiu ao jipe.

— Não acredito que você esqueceu do dia em que eu salvei a sua pele. — Tommy olhou para ela.

— Não acredito que você esqueceu que não foi exatamente inocente.

— Talvez, mas eu lidei melhor com a situação. — Ele se arrependeu na hora de falar aquilo, e logo tentou se recuperar. — Além do mais, você não me parece o tipo que não cumpre a palavra.

— Não me lembro de ter dado a minha palavra. Você disse: "Você me deve uma." E eu não disse nada.

— Você é muito desagradável.

— E isso é alguma novidade?

— O que um cara tem de fazer para conseguir uma carona para casa?

— Bom, para começar, você poderia simplesmente chegar e pedir em vez de falar toda essa bobagem enigmática sobre acordos que nunca fizemos. — Ela abriu a porta.

Tommy riu e entrou ao lado dela.

— O que aconteceu com a sua moto?

— Eu e meu namorado trocamos.

Então, Layla tinha namorado. Não era necessariamente uma boa notícia, mas também não era exatamente um impedimento, considerando o jeito que ela o beijara.

— Ele é surfista?

— Por quê? — Layla dirigiu o carro para a rua.

— Porque o chão está coberto com sessenta centímetros de areia.

Layla deu de ombros e olhou pelo retrovisor.

— Então, tire os sapatos e sonhe com Malibu. Enquanto isso, para onde vamos?

— Los Feliz. — Ele jogou a mochila entre os pés. — Mas já vou avisando: minha casa é um lixo.

— Bom, eu não vou me mudar para lá.

Ele balançou a cabeça. Layla era irascível, e era exatamente por isso que gostava dela.

— Então, vai tocar sua *demo* para mim?

Tommy olhou para ela, chocado. Não se lembrava de ter mencionado sua música.

— Você é músico, não é?

Ele assentiu devagar.

Será que ele parecia algum clichê de aspirante a roqueiro?

Será que era tão patético assim?

— Posso ouvir?

Tommy hesitou. Se ela odiasse, ia dizer. Mas, se não odiasse, o elogio significaria mais que a maioria.

— Não é só porque não tenho talento para conquistar as pessoas, como você diz, que não tenho talento para decifrá-las.

— Eu nunca disse que você...

Ela fez um gesto de indiferença.

— A *demo*. Quero ouvir. Mesmo que seja para nos poupar da tortura lenta e ardente da conversa fiada.

Ele tirou o disco da mochila e o inseriu no aparelho de som, prendendo a respiração quando os primeiras acordes de uma guitarra de seis cordas preencheram o carro. Quando seus vocais começaram, Tommy pensou que fosse desmaiar de ansiedade. Layla não disse nada. E, nas poucas vezes em que ele a olhou, sua expressão estava vazia.

Quando a primeira música terminou, ela ainda não tinha falado. O mesmo aconteceu com a segunda e a terceira. Estava prestes a implorar para ela aliviar seu desespero e dar o veredito (positivo ou negativo, de um jeito ou de outro aguentaria), quando Layla finalmente baixou o volume.

— As suas letras são maravilhosas. A sua voz é forte e marcante. A sua guitarra... É você na guitarra?

Tommy assentiu, quase incapaz de respirar.

— Você destrói mesmo aquela coisa, o que espero que interprete como um elogio, porque é.

— Mas... — Sempre existia um *mas*.

— Mas nada. — Layla deu de ombros, e aquela declaração simples lhe proporcionou um dos melhores alívios que ele já experimentara. — Está tudo aí. Você tem uma base muito sólida. É como aquele carro que você dirige. Tem todos os elementos de um clássico; só precisa de um polimento e uma boa grana para lhe dar um empurrãozinho.

Ele olhou para Layla, maravilhado. Era um elogio de fato. Não havia nada efusivo ali. Nada de *Ai, meu Deus, Tommy, você é o mais maravilhoso!* — como todas as outras garotas tinham falado só para agradá-lo.

Só por esse motivo, o elogio de Layla significava mais para ele que a opinião de qualquer outra pessoa que já tivesse ouvido sua música até então.

Desde o começo da competição, seu sonho de ser um astro do rock tinha ficado em banho-maria enquanto ele se tornava cada vez mais determinado a impressionar Ira com sua inteligência para os negócios. Mas, assim que terminasse, ele voltaria para o estúdio. Os comentários de Layla confirmavam que valia a pena perseguir seu sonho.

Enfim, ele podia respirar.

Quando ela aumentou o volume e apertou o "Repetir", escolhendo passar o restante do percurso ouvindo sua música, o elogio ficou melhor ainda.

— Não diga que não avisei. — Tommy fez uma pausa diante de sua porta da frente, vendo Layla revirar os olhos em resposta. Ele estava surpreso por ela sequer concordar em entrar. E, embora não soubesse o que aquilo significava, esperava que pudessem encontrar um jeito de ser amigos.

— Garanto que já vi coisa pior.

— Duvido. — Tommy riu, mas abriu a porta mesmo assim, tentando ver a pocilga que era seu apartamento pelos olhos de Layla e estremecendo por ela.

Ela atravessou o carpete gasto até o outro lado da sala, indo direto para sua coleção de vinis empilhada contra a parede, onde imediatamente tirou *Led Zeppelin IV* de dentro da capa, colocou na vitrola e baixou a agulha. Ela virou-se para Tommy com um sorriso quando os acordes de abertura de "Going to California" preencheram o pequeno espaço.

— Você é fã do Zeppelin? — Tommy lhe entregou uma cerveja.

— Graças ao meu pai, eu fui criada com isso. — Ela bateu a boca de sua garrafa contra a da dele e tomou um gole. — A sua música lembra a do Jimmy Page, e as letras me lembram você.

Tommy ficou diante dela, temporariamente sem palavras.

— O Jimmy Page é um dos meus ídolos — disse ele, enfim. — Quanto ao resto, obrigado.

Ela levou a cerveja à boca, tomou um longo gole, e olhou para aquele antro pequeno, mas organizado.

— Não é tão ruim quanto você finge ser. — Ela assentiu. — Quer dizer, não tem nenhum cheiro estranho, você tem uma coleção impressionante de livros amados, lidos várias vezes e estragados pela umidade, e quem não ama um teto chapiscado com manchas douradas inexplicáveis?

Ela deu um sorriso malicioso, depois se virou e foi direto para o quarto seguida por Tommy. Era a casa dele, mas Layla estava no comando.

Ela parou do lado do colchão no chão e olhou em volta.

— Velas. Lençóis decentes... Quantas garotas você já trouxe aqui, Tommy?

Ele abriu a boca para responder, mas logo a fechou. Não sabia como responder. Não sabia se queria responder.

— Imagino que eu não seja a primeira.

— E se eu dissesse que é? — Ele a observou com atenção, sem saber aonde aquilo ia dar.

— Eu não teria escolha além de acusar você de mentir.

— Bom, então tudo bem. — Ele estava mais que disposto a deixar o assunto para lá.

Ver Layla em seu quarto era tentador demais. O beijo dos dois fora breve, mas ele não ia esquecê-lo tão cedo. Por mais que quisesse repeti-lo, precisava se concentrar em vencer a competição, não em correr atrás de uma garota que estava sempre lhe dando sinais confusos, apesar de ter namorado. Ansioso para voltar a um terreno mais neutro, ele a conduziu para fora de seu quarto, até o sofá.

— Então, como você conseguiu a Madison Brooks? — Ela puxou os joelhos para o peito e os envolveu com os braços. — Não parece o tipo de boate que ela frequenta.

Tommy tomou um gole de sua cerveja. Layla ignorou a dela.

— Ela simplesmente apareceu — disse ele, relutante em compartilhar mais.

— Mas como ela é? Digo, você conversou com ela, não é? — A pergunta era simples, mas, quando Tommy começou a mexer no cabelo e coçar o rosto, percebeu que Layla suspeitava de que ele estava escondendo alguma coisa. Como ela dissera, tinha talento para decifrar as pessoas.

— Ela foi simpática. — Tommy estava hesitante. Queria dizer mais, mas não sabia se era seguro. Seus dedos brincavam com a borda da garrafa enquanto seu olhar ficava cada vez mais distante, perdido na lembrança da noite em que uma das garotas mais famosas do mundo decidira aparecer em sua boate. — Quer dizer, a gente não conversou tanto assim, mas ela não era nada do que eu esperava. Ela era quase como... — A voz de Tommy morreu e ele balançou a cabeça, incapaz de encontrar uma palavra.

Layla se inclinou para a frente, estimulando-o a continuar.

Ele examinou a sala como se esperasse encontrar a resposta escrita na parede de tinta descascada, no carpete com a mancha escura bizarra ou talvez até na capa rasgada do livro de Hunter S. Thompson.

— Como uma das garotas com quem eu andava na minha cidade — disse ele, finalmente.

Layla estreitou os olhos, mas ele se apressou em explicar.

— Não do tipo que eu namorava. — Um sorrisinho apareceu em seu rosto. — Ela só pareceu muito normal. Descomplicada. Sem frescura. Como se não pertencesse à vida glamourosa que vive. Como se houvesse uma parte dela mais adequada a uma existência muito mais simples em um lugar bem menor...

Ele se calou. A julgar pela expressão incrédula de Layla, ele tinha revelado muito mais do que deveria.

— Então, você descobriu tudo *isso*. — Ela desenhou círculos no ar com o dedo. — E mesmo assim diz que vocês "não conversaram tanto assim". Layla inclinou a cabeça, deixando o cabelo cair em seus olhos. — Parece que conversaram muito mais do que você disse.

Tommy se mexeu, desconfortável. Puxou um fio solto da almofada.

— Talvez seja melhor não falarmos da competição.

— Por que não? — Ela estreitou os olhos. — É a única coisa que temos em comum.

— Nós dois gostamos do Zeppelin — disse ele. Era uma tentativa patética, mas estava ansioso para voltar a um estado mais tranquilo. Detestava confrontos, ainda mais quando não sabia por que estava sendo confrontado. — O que você está fazendo? — perguntou, observando-a pular do sofá e ir para a porta sem a mínima explicação.

— Isto foi uma má ideia. — Ela passou a mão pelo cabelo platinado e franziu as sobrancelhas. — Competição e amizade não se misturam.

— Mas... você nem bebeu a sua cerveja direito. — Ele apontou como um idiota para a garrafa quase cheia como se aquilo fosse o bastante para convencê-la a ficar.

— Termine você — disparou Layla, cujo humor mudava tão rápido que ele mal conseguia acompanhar. — Como você disse, você lida melhor com as coisas.

Sem mais uma palavra, ela saiu, deixando Tommy sem saber o que tinha acontecido.

TRINTA

NOTHING ELSE MATTERS

Madison estava sentada no pátio do Nobu olhando para a praia de Malibu, desfrutando a sensação da suave brisa contra o rosto. Desde que se mudara para LA, o mar tinha se tornado um agradável refúgio. Observar as ondas baterem constantemente contra a praia era seu jeito preferido de meditar. Ela havia cogitado comprar uma casa perto do mar, mas, com todo o acesso público, as casas de praia eram difíceis de proteger. Além do mais, por enquanto, todos os sonhos dela estavam suspensos até seu problema ser resolvido.

— Foi o James que eu vi agora? — Ryan se inclinou para lhe dar um beijo indiferente. — Sabe, o leão de chácara da Night for Night? Eu poderia ter jurado que o vi dando uma gorjeta ao manobrista e pegando um *coupé* CTS-V preto-fosco irado. — Ele balançou a cabeça. — Não sabia que leões-de-chácara ganhavam tão bem.

Madison deu de ombros como se não fizesse a mínima ideia do que ele estava falando. Ryan não precisava saber sobre seu arranjo com James ou com qualquer outra pessoa de sua folha de pagamentos. O que ela ia contar já era bastante revelador. Só podia torcer para ele cooperar, para que o tempo que tinham passado juntos não resultasse em uma completa hostilidade.

Ele se sentou com relutância, com uma expressão de desconfiança. Bom, teriam de encontrar um jeito de contornar tudo isso. Agora, precisavam um do outro mais do que nunca.

— Então, do que se trata? — Ele fixou seus olhos verdes nela com a voz surpreendentemente brusca.

Olhou para o mar, observando o sol passar entre as faixas roxas e rosadas enquanto mergulhava em direção à água azul-prateada.

— Lembra aquela noite em que você queria vir jantar aqui e eu preferi ficar em casa, e aí você disse que ia sair com seus amigos, mas, na verdade, foi ver a Aster Amirpour na Night for Night?

Ele arregalou os olhos, mas logo controlou o rosto e assumiu uma expressão neutra.

— Eu só queria saber... Qual é o seu nível de seriedade em relação à Aster? — Ela se recostou à cadeira, observando-o atentamente. Observou-o balançar a cabeça e segurar as laterais da cadeira. Ele estava a ponto de ir embora quando Madinson estendeu a mão para ele e disse:

— Por favor... Chega de jogos. Vamos ser diretos para variar.

Ele lhe lançou um olhar dúbio, passando uma das mãos pelo cabelo louro bagunçado. O silêncio se estendeu entre eles até que ele finalmente cedeu.

— Não sei. — Ele abriu as mãos sobre o tampo liso de madeira, examinando seus dedos como se tentasse se lembrar das falas daquela cena. — Acho que meu interesse está entre não muito e muito.

Madison assentiu.

— E o que você vê nela, além do óbvio?

Passou a mão no rosto e olhou para os outros clientes antes de se voltar para ela.

— Mad, qual é? — Ele virou as mãos sobre a mesa e franziu a testa. — Por que está fazendo isso?

— Para chegar à verdade.

— Nossa, eu... Isso é muito desconfortável, ok?

Madison assentiu, encorajando-o a continuar.

— Tudo bem. — Ele se concentrou em seu garfo, pressionando os dentes com as pontas dos dedos. — Segundo a minha terapeuta...

— Você contou para a sua terapeuta? — Sabia que Ryan tinha uma terapeuta, todo mundo tinha, mas não imaginava que realmente fizesse confidências a ela. Imaginava que ele só ia lá pegar as receitas de maconha medicinal que ela passava.

— Eu achava que era como se confessar... Que eu devia contar todos os meus pecados. — Ele deu de ombros. — Enfim, segundo ela, eu sinto atração pela Aster porque ela precisa de mim de formas que você nunca precisaria. Ela também disse que estou aprontando porque meu programa vai ser cancelado. Tentando inflar meu ego e voltar a me sentir importante. — Ryan desviou os olhos, como se fosse doloroso para ele dizer aquelas coisas.

— E se eu dissesse que ela está errada?

Madison o observava placidamente, sabendo que tinha conseguido quando Ryan inclinou a cabeça e assentiu para que ela continuasse.

— E se eu dissesse que preciso de você... mais do que pode imaginar?

Ryan umedeceu os lábios e se inclinou para ela, sabendo muito bem que estava prestes a fazer um acordo.

— Estou ouvindo.

— Que bom — Madison sorriu e se acomodou na cadeira. — Peça bebidas para nós e eu explico tudo. Mas primeiro você precisa prometer que não vai contar o que vou dizer agora à sua terapeuta, a seu padre ou a qualquer outra pessoa.

Ele fez que sim com a cabeça e chamou um garçom. Quando o homem se aproximou, Ryan abriu seu melhor sorriso de galã para Madison e disse:

— E, depois, você pode me contar tudo sobre Della, seu arranjo com o James e como realmente conseguiu essa cicatriz no braço.

TRINTA E UM

DESTINATION UNKNOWN

Aster girou diante de seu espelho de corpo inteiro, certificando-se de que estava perfeita de todos os ângulos. Ira ia dar uma festa para a indústria cinematográfica na Night for Night e todos os maiores nomes tinham sido convidados. Isso significava que precisava estar absolutamente perfeita.

Ela olhou para seus saltos Valentino e franziu a testa. Os sapatos combinavam perfeitamente com o minivestido creme vintage Alaïa que ela comprara recentemente na Decades de Melrose. Normalmente, evitava roupas usadas; achava-as meio nojentas. Mas o jeito que o vestido se colava às suas curvas baniu qualquer fobia de micróbios. Sem dúvida, Ryan o adoraria. Mas, para que ele ficasse maravilhoso de verdade, os sapatos eram essenciais. A pergunta era: como descer e sair com eles sem a babá Mitra perceber?

Era a última noite da terceira semana da competição e, embora ela estivesse conseguindo manter sua posição, os números da Vesper sempre superavam os seus. A Jewel também vinha ganhando força, com todas as modelos e subcelebridades que atraía. Layla era louca se achava que podia subornar Aster para lhe mandar Ryan Hawthorne.

Ao ver a foto pela primeira vez, ela tinha entrado em pânico. A ideia de alguém fotografar o que ela achava que tinha sido um momento íntimo e particular era, no mínimo, perturbadora. A última coisa de que precisava era que a foto viralizasse, mas mesmo assim não podia deixar Layla vencer. Ela mandaria Sugar Mills e quem mais conseguisse arranjar com seu agente, mas era o máximo que podia fazer. Layla teria de se conformar.

Por enquanto, Aster tinha problemas maiores, como os sapatos. A Babá estava de olho nela e em Javen. Em geral, já estava na cama às nove da noite, nove e meia no máximo. Mas, nos últimos tempos, começara a assistir à TV até tarde, dizendo ser uma recém-convertida ao programa de Conan e companhia. Embora eles tivessem feito o melhor que podiam para proteger um ao outro, estava ficando cada vez mais difícil com a babá sempre se intrometendo em seus assuntos.

Ela ergueu os dedos até o pingente *hamsa* de ouro e diamantes e implorou para quem quer que estivesse no controle das coisas a ajudasse a passar por mais uma noite e, se não fosse pedir demais, por todas as outras. Apesar das aparências exteriores, Aster estava começando a enfraquecer, muito por conta de sua amizade com Ryan.

Ainda que tivesse conseguido adiar as coisas, era inevitável se perguntar quanto tempo ele estaria disposto a se contentar com os poucos beijos secretos que tinham trocado. Poucas noites antes, ele a acusara de ser uma provocadora. E, embora tivesse sorrido ao falar, havia uma tensão em sua voz que a deixou inquieta.

Aster não podia se dar ao luxo de perder o interesse dele. Não só porque estava ficando viciada em toda a atenção que ele lhe dava, que era uma onda diferente de tudo o que já conhecera, mas também começava a acreditar que Ryan estava falando sério sobre ajudá-la a obter uma chance em Hollywood. Tinha até prometido marcar uma reunião entre ela e o agente, um salto enorme em comparação com seu agente inútil. Aster sabia que ele não ia deixá-la na mão, mas também sabia que eventualmente esperaria que cedesse mais que beijos.

Pelo que Aster conseguia entender pelos tabloides, Ryan e Madison ainda estavam juntos, mas ele jurava que já tinham praticamente acabado. Aster esperava que fosse verdade. Nunca tivera a intenção de gostar tanto dele.

Ela colocou a bolsa no colo e olhou o conteúdo: chaves, gloss, carteira de motorista, dinheiro e uma camisinha que ela e sua melhor amiga, Safi, tinham comprado bêbadas em uma noite e que carregava consigo desde então só por precaução. Estava tudo ali.

O único problema do plano eram os sapatos.

Sair descalça não era uma opção. E nem descer de saltos e robe às dez da noite enquanto a babá Mitra assistia à TV. Como ela começara o dia fingindo um resfriado, mesmo que fosse só para explicar a exaustão de ficar acordada a noite toda e a subsequente necessidade de dormir até mais tarde, concluiu que podia ir até o fim. Colocou o robe sobre o vestido, apertou-o com força na cintura, abriu a janela e jogou os sapatos e a bolsa no gramado dois andares abaixo. Estremecendo quando os saltos agulha caíram com um baque, ela prendeu a respiração, torcendo para a babá Mitra não ter ouvido, e foi para a escada.

Arrumando o cabelo sobre o rosto, basicamente para esconder o fato de que estava usando base e blush (faria os olhos e a boca no carro), ela foi até o escritório, arregalou os olhos quando viu Javen sentado em uma das cadeiras laterais, fingindo ler. Parecia que ela não era a única que tinha grandes planos. Javen estava fazendo seu papel, ela estava fazendo o dela, os dois trabalhavam para manter Mitra sob controle.

— Quis descer para dar "boa noite" — disse ela. — Acabei de tomar um remédio e estou ficando sonolenta. Então, acho que vou dormir.

A babá assentiu e ia se levantar, mas Aster ergueu uma das mãos para impedi-la.

— Pode ser contagioso — explicou ela. — E eu detestaria que você ficasse doente. Vejo você de manhã.

Ela e Javen trocaram um olhar de cumplicidade quando Aster voltou para seu quarto e esperou o irmão lhe mandar uma mensagem de texto no momento em que a Babá caísse no sono na cadeira, o que não demorou muito. Então, ela se esgueirou escada abaixo de robe, só para o caso de a Babá acordar inesperadamente, pegou a bolsa e os sapatos no gramado e correu em direção a uma vida nova que finalmente estava prestes a começar.

Aster estava na Riad e olhava em volta, nervosa, esperando que Ryan não tivesse mudado de ideia sobre ela, bem quando decidira sobre ele. Ele sabia da festa. Sabia como era importante para Aster. E naquela noite, mais do que nunca, Aster precisava de sua presença. Ela olhou as horas outra vez. Ele não costumava se atrasar.

— *Aster.*

Uma mão envolveu sua cintura. Lábios tocaram sua orelha. Ela fechou os olhos de alívio e aspirou uma nuvem de Noir, da Tom Ford.

— Você está maravilhosa. — Ele a levou para o sofá e se sentou a seu lado, cobrindo seu joelho com os dedos, a princípio de forma hesitante. Depois, vendo que ela não se irritou nem o empurrou, aventurou-se alguns centímetros mais para cima até sua mão parar na barra do vestido dela.

— Você veio sozinho? — Seu coração estava disparado com as possibilidades que se desenrolavam diante dela.

— Você estava esperando a Madison?

Ao ouvir esse nome, Aster se retraiu instintivamente, mas Ryan a puxou para si.

— Eu nem me lembro da última vez que falei com ela — disse Ryan, entre beijos.

— E mesmo assim, segundo os tabloides, vocês não se desgrudam, como sempre.

Ryan se afastou, ganhando alguns momentos de trégua ao servir doses de vodca gelada.

— Está se resolvendo. Juro. Só espero que você consiga ser tão paciente comigo quanto eu tenho sido com você. — O olhar dele encontrou o dela, e ela se sentiu estremecer. Ele fora paciente. Ela o enrolara. Mais ou menos. Não totalmente. Mas, sim, talvez um pouco.

Ela se aproximou para o tipo de beijo que até então tinha evitado. Com o corpo pressionado contra o dele, ela o beijou total e profundamente e, depois que começou, percebeu que era quase impossível parar. Ele enfiou uma das mãos em seu cabelo. Afastou-se por um momento para olhá-la, maravilhado, antes de encontrar outra vez sua boca. Seus dedos subiram lenta e firmemente pela coxa de Aster, escorregando para baixo do vestido, enquanto ela se derretia em seus braços. Ryan a adorava. Ela ouvia em sua voz. Sentia em seu toque. E, enquanto seus dedos flertavam com a sua calcinha, ela se perguntou se era possível morrer de felicidade.

A respiração dele ficou quente e rápida enquanto insinuava um dedo sob a renda, mas ela entrou em pânico e o empurrou.

— Aster, *por favor* — gemeu ele com a voz áspera. — Você não imagina o que está fazendo comigo. — Ele a puxou novamente para perto, exigindo seus lábios de um jeito que a deixava dividida entre arrancar as roupas dele e transar com Ryan ali mesmo na Riad ou pisar no freio enquanto ainda podia. Perder a virgindade em público nunca fora parte do plano.

— Ryan. — Aster colocou as palmas das mãos em seus ombros e o empurrou até haver espaço suficiente entre os dois para ela conseguir pensar com clareza. — Não posso fazer isso. Não aqui... não assim... — Fez uma pausa, sem saber se devia mencionar que ele ia ser seu primeiro. Alguns caras gostavam desse tipo de coisa, enquanto outros faziam de tudo para evitar. Decidiu não contar. A noite já estava mais perfeita do que ela tinha imaginado; ela não permitiria que nada mudasse isso. — Precisamos ir com calma. Ou, pelo menos, eu preciso ir com calma. — Ela respirou fundo, depois se apressou em explicar. — Ainda estou trabalhando. Não posso exatamente passar a noite inteira aqui com você. Mas isso não quer dizer que mais tarde, depois que a boate fechar, a gente não possa... terminar o que começou... — Ela abriu um sorriso sedutor, sabendo que seu coração pulsava tão alto que se perguntava se ele conseguia ouvir.

Ryan a observou por um momento longo e pensativo. Depois, sem mais uma palavra, levantou-se, estendeu a mão e abriu aquele sorriso mundialmente famoso que fazia um milhão de corações se derreterem, inclusive o dela.

— Aonde vamos? — perguntou ela, temendo que Ryan estivesse tentando levá-la embora, apesar do que Aster dissera.

— Vamos dançar, Aster? Você tem, pelo menos, permissão para dançar, não é?

Aster pegou a mão dele e permitiu que a guiasse para a pista de dança.

— Mas fique sabendo: quando você estiver livre, tenho todas as intenções de recomeçar exatamente onde paramos.

TRINTA E DOIS

THIS IS HOW A HEART BREAKS

Layla parou perto do bar e verificou as horas em seu telefone.

— Você vai para a festa? — perguntou Zion, aproximando-se dela.

Ela olhou a cabeça raspada, a pele escura brilhante, a estrutura óssea perfeita e os olhos cor de bronze, e deu de ombros. Zion era ridiculamente bonito e sabia como usar essa vantagem. Mas, por algum motivo, ele não era tão irritante quanto Aster Amirpour quando fazia isso.

— Não me diga que vai perder a chance de celebrar Aster, a Rainha das Escrotas? — implicou ele.

— Não tem nada a ver com a Aster — relembrou ela. — Só que vai ser na Night for Night. O Ira prometeu que ia fazer uma rotação das festas.

— Bom, não conte para a Aster. Ela acha que a boate é dela. Assim como acha que é a festa dela.

Layla revirou os olhos. Era bom compartilhar um inimigo. Sem contar que Zion era o único de sua equipe que ainda falava com ela. Brandon tinha ido embora. Karly nunca se aproximara. Embora ela sempre suspeitasse de que isso provavelmente se devia ao fato de Zion não vê-la como uma ameaça. Claro, ela tinha conseguido levar a Heather Rollins, mas ele sempre enchia a boate com tantas modelos insanamente deslumbrantes que eclipsava seus troféus mais modestos.

Ela não se importava. Graças a Heather e a toda a fofoca sobre Madison que ela entregava a Layla, o blog estava decolando. Mesmo assim, para manter seu acesso interno, precisava ficar no jogo, o que a tornava tão determinada quanto Zion.

— Aquele é seu convidado? — Zion balançou a cabeça e fez uma cara de nojo enquanto indicava com a cabeça um homem que só podia ser descrito como bege. — Querida, aquele estilo não é nem *normal*, aquilo é *sacal*. E parece que o homem alto, pálido e comum está vindo falar com você. Vou deixá-la lidar com isso.

Layla observou o homem se aproximar. As luzes coloridas do teto lançavam sombras estranhas sobre seu rosto. Com sua calça caqui de pregas, tênis castanho-claros e camisa polo branca, ele estava tão deslocado entre os jovens descolados da boate que ela se perguntou por um instante se não era o pai de alguém.

— Você é a Layla Harrison? — Seu olhar claro a percorreu.

Ela assentiu, confusa ao vê-lo enfiar a mão no bolso de trás e lhe entregar uma folha de papel dobrada.

— O que é isso? — Ela estreitou os olhos para a fonte de aparência oficial.

— Uma ordem de restrição.

Ela tomou um susto e balançou a cabeça, certa de que tinha ouvido errado.

— A partir deste momento, você não pode chegar a menos de 15 metros de Madison Brooks.

— Você está de sacanagem com a minha cara? — Layla tremia de frustração e raiva enquanto seus dedos amassavam o papel. — Eu tropecei e derramei minha bebida e agora sou uma perseguidora? Ela está falando sério?

— Acusações de perseguição não são piadas. Nem as matérias caluniosas que você posta em seu blog. — O rosto dele era impassível, não demonstrava nada.

— Não é calúnia se for verdade — murmurou Layla antes de conseguir se conter.

Ela balançou a cabeça e olhou para a boate, convencida de que Zion ou Karly estavam planejando algum tipo de trote. Por fim, olhou outra vez para o homem alto e comum e viu que seu olhar se estreitar no dela até seus olhos claros quase desaparecerem.

— Quem é você, afinal? — perguntou ela. Aquele rosto insípido era vagamente familiar, ainda que ela não soubesse de onde.

— Eu represento Madison Brooks. E é melhor você levar isso a sério. Estamos entendidos?

— Totalmente. — Ela o olhou com raiva, vendo-o virar as costas e se dirigir à saída.

Assim que ele foi embora, Layla rasgou o documento, colocou os pedaços na lata de lixo atrás do bar, jogou um monte de cubos de gelo e fatias de limão por cima e saiu furiosa da Jewel.

Quando Madison dissera que seus advogados entrariam em contato com ela, Layla presumira que era um blefe.

Que tipo de princesa mimada e arrogante vai atrás de alguém por derrubar café sem querer?

Você não pode chegar a menos de 15 metros de Madison, dissera ele. Como se Madison pudesse ditar aonde Layla ia. Ela balançou a cabeça e procurou seu celular, prestes a ligar para Mateo, no mínimo para compartilhar seu ultraje, mas desligou antes de completar a ligação. Na última vez em que tinha contado sobre seu desentendimento com Madison, ele não tivera a mínima empatia. Ela não lhe daria motivo para dizer *eu avisei*.

Ela subiu na moto e percorreu o boulevard em direção à Night for Night. Com o ar quente da noite de verão correndo por sua pele, sentiu-se tentada a continuar em frente, talvez não voltar nunca mais. Layla se perguntou se alguém sentiria sua falta além do pai. Mateo sentiria... pelo menos no começo. Mas as coisas tinham se tornado tão tensas entre os dois que não demoraria muito até ele perceber que estava melhor sem ela.

Mas Layla não era de desistir. Então, deixou a moto no meio-fio e assentiu para James quando ele abriu a corda de veludo e a deixou entrar.

O plano era ficar na mesa de Ira tempo suficiente para mostrar a cara e dizer um "oi" rápido e, depois, sair dali correndo. Ela não estava com humor para festas. Tudo o que queria era cair na cama, puxar as cobertas sobre a cabeça e nunca mais sair.

Ela estava atravessando a boate, indo em direção a Ira, quando uma briga começou na pista de dança, abrindo a multidão e deixando Layla, perplexa, com uma visão de Ryan Hawthorne, Madison Brooks e Aster Amirpour no centro da briga.

— Como você pôde fazer isso? — gritou Madison, com os lábios tremendo e as bochechas reluzindo ao brilho das lanternas de cobre, enquanto Aster ofegava de choque, Ryan limpava os lábios com as costas da mão e Layla instintivamente pegava seu celular, começava a gravar um vídeo e se aproximava.

Que se danasse a ordem de restrição! Layla era uma profissional e aquilo era bom demais para deixar passar.

Aster estendeu a mão para Madison, tentando acalmá-la, mas Madison a atacou como um animal encurralado.

— Fique longe de mim! — gritou Madison. — Não se atreva a me tocar!

Ryan pulou entre as duas com as mãos erguidas em rendição.

— Mad... O que você está fazendo? — Seu tom era incrédulo, e ele olhou para todos os lados, vendo a quantidade de testemunhas, antes de voltar-se para sua furiosa namorada supercelebridade.

— Eu passei aqui esperando surpreender você. Faz semanas que não nos vemos, e agora eu sei por quê! — Madinson apontou um dedo acusador para Aster, que estremecia atrás de Ryan. Ele se aproximou para acalmar Madison, claramente zangado, mas não necessariamente surpreso.

Layla se esgueirou mais para perto, vendo a cena através do celular. Quase incapaz de acreditar que tinha conseguido um lugar na primeira fila do que seria a história mais comentada por semanas... Meses, se aquele acabasse sendo um verão com poucos escândalos. Ela centrou seu foco nos olhos de Madison, derramando lágrimas rápidas, perguntando sem parar a Ryan *por que*, enquanto Aster se abrigava atrás dele, constrangida.

Era indiscutivelmente a performance de uma vida, e Layla continuou a filmá-la, seguindo Madison quando ela correu para a porta. Com a cabeça baixa e os braços envolvendo a cintura com força, atravessou correndo a multidão que estranhamente a deixou passar sem dificuldades, até chegar ao lugar onde Layla estava, erguer o queixo e olhar direto para ela, quase como se esperasse vê-la parada naquele exato ponto.

Mas, enfim, aconteceu tão rápido que Layla não tinha como saber o quanto tinha imaginado, graças a seu próprio pânico de ser descoberta a menos de 15 metros da pessoa que recentemente prestara queixa de perseguição contra ela.

Quando Ira apareceu para dizer algumas palavras, Layla se esforçou para ouvir, mas a música abafava a voz dele. Ela estava prestes a parar de gravar quando Madison alcançou a entrada no mesmo instante em que Tommy chegou. E Layla observou em choque Tommy passar um braço protetor ao redor do ombro de Madison, sussurrar em seu ouvido e a levar porta afora, para dentro da noite.

TRINTA E TRÊS

HOW TO SAVE A LIFE

Madison tremia.

Também parecia triste, como alguém que tinha acabado de passar por algo de que não ia se recuperar tão cedo.

Tudo acontecera tão rápido que não houvera tempo para pensar. Em um instante, Tommy estava entrando na boate, achando que ia ficar tempo suficiente para Ira notar sua presença, e logo depois Madison corria em sua direção, com o rosto coberto de lágrimas. Então, Tommy fez a única coisa que podia: gritou para todo mundo se afastar e jogou sua jaqueta sobre os ombros dela. Depois, a levou até o carro, sentou-se ao volante e ficou dirigindo até se certificar de que ninguém os seguira, antes de parar na Vesper e escondê-la em um dos quartos dos fundos, enquanto esperava a boate esvaziar e ela estar segura ali.

O mais surpreendente foi a disposição de Madison de cooperar com seu plano impensado sem uma única palavra de protesto. Mas ela mal falara. Era como se estivesse perdida em seu mundinho particular, feliz por deixar alguém tomar o controle.

— Você está bem? — perguntou Tommy quando ela se acomodou, lançando um olhar ansioso para seu lindo rosto e notando o quanto ela parecia pequena e vulnerável usando sua jaqueta de couro. O tempo todo repetia em sua cabeça: *Ela é só uma garota... Uma garota em crise. Ela precisa de paz, conforto, silêncio e um pouco de apoio. Você consegue lidar com isso.*

Madison puxou as mangas sobre os dedos e os pressionou com força contra os lábios por um momento, antes de deixar as mãos caírem no colo como se estivesse entregando um fardo que carregara por tempo demais.

— Nossa, eu devo estar horrível! — Ela encolheu os ombros, olhando para ele com olhos brilhantes e vidrados.

— Isso é impossível. — Ele se sentou diante dela e lhe ofereceu uma cerveja. Esperava que ela gostasse de cerveja. Em todas as fotos que já vira, ela normalmente bebia champanhe. Mas a Vesper não servia champanhe e, desde o dia em que tinham se conhecido, ele tivera a sensação de que Madison podia tomar uma gelada tão bem quanto qualquer garota de sua cidade. Pelo jeito que seus dedos seguraram a garrafa gelada, pressionando-a primeiro contra o rosto e depois contra a testa, antes de tomar um gole, ele viu que estava certo pelo menos sobre aquilo.

— Obrigada por me tirar de lá. — O olhar que ela lançou a ele foi muito mais grato do que um ato tão insignificante merecia. — Foi muito galante de sua parte. — Ela bateu o gargalo de sua garrafa contra o da dele antes de tomar mais um gole.

— Eu faço o que posso. — Tommy deu de ombros, desejando ter dito algo mais descolado, mas não conseguia pensar em nada mais descolado.

— O quanto você viu? — Ela colocou a garrafa na mesa, passando o indicador pela borda.

— Nada. — Ele puxou o rótulo de sua garrafa, embora pudesse imaginar. — Eu estava chegando quando encontrei você.

Ela ergueu o queixo. Olhou para ele seguindo a linha de seu próprio nariz elegante.

— Não parece o seu tipo de boate.

— Não é. Mas eu precisava marcar presença. — Madison assentiu, e Tommy teve certeza de que nunca vira nada mais dolorosamente lindo. Com seus olhos manchados de rímel, ela parecia frágil, atormentada e precisando de proteção. Ele engoliu em seco, lutando para se manter estável, calmo.

Madison se sobressaltou e olhou para suas mãos, esticando os dedos pálidos e delicados contra a mesa de madeira cheia de marcas.

— Será que a Aster vai ganhar crédito pela minha presença e pela do Ryan na boate?

Foi a vez de Tommy se sobressaltar. Ele não sabia que Madison tinha ouvido os rumores que corriam sobre Aster e Ryan. Mas deveria ter imaginado. Madison parecia o tipo de garota que não deixava passar muita coisa.

— O que você sabe sobre ela? — Ela ergueu os olhos e o examinou cuidadosamente. Perceberia se ele mentisse.

Ele inclinou a cabeça para trás e olhou para o teto acústico por um momento longo e pensativo.

— Não muito. — Ele deu de ombros. Era a verdade.

Madison assentiu, tomou mais um gole de cerveja e suspirou, cansada como alguém mais velha do que realmente era. O que ela mais precisava era um lugar para descansar e a promessa de um novo dia. O refúgio que Tommy oferecia era, no máximo, temporário.

Mesmo assim, apesar das lágrimas, ela não parecia ter acabado de pegar seu namorado com outra. Tommy sabia como era. Uma vez uma garota tinha despejado um copo enorme de refrigerante em sua cabeça por ele ter flertado com sua melhor amiga. Embora não a conhecesse bem, não havia nada em Madison que lhe parecesse dócil, e mesmo assim ela tinha lidado com a notícia com tranquilidade demais, de forma muito factual.

Enfim, talvez Madison fosse mesmo uma ótima atriz, capaz de manter as emoções sob controle.

Se não a preocupava, não deveria preocupá-lo. Era melhor parar de pensar naquilo e se concentrar em terminar sua bebida.

— Amanhã de manhã, o mundo inteiro vai saber... Se é que já não sabe. — A voz e o olhar dela estavam distantes. — Mas, por favor, não pergunte nenhum detalhe. Não que você tenha perguntado, e eu agradeço. É que é muito bom estar com alguém que não é necessariamente um fã. Que não deve saber nada sobre mim e não se importa muito.

Tommy ia falar, ia protestar sobre a parte de não ser um fã, mas pensou melhor. Ele não conseguia se lembrar de um único filme dela a que tivesse assistido. Mas não era muito de cinema. A música basicamente comandava sua vida.

— Outra cerveja? — Tommy inclinou sua garrafa em direção à dela.

Ela assentiu, entregando a vazia, e quando ele se inclinou para pegá-la, Madison segurou a frente de sua camisa xadrez cinza e o beijou com uma avidez que o surpreendeu. Quando ela finalmente se afastou,

Tommy teve a clara sensação de que um interruptor fora ligado; ele fora oficialmente iniciado em algo que não conseguia entender muito bem, mas era impossível negar que a partir daquele momento não havia mais volta.

TRINTA E QUATRO

LIKE A VIRGIN

Depois da cena terrível entre ela, Ryan e Madison, Aster teve certeza de que Ira interromperia a festa. Mas Ira, sempre disposto a capitalizar em cima de um escândalo, não perdeu tempo em conduzir Aster e Ryan de volta à Riad, ignorando Ryan quando ele disse que talvez fosse melhor encerrarem a noite.

— Não seja ridículo. — O tom dele não admitia negociação. — Até as coisas se acalmarem, é melhor vocês ficarem aqui do que lá fora. Quando quiserem ir embora, podem usar a porta lateral. Vou dizer ao James para cuidar de vocês. Pode confiar em mim: ninguém vai incomodá-los com James por perto.

Aster ficou em silêncio, mais que satisfeita por deixá-los resolver a logística. Ela precisava organizar seus sentimentos. Diante do que tinha acontecido, achou que mergulharia em uma vergonha profunda, ou no mínimo que se sentiria mal por toda a tristeza que tinha causado. Ela tinha feito o impensável: traumatizado uma supercelebridade ao roubar seu namorado. Ou, no mínimo, era assim que a imprensa colocaria, apensar de não ser nem de longe a verdade.

Será que ela fora a única a perceber que a cena toda parecera arranjada? Quando Madison tinha aparecido do nada e começado a gritar, Aster tivera a clara impressão de que ela passara a semana anterior ensaiando aquele momento diante do espelho. Era como se ela tivesse colocado uma armadilha de propósito, e Aster, tola e ingênua como era, caíra cegamente.

Só que não era tão ingênua assim. Pelo menos não completamente.

— Uma coisa é certa...

O som da voz de Ryan a tirou de seus pensamentos, jogando-a de volta no presente. Em algum momento, Ira tinha ido embora, deixando-os com duas taças de champanhe.

— Você acabou de dar seu primeiro passo em direção à fama. — Ryan a olhou com aprovação enquanto Aster cutucava a barra do vestido. — Não fique tão escandalizada — disse ele. — Não posso imaginar uma rota mais rápida para a fama, exceto por uma *sex tape*.

Ela se afastou, ignorando a taça que ele lhe empurrava.

— Você está agindo como se eu devesse estar feliz com o que aconteceu. Como se você estivesse feliz.

Ryan ergueu sua taça e analisou as bolhas.

— Feliz por recuperar a minha vida? Claro. Feliz por ela ter gritado comigo em uma boate cheia enquanto chorava adoravelmente para sua plateia? Nem um pouco. — Ele deu de ombros. Tomou um gole, e logo depois, outro. — Mas, bem ou mal, já aconteceu, Aster. O que significa que não tenho alternativa senão encontrar um jeito de usar isso em vantagem própria. E meu conselho para você, se quiser se dar bem nesta indústria, é encontrar seu próprio ângulo e dar um jeito de usá-lo para subir.

Ryan abandonou sua taça e se inclinou para ela, recolocando a mão no ponto de sua coxa que começara a confusão, embora não tivesse sido bem isso que começara a confusão. A confusão começara naquele dia na seção de sapatos da Neiman Marcus, quando Aster havia decidido flertar com o namorado de outra garota na esperança de ficar famosa.

Aster engoliu em seco, forçando seu olhar a encontrar o dele, cujos dedos iam subindo por sua perna e faziam sua pulsação acelerar conforme subiam.

— Eu garanto que amanhã seu agente vai ligar com todo o tipo de pedido de entrevistas. — Ele esfregou os lábios como se fosse beijá-la. Era um beijo que, apesar de tudo, ela ainda desejava.

— E eu não vou aceitá-las. — A voz dela estava indignada, raivosa. A lógica de sua cabeça travava uma verdadeira guerra com seu coração. Por um lado, o toque dele a enlouquecia. Por outro, era impossível aceitar o jeito natural com que ele estava agindo depois de tudo o que tinha acontecido.

— Boa escolha. Não fale com a imprensa. Não fale com ninguém, nem mesmo com os seus amigos. Você ficaria admirada se visse como eles a entregariam rápido por um pouco de dinheiro e alguns segundos de fama. Continue com a sua vida e, quando for encurralada, diga "sem comentários". E siga seu caminho.

— *Quando* eu for encurralada? — Em um ato de incrível força de vontade, ela fechou as pernas com força para manter os dedos errantes dele sob controle.

— É possível. Mas, querida, não se preocupe. Eu estarei sempre com você.

Ele se aproximou, pressionando sua coxa contra a dela. Ela queria acreditar, mas precisava ouvir de novo, precisava de uma confirmação que não deixasse nenhuma dúvida da promessa dele.

— Vai? — Ela o olhou. — Vai mesmo?

— Só se você quiser.

O olhar dele se fixou no dela, não deixando dúvida alguma de que ia cumprir sua palavra. Ryan oferecia tudo o que ela sempre quisera: fama, fortuna, atenção constante da mídia. Seu nome estaria na boca de todos, e todas as câmeras se voltariam para seu rosto. Embora ela nunca tivesse sonhado que aconteceria assim.

Ele pressionou o polegar sob seu queixo, erguendo sua boca para encontrar a dele. Os dedos dele abriram suas pernas delicadamente, relembrando-a de onde tinham parado, e os lugares que ainda tinham para visitar.

— Está tudo bem, Aster. — Beijou o nariz dela, a bochecha, a testa, o pescoço antes de encontrar seus lábios outra vez. — Você não imagina como vai ficar bom. Confia em mim?

Ela estava sozinha na Riad com Ryan Hawthorne.

Na manhã seguinte, seria famosa — se é que já não era.

Era basicamente tudo o que ela sonhara entregue de mão beijada.

E não havia dúvida de que Ryan fora inteiramente responsável por levá-la até ali.

Ryan era rico, famoso, conectado e, sobretudo, não era mais namorado de Madison.

Não havia motivo para se sentir culpada.

Além do mais, ela se afastara tanto de ser a Perfeita Princesa Persa que podia muito bem terminar a jornada.

Ela pegou seu champanhe, bebeu toda a taça e o beijou.

— Só preciso ir ao banheiro... Me encontra na porta? — disse ela, roçando a boca na orelha dele.

Ela o beijou completa e profundamente. Depois, afastou-se e atravessou a boate.

TRINTA E CINCO

JUST A GIRL

— Uau. Tommy esquadrinhou o olhar de Madison e passou um dos dedos pela curva de seu rosto. A pulsação de seu beijo continuava viva na boca dele, que nem se deu conta de que tinha falado até ela sorrir suavemente e repetir a palavra.

— Uau mesmo. — Ela suspirou, satisfeita e segurou a nuca dele com os dedos. — Garotos do interior sabem mesmo beijar. Não acredito que eu tinha esquecido isso.

Tommy estreitou os olhos, detectando um sotaque levíssimo na voz dela, algo que nunca teria esperado. Então, aquele era seu segredo, ou pelo menos um deles. Era óbvio que Madison não era exatamente a prodígio da Costa Leste que alegava ser, não que Tommy já tivesse acreditado nessa história.

Havia algo muito acessível nela, o que parecia ridículo de dizer sobre uma estrela de seu calibre. Mesmo assim, Tommy achava que ela se sentiria mais confortável correndo descalça por um gramado recém-cortado do que atravessando o tapete vermelho em saltos de grife.

O jeito que ela bebia uma cerveja, que ela beijava, que seu corpo inteiro relaxava quando tinha certeza de que ele era o único que estava olhando o convenceram de que, no mínimo, Tommy encontrara um espírito semelhante na mais improvável das pessoas. Era como se grande parte da vida dela fosse uma atuação, enquanto os momentos que eles tinham compartilhado eram reais.

Queria perguntar sobre o sotaque dela, realmente se aproximar e ouvir toda as histórias que ela estivesse disposta a compartilhar, mas não conseguia pensar em uma boa maneira de abordar o assunto. Estava na cara que havia alguma coisa que ela trabalhava duro para manter bem escondida; perder um sotaque daquele jeito não era algo fácil.

— Madison... — Ele decidiu começar com uma pergunta simples e partir dali. Mas, antes de conseguir terminar de falar, o telefone dela vibrou com uma mensagem de texto que deixou seu rosto sombrio no momento em que a leu.

— Preciso ir. — Ela se levantou depressa e passou uma das mãos pelo cabelo, olhando em volta freneticamente em busca da bolsa, que Tommy lhe entregou.

— Você está bem? — Tommy estava ao lado dela, triste por vê-la partir. Provavelmente, ela o esqueceria por completo. Ele sabia que nunca a esqueceria.

— Estou... Eu só... — Ela pressionou a bolsa contra o peito e correu para a porta, parando ali por tempo bastante para tirar a jaqueta e jogá-la para ele. — Obrigada. — Madison o olhou como se quisesse dizer muito mais, mas não tivesse tempo. Ela balançou a cabeça, piscou algumas vezes e, quando ele se deu conta, Madison tinha disparado noite adentro.

— Madison! — Ele correu atrás dela, com a voz rouca, ofegante. — Pelo menos me deixe levar você até o seu carro — ofereceu ele, qualquer coisa para prolongar seu tempo com ela.

Mas ela já tinha ido.

Já fugia de sua vida e voltava a seu mundo de segredos e mentiras.

TRINTA E SEIS

BREAKING THE GIRL

Madison Brooks saiu para a calçada, sabendo que Tommy a chamava, com a voz tão perplexa quanto sincera. Mas Tommy já tinha ajudado mais do que imaginava. Madison não conseguia se lembrar da última vez em que se sentira tão tranquila, tão aceita por quem realmente era, e não pela garota que todos achavam que era.

Era curioso ter desistido de Paul e decidido resolver as coisas por conta própria, e receber a mensagem de texto dele na pior hora possível. Passar mais algumas horas bebendo cerveja e beijando Tommy teria sido bom, mas Madison não enganava a si mesma sobre o que tinha mais importância.

Ela baixou a cabeça, arrumou o cachecol sobre o cabelo e correu para o carro, mas, quando puxou a maçaneta, descobriu que tinha deixado a chave na jaqueta que Tommy lhe emprestara.

Voltou os olhos para a Vesper, olhou a Hollywood Boulevard em direção à Night for Night e decidiu correr até lá, ou melhor, andar bem rápido. Uma garota correndo pela rua com um cachecol sobre a cabeça atrairia atenção demais. Mas as pessoas pensariam duas vezes antes de mexer com uma garota andando rapidamente com um olhar perdido de *afaste-se e saia do meu caminho.*

Graças a uma infância pouco convencional, Madison se defendia desde sempre. Apesar de sua vida hollywoodiana mimada, ela nunca tinha esquecido como se cuidar. Com certeza, Paul a levaria em casa, o que significava que ela podia resolver o problema da chave pela manhã. No mínimo, aquilo lhe daria uma desculpa para ver Tommy. Não que isso fosse necessário. Pelo jeito que ele a beijara, Madison tinha certeza de que ele agarraria a chance. Pensar nisso a fez sorrir.

Seus olhos examinavam o boulevard cheio de palmeiras enquanto os saltos agulha de seus Gucci golpeavam uma sucessão de estrelas rosas e douradas da Calçada da Fama. Jennifer Aniston, Elvis Presley, Gwyneth Paltrow, Michael Jackson... Passou por cima de todos eles, incluindo de si mesma. Embora mal tivesse parado por tempo suficiente para perceber. O objetivo estava cumprido, relegado ao passado. Quando Madison conquistava uma coisa, imediatamente passava à próxima. Ela fazia questão de nunca olhar para trás.

Não havia muitos carros na rua àquela hora, mas os malucos tinham saído em massa. Devia ser mais tarde do que ela pensava, certamente tarde o bastante para a Night for Night estar fechada, tarde o bastante para Ryan e Aster já terem ido embora. Ela se perguntou vagamente o que tinha acontecido depois de sua saída.

Será que ele estava zangado com ela por ter exagerado?

Será que tinham ido juntos para casa?

Ou Aster continuava decidida a fazer a certinha?

De um jeito ou de outro, ela desejava o melhor a Ryan; o resto ela leria em breve. Era engraçado ter feito tudo aquilo para Paul aparecer no último instante, tornando o drama completamente desnecessário.

Mesmo assim, ela não conseguia pensar em um final melhor. RyMad acabara, Ryan e Aster receberiam toda a publicidade que desejavam, e Madison estava livre para seguir com sua vida sem olhar por cima do ombro constantemente, agora que Paul tinha resolvido as coisas para ela.

Ela parou na esquina, olhou para os dois lados; depois atravessou a rua correndo, contra o sinal vermelho. A mensagem de texto chegara havia uns bons cinco minutos com instruções para que ela se apressasse. Paul era rígido com tempo. Madison não ia desapontá-lo.

Pelo que ela via, ninguém conseguira segui-la quando fora com Tommy até a Vesper, o que significava que ninguém a seguia naquele momento, voltando para a Night for Night. Mas não ia demorar até os abutres aparecerem com força total. Considerando a cena que tinha feito, ela não podia esperar menos.

Ela imaginava sua aparência sob o brilho das luzes; o rosto molhado de lágrimas, a voz rouca de acusação. Não havia uma garota na multidão que não ficaria a seu lado, tirando aquelas que a odiavam com ardor e, claro, Aster.

INIGUALÁVEL

Seu agente teria um ataque. Seu pessoal de relações públicas teria chiliques. Mas Madison se sentia bem com a decisão e, se não ficassem a seu lado, ela teria de relembrá-los para quem trabalhavam. E se mesmo assim não a apoiassem, bem, havia muito mais de onde eles tinham vindo. Em Hollywood, agentes eram como cirurgiões plásticos e Starbucks: havia um em cada esquina.

Ela se esgueirou para a porta lateral, digitou o código que James tinha lhe dado e entrou no grande espaço escuro. Com os saltos de tachinhas ecoando alto através da boate vazia, ela subiu a escada para o terraço, ansiosa para saber exatamente como Paul tinha lidado com a ameaça.

TRINTA E SETE

BIGMOUTH STRIKES AGAIN

Layla carregou seu espresso duplo da máquina de Nespresso na cozinha até a mesa atravancada em seu quarto. A cafeteira cara estava um pouco fora de sua renda familiar, mas eles a consideravam mais uma necessidade que um gasto excessivo. Seu pai era conhecido por passar muitas noites regadas a cafeína enfiado no estúdio trabalhando em seus projetos e, embora Layla também escrevesse algumas de suas melhores matérias à noite, basicamente só gostava de um bom café.

Ela sempre fora notívaga, um traço que presumia ter herdado do pai, mas estava quase amanhecendo e recusava-se a sequer olhar para o travesseiro até a matéria ser escrita, revisada e lançada no mundo.

Seus dedos voavam sobre o teclado, motivados pelos grãos mais fortes que a Colômbia oferecia e pela agitação de uma chance de vingança. Aster, a Rainha das Escrotas, e Madison iam cair e não mereciam nada melhor. Se Tommy acabasse no meio do fogo cruzado, paciência. Ele que tinha escolhido salvar Madison.

Ela sempre imaginara que Aster iria atrás de Ira para garantir a vitória. Talvez passasse em seu escritório depois que a boate fechasse e mostrasse um pouco da coxa. E como saber que não tinha feito isso? Como saber se eles não tinham ficado; talvez ainda estivessem ficando regularmente?

De um jeito ou de outro, era uma carta incerta que Layla não estava disposta a jogar.

A última pessoa que ela queria como inimiga era Ira Redman.

Mas Aster Amirpour, a Rainha das Escrotas?

Sem pensar duas vezes.

Quanto a Madison...

Layla reviu o vídeo. Seu estômago se revirou quando ela assistiu à parte em que Tommy a levava para a segurança como um galante cavaleiro branco de calça jeans desbotada, jaqueta de couro preta e botas de motociclista detonadas. Tommy era um idiota. E Madison era uma mimada que promovia ativamente sua existência superficial e permissiva, inspirando legiões de jovens a imitá-la, alguns dos quais acabavam morrendo como Carlos.

Ela releu a matéria, sem ter certeza de que deveria postá-la.

BELOS ÍDOLOS
RyMad, descanse em paz

Caros amigos,

Nos reunimos aqui hoje para lamentar a perda de uma das maiores histórias de amor de Hollywood: a separação não muito planejada de Madison Brooks e Ryan Hawthorne.

Sim, leitores, vocês leram primeiro aqui:

RyMad morreu.

Eu sei o que vocês estão pensando.

Como?

E talvez até: *Por quê?*

E com certeza: *Nãããããão!*

Infelizmente, é verdade. E quiseram os deuses de Hollywood que esta que vos fala estivesse presente quando aconteceu, e eu capturei cada ~~deplorável~~ *doloroso* momento em vídeo.

Mas um aviso antes que vocês apertem o play:

Depois que virem isso, não dá mais para esquecer. As imagens vão ficar tatuadas nas suas retinas pela vida eterna.

Em vez de flores, sintam-se livres para dar os pêsames nos comentários.

Os melhores jornalistas eram destemidos. Contavam as histórias que precisavam ser contadas. Ainda que o triângulo amoroso entre Ryan, Madison e Aster não se caracterizasse como uma história que precisava ser contada, talvez não fosse papel de Layla decidir.

A questão não era se aquilo importava do ponto de vista de algo maior. O público exigiria ler cada palavra. Não havia prazer maior que ver a vida de uma celebridade sair dos trilhos. Aquilo dava às pessoas a chance de escolher lados, declarar sua lealdade (ou falta dela) e coletivamente balançar a cabeça, dar sorrisinhos maliciosos e zombar da idiotice dos ricos e famosos.

Como ele pôde fazer isso?

Ela deveria ter percebido.

Ela parece uma vagabunda interesseira, louca por fama...

E, se houvesse vídeos e fotos para ilustrar, melhor ainda.

Além do mais, Layla não estava blogando para uma agência de notícias grandiosa e intelectual. Tinha a própria base de leitores insaciáveis e anunciantes, e era sua responsabilidade garantir que fossem alimentados propriamente do jeito que tinham passado a esperar.

Para obter o máximo impacto (e máximo crédito), ela precisava publicar o quanto antes. Cerificar-se de que seria a dela a matéria que as pessoas leriam no momento em que acordassem e tomassem o suco verde.

Ela mordeu o lábio inferior, cruzou os dedos, deu uma última olhada nas fotos com legendas sarcásticas que tinha adicionado e apertou "Postar". Bem ou mal, agora estava publicado, e não havia como voltar atrás.

TRINTA E OITO

ARE YOU HAPPY NOW?

Aster Amirpour rolou para o lado, dobrou os joelhos contra o peito e pressionou as mãos nas laterais da cabeça, que parecia ter sido pisoteada por uma manada de elefantes.

Ela não sabia o que era pior: a garganta ressecada e dolorida ou a dor de cabeça de matar. Até se forçar a sentar, livrar-se dos lençóis de cetim preto, colocar os pés contra o tapete branco felpudo, tentar se levantar e acabar caindo de novo na cama. Sem dúvida, era a tontura, seguida pelo enjoo, com a dor de cabeça e a garganta ressecada em terceiro e quarto lugares respectivamente.

— Ryan — murmurou ela, precisando desesperadamente de uma aspirina e uma garrafa de água que talvez, com sorte, dessem o pontapé inicial no processo de recuperação. Incapaz de falar mais alto que um sussurro, rolou para o lado dele da cama e abriu um dos olhos, só para perceber que não havia ninguém ali.

Ela estendeu o braço, passando a mão pelos lençóis. Estavam frios. Como se ele tivesse saído há muito tempo e não tivesse se dado ao trabalho de voltar. Mas não era possível. Era?

Ela se sentou de repente. Estremecendo com a onda de enjoo, estreitou os olhos ardidos e viu um espaço ousado e masculino cheio de móveis modernos e um pouco grandes demais. Uma enorme *chaise* de couro, mesas espelhadas e uma cama *king size*.

Ela enfiou a cabeça entre as mãos, incapaz de se lembrar de qualquer detalhe depois que saíra da boate. Só sabia que estava nua, sozinha e não fazia ideia de onde estava.

Será que o quarto era de Ryan?

Estava em seu apartamento, ou em uma suíte chique de hotel?

Ela verificou o banheiro e explorou o escritório adjacente, encontrando mais móveis modernos, mais ângulos agudos, quinas pontiagudas e superfícies espelhadas, mas nada de Ryan. Depois de uma verificação cuidadosa em cada cômodo, incluindo os closets, ficou claro que ele tinha saído. Então, ela lhe mandou uma mensagem de texto que dizia: *Onde vc tá?* Ele não respondeu. Ela ligou, mas caiu direto na caixa postal.

Como o sol já começava a aparecer através das cortinas, entrar em casa sem ser vista seria um feito impossível. Seu carro ainda estava parado na Night for Night, e pelo visto aquele babaca idiota que dissera adorá-la o bastante para roubar sua virgindade não podia ficar por tempo o bastante para levá-la de volta à boate para pegá-lo. Não havia outra forma de ver as coisas. Ele não tinha nem se dado ao trabalho de deixar um bilhete.

Ela se ajoelhou, tirou sua bolsa de baixo da *chaise* e começou a recolher seus pertences. Seu sutiã e sua calcinha estavam em lados opostos do quarto, mas estavam rasgados, grudentos e tão nojentos que ela não aguentava olhar para eles, muito menos usá-los. Seu vestido fora jogado perto do sofá do escritório e, apesar de já tê-lo amado mais do que qualquer outro vestido que já tivera, agora estava tão desprezível e contaminado quanto ela se sentia. Aster formou uma bola com ele e a roupa de baixo e jogou tudo no lixo.

Mas abandonar os saltos agulha Valentino já era demais. Ryan roubara o suficiente. Não havia a mínima chance de ela também perder os sapatos.

No banheiro, ela jogou um pouco de água fria no rosto, mas, por mais que o molhasse e esfregasse, continuava com uma cara horrível. Seus olhos estavam vermelhos; sua maquiagem, borrada, e Aster tinha a aparência desvairada e abandonada de alguém que cedia sob o peso do arrependimento. Prendendo o cabelo em um coque desarrumado, olhou as poucas peças de roupa penduradas no closet dele e se perguntou se Ryan realmente morava ali. Mesmo assim, havia uma calça jeans e uma camisa social azul-clara, e ela não pensou duas vezes em pegá-las.

Depois de enrolar a barra da calça, ela enfiou a camisa até a metade, prendeu um dos cintos dele na cintura, enfiou os pés nos saltos, pegou os óculos escuros dele na cômoda a caminho da porta e começou a longa caminhada da vergonha para casa.

TRINTA E NOVE

BULLET WITH BUTTERFLY WINGS

Tommy Phillips pegou o travesseiro ao lado de sua cabeça e o colocou sobre a bochecha, relutando em deixar a luz de um novo dia entrar para tirá-lo do casulo feliz de seus sonhos.

A vida dos seus sonhos e a vida que levava acordado se mesclavam tão perfeitamente que não havia mais limites entre elas. Era como se ele tivesse passado a noite inteira beijando Madison Brooks; primeiro na Vesper, onde ela o olhara com aqueles extraordinários olhos violeta. Depois, ele tinha levado sua lembrança para os sonhos, onde Madison o recebera novamente em seus braços.

Beijá-la tinha sido insano! O tipo de coisa que Tommy nunca imaginara que aconteceria com ele.

Mais insano ainda era a conexão inegável que eles tinham compartilhado. Tommy tinha certeza de que não era apenas um consolo, uma forma conveniente para ela se sentir bem consigo mesma depois de descobrir a traição do namorado. Estava genuinamente atraída por ele. Era impossível negar as evidências.

Havia confiado em Tommy para cuidar dela, protegê-la, afastá-la dos curiosos e levá-la para a segurança.

Confiara nele o bastante para vê-la como realmente era, sem o véu de celebridade — apenas uma garota real, bebendo uma cerveja e beijando um garoto de quem claramente estava a fim.

Tommy deixou-se afundar mais nos lençóis, relembrando a expressão dos olhos dela... A doce avidez de seu suspiro... O movimento de seus dedos na nuca dele... A sensação inebriante de sua boca pressionada contra a dele... O tom triste de sua voz quando ela saíra.

Ele não precisava de mais nenhuma prova para saber que ela gostava dele tanto quanto gostava dela.

E a melhor parte era que Tommy tinha fotos para provar.

Ele jogou o travesseiro, virou de lado e pegou o telefone que tinha abandonado no chão. Estava prestes a checar as imagens da câmera quando uma longa lista de mensagens de texto apareceu na tela.

Que droga é essa...?

Ele rolou por elas rapidamente, olhando, incrédulo, as várias fotos do drama de Ryan, Madison e Aster. Incluindo fotos dele com o braço em torno de Madison enquanto a conduzia pela porta dos fundos da Vesper, lançando um olhar cauteloso sobre os ombros dela quando a porta se fechava, com uma expressão que prometia sérias consequências para quem se atravesse a segui-los.

Mas obviamente alguém os tinha seguido. E se certificara de que sua ficada com Madison viralizasse.

Ele correu para a janela suja e descobriu um enxame de fotógrafos acampados do lado de fora. Provavelmente, esperavam que ele saísse para poder gritar perguntas e insultos e gravar suas reações.

Ele passou as mãos pelo cabelo, sem saber o que fazer. Não era exatamente o jeito que Tommy tinha esperado ganhar fama, e mesmo assim não podia se esconder no apartamento e esperar os abutres irem atrás de outro escândalo.

O fato era que sua geladeira estava vazia, seu armário não tinha nada e ele precisava muito de um café.

Balançou a cabeça, afastou-se da janela e foi para o chuveiro. Se ia fazer sua estreia nos tabloides, não custava nada estar com a melhor aparência possível.

QUARENTA

WAKE ME UP WHEN SEPTEMBER ENDS

O motorista se afastou com o carro, fazendo o cascalho estalar alto e lançando um olhar crítico (embora talvez ela tivesse imaginado esta última parte), enquanto Aster digitava o código do portão eletrônico no teclado e começava a longa caminhada pela entrada.

Sua grande casa aparecia a distância. Provavelmente, porque era grande, uma das maiores do quarteirão, o que não era dizer pouco, considerando o alto nível de riqueza da vizinhança. Mas, naquela manhã em particular, a mansão mediterrânea parecia quase grande demais e meio agourenta. Como se o telhado de telhas de argila vermelha e as arcadas altas pudessem se virar contra ela a qualquer momento, tornando-se menos um santuário luxuoso e mais uma prisão.

Ela cambaleou sem resolução, raspando os saltos contra as pedras irregulares, até tirar os sapatos e percorrer descalça o restante do caminho. Aster olhava para todos os lados, desesperadamente, procurando sinais da babá Mitra, das empregadas e jardineiros que iam todos os dias, de qualquer um que pudesse vê-la se esgueirando pelo próprio jardim, com uma aparência tão culpada quanto realmente era.

Em geral, ela entrava em casa de fininho pela porta da garagem que levava direto à entrada dos fundos, mas o controle para abrir a garagem estava em seu carro, e seu automóvel não estava mais no estacionamento da Night for Night. Fora roubado ou rebocado. De um jeito ou de outro, ela estava ferrada.

Mas, às vezes, Javen deixava as portas de vidro que iam do quintal até o escritório destrancadas, em geral nas noites em que saía escondido. Só podia torcer para ele ter pensado em fazer isso de novo. Era engraçado como a campanha deles para enganar a babá Mitra os aproximara mais do que nunca.

Aster contornou para os fundos, virou a maçaneta e suspirou de alívio quando a porta se abriu e ela entrou no escritório escuro com as cortinas ainda fechadas. Um bom sinal de que as empregadas ainda não tinham chegado, o que significava que a Babá provavelmente ainda estava em seu quarto, talvez até dormindo. Aster subiu a escada, incapaz sequer de respirar até ter chegado em segurança a seu quarto e fechado a porta atrás de si.

Jogando os sapatos e a bolsa sobre a poltrona fofa do canto, apoiou-se à cama e olhou seu reflexo no espelho de corpo inteiro. Ela se sentia horrível. E sua aparência estava ainda pior. E duvidava de que fosse conseguir ir à reunião de domingo, marcada para o começo da tarde, duvidava de que conseguiria se recompor até lá, e não tinha nenhum plano de tentar. Apesar do que acontecera, ou talvez até por causa disso, ela ainda estava bem à frente, e Ira não a eliminaria só por não aparecer em um evento obrigatório com um resultado predeterminado.

O que ela queria... Não, na verdade *precisava*, mais do que qualquer outra coisa, era um longo banho quente, no mínimo para eliminar todos os vestígios de Ryan Hawthorne de sua pele.

Eliminá-lo de sua memória era um problema diferente que não se resolveria tão cedo.

Ela tirou o elástico do cabelo e agitou as mechas. Depois de lançar um último olhar cáustico para sua imagem patética no espelho, levantou-se da cama e estava indo para o banheiro quando a porta do quarto se abriu, e sua mãe e seu pai apareceram.

QUARENTA E UM

BLOW ME (ONE LAST KISS)

A última coisa que Layla queria era ir à reunião de domingo de Ira, mas, se não abandonasse a competição, que escolha tinha? Ela fez uma lista de coisas muito piores. Coisas como: lutar com um crocodilo, saltar de um avião sem paraquedas, limpar uma cena do crime... Mas, comparadas com a perspectiva de encarar Tommy, Aster, Ira e o inefável caos que ela tinha causado ao postar as fotos deles em seu blog, de repente todas aquelas coisas pareciam não só mais favoráveis como também talvez agradáveis, se as experimentasse.

No instante em que tinha postado para o mundo, fora dominada por emoções conflituosas de absoluto triunfo e arrependimento esmagador. A reação dos leitores fora imediata. A quantidade de acessos aumentou de um jeito que Layla nunca tinha visto, e a seção de comentários estava transbordando. Porém, quando começara a absorver a noção de ficar cara a cara com duas das pessoas que havia transformado em celebridades involuntárias da internet, fora inevitável se perguntar se deveria ter maneirado o tom.

Mas como blogueira de Hollywood não era seu dever reportar todo tipo de história?

Ela tirou a moto da garagem e quase teve um ataque quando alguém apareceu a seu lado e disse:

— Oi.

— Mateo! *Aimeudeus*, você quase me matou de susto. — Ela colocou a mão sobre o coração como se tentasse impedir que ele saísse do peito.

Ele enfiou as mãos nos bolsos da frente na calça jeans e a observou.

— Você está muito nervosa.

— Fiquei acordada até tarde. E tomei muita cafeína. — Ela estremeceu sob a intensidade do olhar dele.

— Foi por isso que não respondeu as minhas mensagens de texto?

Ela suspirou e fechou os olhos, desejando poder ficar daquele jeito, bloquear o mundo. Mateo ia fazê-la se atrasar, mas falar isso não pegaria bem.

— Desculpe. Eu estava ocupada, e... — Direcionou as palavras para um ponto além do ombro dele para evitar olhá-lo.

— Seu blog. Eu sei. Pode acreditar, eu li. — Ele continuou a analisá-la como se a desafiasse a olhar em seus olhos.

A voz dele sugeria algo que Layla tinha certeza de que não queria saber. Mesmo assim, não podia deixar de perguntar.

— E... O que você achou?

Seus traços se enrijeceram enquanto ele olhava para a casa recém-reformada do outro lado da rua, que parecia uma caixa de presente de dois andares com janelas. — Acho que ser cruel não tem a ver com você — disse ele, enfim.

— Não é cruel se for verdade — disparou ela.

— Mas essas são pessoas que você conhece, não figuras públicas. Existe uma diferença.

Ela fervia por dentro. Mateo não sabia do que estava falando, mas ela não ia ficar ali para esclarecer.

— Ouça — disse ela, tentando evitar o tom de nervosismo em sua voz. Por mais que ele a enfurecesse, Layla detestava quando brigavam, e nos últimos tempos parecia que as brigas tinham ocupado o lugar de todo o resto. — Preciso ir. Podemos debater isso mais tarde. — Ela empurrou a moto para a rua, tentando ignorar a expressão magoada de Mateo.

Ela compensaria mais tarde. Mas naquele momento tinha uma reunião para ir, e isso vinha em primeiro lugar.

Ela se forçou a esvaziar a mente enquanto dirigia até a Vesper, mas foi inútil. Suas mãos estavam trêmulas; seu coração, disparado, e ela sabia que não era apenas o resultado de cafeína demais e muito pouco sono. Era por causa de Mateo, e Mateo estava errado. No instante em que Aster decidira roubar o namorado de Madison (não que Layla realmente acreditasse que uma pessoa podia ser roubada, fora em caso de sequestro; as pessoas iam por vontade própria ou simplesmente não iam, não eram uma propriedade que alguém pudesse pegar quando não tinha ninguém olhando), ela havia se exposto. O mesmo valia para Tommy, quando decidira resgatar a celebridade favorita de todos. Layla só tinha feito o que qualquer bom jornalista faria: reportar a história.

E mesmo assim, por mais que repassasse as palavras na cabeça, no silêncio de sua alma ela sabia que não era inteiramente verdade. Tinha agido com uma motivação complexa, obscura e sombria. Aberto mão de sua neutralidade, dos últimos vestígios de sua integridade jornalística, e escolhido lados colocando-se acima de todos. Qualquer um com o mínimo de discernimento veria que Layla Harrison estava longe de ser inocente.

Ela parou diante da horrível porta de metal e se perguntou se era tarde demais para voltar. Podia ir embora naquela hora, voltar para a cama e por algumas horas felizes, esquecer que tinha se permitido entrar nessa confusão. Ela podia...

— Layla? — A porta se abriu e Ira Redman apareceu na entrada. — Vai se juntar a nós?

Ela baixou a cabeça e entrou. Entre as boates de Ira, a Vesper era a mais escura. Mesmo com as luzes acesas, continuava a parecer o calabouço descolado e ousado de alguém.

— Então, agora que todo mundo está aqui... — começou Ira.

Antes que ele pudesse terminar, alguém falou lá de trás.

— Cadê a Aster?

Ira ergueu os olhos da pranchcta.

— A Aster não vai se juntar a nós. Mas aconselho vocês a se preocuparem com sua própria sobrevivência, não com a dela — disse ele, com os traços rígidos.

De algum lugar do fundo, alguém soltou uma risadinha alta, inconfundivelmente para Ira ouvir.

O olhar duro de Ira varreu o ambiente, embora Layla achasse que ele sabia exatamente de onde a risada viera. Ira alegava saber tudo. Sem contar que só havia oito suspeitos para escolher.

— Se algum de vocês têm algo a dizer, sugiro que o faça. Risadinhas passivo-agressivas, suspiros, revirar de olhos e coisas do tipo não serão tolerados.

As palavras mal tinham sido ditas quando alguém aceitou a sugestão.

— É, eu tenho um comentário.

Layla observou Brittney se levantar de sua cadeira, com o rosto vermelho de raiva.

— Como esperam que eu... que qualquer um de nós possa competir quando a Aster e o Tommy decidiram se prostituir para os nomes do topo da lista? — Ela enfiou o cabelo louro atrás da orelha e olhou com ódio para Tommy, que afundou ainda mais na cadeira. — Não finja que não sabe do que estou falando. — Cruzou os braços sob o peito abundante e voltou seu foco para Ira. — Graças à Layla, o mundo inteiro leu sobre isso. Ninguém fala de outra coisa!

Layla estremeceu e escorregou para a ponta da cadeira até ficar pendurada na beira, desejando poder se dobrar até virar um minúsculo origami imperceptível. As palavras que ela sempre sonhara em ouvir (*o mundo inteiro leu sobre isso; ninguém fala de outra coisa*) finalmente se aplicavam a ela, só que pelos motivos errados. Não era a vitória que ela sonhara que seria.

— Precisamos de uma nova lista ou...

— Ou? — Ira inclinou a cabeça, observando-a com atenção.

Brittney ficou parada, insegura, diante dele, questionando as próprias convicções enquanto olhava em volta, desesperada para ver se alguém se juntava a seu ataque de nervos solitário. Mas, como todos se remexiam nas cadeiras, constrangidos, fazendo de tudo para evitar seu olhar, ela estava por conta própria. Tendo se enterrado com aquela conversa, só havia uma forma de sair, seguir em frente ou desistir.

— É que eu... — Sua voz falhou. Ela levou um momento para recuperá-la e se recompor. — Não vejo objetivo em continuar se está tudo armado contra mim.

— Então, está dizendo que a competição está armada contra você? — Ira esfregou o queixo com o costumeiro jeito teatral.

— Estou dizendo que *parece* estar armado contra mim. — O lábio inferior de Brittney começou a tremer e sua respiração se acelerou.

— Interessante. — Ira estreitou os olhos, claramente nem um pouco interessado. — Digam-me... — Seu olhar passou por todos eles. — No começo da competição, algum de vocês tinha sequer a menor conexão com Madison Brooks ou Ryan Hawthorne?

INIGUALÁVEL

Layla olhou em volta e se viu balançando a cabeça com os outros.

— Bom, que eu saiba, e eu sei muita coisa, nem a Aster ou o Tommy. Todos vocês começaram com uma chance igual de conseguir a vitória. Como decidiram agir foi escolha própria.

— Bem, desculpe por não me prostituir. — Ela murmurou as palavras, mas Ira as ouviu mesmo assim.

— E em nenhum momento foi sugerido que você fizesse isso. — Ele assentiu para uma de suas assistentes, depois voltou-se para o grupo e chamou o nome de Layla.

Layla ergueu a cabeça de repente. Depois de todo o drama das acusações de Brittney, não esperava que ele a repreendesse.

Sua garganta ficou ressecada, sua língua parecia um pedaço seco de madeira dentro da boca e seu corpo inteiro estava pesado de medo.

— Hoje é seu dia de sorte.

Ela apertou os olhos, certa de que tinha entendido mal.

— Não deixe de agradecer à Brittney quando ela estiver saindo. Hoje ela vai sair no seu lugar.

Layla arregalou os olhos ao ver, junto com todos os outros, Brittney murmurar algo, pegar suas coisas e sair batendo os pés, seguida de perto pelas assistentes de Ira.

— Mas... — Finalmente capaz de falar, Layla olhou da porta fechada para Ira. Nunca tinha lhe ocorrido que seria cortada. Seus números não chegavam nem aos pés dos de Aster ou dos de Tommy, mas ela vinha mantendo sua posição, *não é?*

Ira a avaliou.

— Mas seus números são decentes? Era isso o que você ia dizer?

Ela esfregou os lábios. Era o que estava pensando, mas falar não era mais uma opção.

— Esta competição depende dos números. Você está certa. Sempre dependeu. Mas também depende de ter o necessário para o sucesso e de como você responde a esta pergunta: até onde está disposto a ir para conseguir o que quer? — Ele a encarou por um momento longo e constrangedor, deixando-a sem saber se esperava que ela respondesse. Antes que pudesse tentar, Ira acrescentou: — Parece que você acabou de ganhar mais uma semana para determinar isso. E... — Ele voltou sua atenção para o restante do grupo. — Quanto àquela lista nova...

— Ele fez um gesto para as assistentes, que passaram novas listas com uma mistura de nomes antigos e outros novos. No entanto, era interessante ver que Heather Rollins estava entre os primeiros nomes.

— Pensem nisso como um guia. O que realmente me interessa é a agressividade de vocês para aumentar os números. Me impressionem. Me deslumbrem. Me empolguem. Mas, aconteça o que acontecer, não me decepcionem.

Com isso, ele saiu pelos fundos. Layla o observou ir embora, perguntando-se como alguém *empolgava* Ira Redman. Ela não sabia nem por onde começar.

Quando saiu e subiu na moto, Tommy apareceu.

— Precisamos conversar.

Ela ligou a moto, recusando-se a reconhecer a presença dele.

— Eu li o seu blog.

Ela o examinou por trás das lentes espelhadas, sem dizer uma palavra.

— O que não consigo entender é por que você fez isso comigo. — Ele cruzou os braços, parecendo verdadeiramente perplexo.

Os dedos dela apertaram o acelerador. De repente, atropelá-lo parecia uma opção viável. Ele estava falando sério? Como pudera fazer isso com *ele*? Como se lhe devesse um tratamento especial por causa de um beijo embriagado? Tommy Phillips precisava muito se mancar.

Layla tirou os óculos, querendo que Tommy visse sua expressão enquanto ela explicava.

— Você decidiu se meter no drama. Decidiu se tornar parte da história. Aquilo não teve nada a ver com *você*, Tommy. Acredite ou não, você não está no centro do meu universo.

— É isso o que você diz a si mesma?

Ela o encarou, recusando-se a ser a primeira a desviar os olhos.

— Não, não só para mim mesma. Estou dizendo para você também.

— Uma vez, dissera para não mexer com ela. Não era sua culpa ele não ter ouvido.

— Não sei o que eu fiz para irritar você, mas está na cara que devo ter feito alguma coisa por ser punido por ajudar uma garota traumatizada que não tinha ninguém para cuidar dela.

Layla arregalou os olhos, de queixo caído, como uma versão de desenho animado de um rosto chocado.

INIGUALÁVEL

— Você ouviu o que disse? — Sua voz saiu mais alta do que ela pretendia. — Você está delirando. *A Madison Brooks não tem ninguém para cuidar dela?* É essa história que *você* conta para si mesmo? — Ela revirou os olhos e recolocou os óculos. — Não aja como se não gostasse da atenção — disse ela, preparando o último golpe. — Não foi exatamente por isso que se mudou para LA? Para as pessoas falarem de você? Para seu rosto estar em todos os tabloides, em todos os blogs? Para ser soterrado de pedidos de entrevistas? Você deveria estar me agradecendo, mas não vou esperar sentada.

Ela empurrou a moto para a rua, abrindo um sorrisinho satisfeito quando ele saiu às pressas de seu caminho.

— Você não entende, não é? — Ele foi andando ao lado de Layla. — Seu blog é um sucesso, e você ainda está na competição, mas nada disso é coincidência.

Ela deveria ter ido embora. Deveria ter acelerado a moto e dado o fora dali. Mas ficou onde estava, olhando para Tommy sem saber do que ele estava falando.

— O Ira Redman pode ser muita coisa, mas não é idiota. As falsas tentativas de cortar você não passam de um grande show. Em momento algum ele planejava fazer isso. O que aconteceu lá... — Tommy apontou para a Vesper com o polegar, tirando o cabelo dos olhos. — Aquilo foi o jeito de Ira desafiá-la a aumentar ainda mais o drama. A única pergunta é: você vai fazer isso? Vai ferrar todos nós para vencer? Até onde *você* está disposta a ir, Layla, para conseguir o que quer?

A pergunta pairou, pesada, entre eles. Quando o momento se dissolveu, Layla apertou o acelerador.

— Vim aqui para ganhar, assim como você. E é exatamente isso o que pretendo fazer — disse ela. Depois, acelerou para a rua sem olhar para trás.

QUARENTA E DOIS

THE HAND THAT FEEDS

Tommy olhou Layla se afastar em alta velocidade, fechando os punhos involuntariamente nas laterais do corpo. Ela era inteligente, perspicaz, e capaz de interpretar as pessoas de um jeito que sempre o surpreendia. Mas, no que dizia respeito a Ira Redman e ao jogo no qual ele envolvera a todos com mentiras, ela parecia um cego ao volante de uma Ferrari, deslumbrada demais com o poder e a empolgação para ver o perigo à frente.

Tudo bem: talvez *mentiras* fosse um exagero. Todos tinham ido fazer a entrevista com o objetivo claro de conseguir o emprego, e Ira não descumprira sua palavra. Mas, depois de observá-lo nas últimas semanas, Tommy tinha aprendido que Ira Redman não era nenhum altruísta. Ele nunca investia em nada nem ninguém sem esperar um retorno considerável.

Estava desafiando Layla a continuar o trabalho sujo, a seguir escrevendo sobre os eventos mais obscenos de sua boate sem medo de repercussões, ou, pelo menos, não da parte dele.

Não existia publicidade ruim. No mundo das boates, quanto mais escandalosa e sórdida a história, melhor.

Claro que Tommy não tinha como provar suas suspeitas, mas não era preciso. Era o desgraçado do Ira Redman, sempre tramando, sempre distorcendo. Era um especialista em manipular cada pessoa, cada situação, de um jeito vantajoso para ele. Assim como tinha feito com a mãe de Tommy e o bebê que insistiu que ela abortasse. Ira não queria ficar preso; então, dera a ordem e seguira em frente, sem olhar para trás.

Ele tratava a vida como um gigantesco jogo de xadrez, e os demais jogadores eram peões. Na competição, todos eles eram fantoches em seu teatro doentio, e Ira movia as cordas. As metáforas que Tommy podia usar para descrever sua situação eram praticamente ilimitadas, mas, por mais clara que fosse para ele, Layla se recusava a enxergar a verdade.

— Tommy? Tommy Phillips?

Tommy baixou a cabeça, enfiou as mãos nos bolsos e foi para seu carro.

— Ei, Tommy... Queríamos saber se você podia falar conosco...

No mínimo, sua breve experiência sob os holofotes tinha lhe ensinado que os paparazzi sempre começavam mais ou menos agradáveis, como amigos em potencial, só para se transformarem em um instante. Humilhando Madison, lançando insultos... Ele tinha aprendido do pior jeito quando fora à Starbucks mais cedo.

— Vão embora. — Ele olhou por cima do ombro bem a tempo de ver uma lente grande-angular a centímetros de seu rosto. — Já falei para darem o fora daqui! — Ele avançou para o cara, bloqueando a lente. Estava cansado de fotógrafos, fofocas, tabloides, e do resto daqueles sanguessugas idiotas que ganhavam a vida registrando a desgraça dos outros. Mesmo assim o cara não desistiu.

— Como está a Madison? — gritou ele. — Você falou com ela recentemente?

Tommy se concentrou no nariz do homem, imaginando como ficaria esmagado contra sua bochecha direita.

Decidindo se deveria socá-lo para ver se o resultado final ficava parecido com a imagem mental, ele ergueu um dos punhos, prestes a dar o golpe, quando viu o imbecil sorrir com a expectativa de registrar tudo.

Foda-se. Tommy balançou a cabeça. *Não vale a pena.* Sem uma palavra, ele se virou, sabendo que o fotógrafo o seguia gritando insinuações e insultos sobre sua ficada com Madison, enquanto Tommy lutava para manter a calma, lembrando-a si mesmo de que logo estaria longe dali.

Ou não.

Ele parou ao lado de seu carro, olhando com incredulidade os quatro pneus furados, todos cortados.

— O quê...? — Tommy se virou para o paparazzo, que estava ocupado fotografando o estrago. — Você é responsável por isto? — Ele avançou para ele, decidido a socar seu nariz no final das contas, quando um Cadillac SUV preto brilhante com motorista parou ao lado dele.

— Entre — vociferou Ira, baixando a janela.

Tommy balançou a cabeça. Não estava interessado em Ira. Ele tinha um carro destruído e um fotógrafo inexplicavelmente tirando fotos do estrago. Aquele problema era seu, e ele o resolveria se Ira não ficasse se metendo.

— Não foi uma pergunta. — A porta se abriu.

Tommy disse um palavrão em voz baixa e avançou uma última vez para o fotógrafo, mesmo que fosse só para assustá-lo. Depois, sentou-se no banco ao lado de Ira com relutância. Ele ouviu, em um silêncio perplexo, Ira dar o endereço de Tommy ao motorista, recitando-o de cor, antes de voltar-se para ele e entregar um envelope grosso cheio do que só podia ser dinheiro.

— O que é isto? — Tommy olhou do envelope para Ira.

— Originalmente, era meu jeito de agradecer por um trabalho benfeito. Agora, parece que você deveria pensar nele como um pagamento de um novo conjunto de pneus.

— Você não teve nada a ver com isso, não é? — Tommy avaliou o perfil de Ira. As palavras tinham saído antes que pudesse detê-las, embora não necessariamente se arrependesse delas. Para começar, não duvidava de que Ira fosse capaz daquilo. Em segundo lugar, Tommy não estava no clima para joguinhos. A imprensa estava atrás dele, seu carro fora vandalizado e, apesar dos momentos que tinham compartilhado, Madison Brooks não respondera a uma única mensagem de texto sua.

Estava preocupado com ela. Claro, ela parecia forte e habilidosa, mas Tommy vira uma vulnerabilidade de que a maioria das pessoas jamais suspeitaria. Precisava saber se ela estava bem. Precisava saber que o choque que a fizera fugir não a tinha abalado ou, pior, ferido. Se ela achasse que o beijo fora um erro e que nunca mais queria vê-lo, aguentaria. Desde que ela estivesse bem, Tommy aguentaria. Era só o que importava.

— Então, como está a Madison? — disse Ira, ignorando a pergunta de Tommy.

Tommy olhou para o envelope. Até que ponto aquilo era um agradecimento?

INIGUALÁVEL

— Como vou saber? — Ele deu de ombros.

Ira continuou a examiná-lo. Parecia mesmo que ele estava sendo examinado sob as lentes de um microscópio.

— Considerando que você foi o último a vê-la, achei que podia ter alguma informação que os outros não têm.

Tommy viu Ira retorcer o canto da boca. Seria diversão? Desprezo? Naquele momento, não importava muito. Ele se limitou a suspirar e olhar a paisagem castigada pelo sol pelo vidro fumê da janela. Plantas mortas, calçadas quebradas, cercas de arame curvadas ao redor de casas decadentes com tinta descascando e grades nas janelas e portas. Com exceção de um punhado de lugares bem-cuidados exibidos em cartões-postais, Tommy ficara surpreso ao descobrir que a Cidade dos Anjos era uma extensão urbana desolada.

— Ela está magoada — disse Tommy, enfim. Ele precisava falar alguma coisa para Ira parar de analisá-lo, mesmo que não fosse verdade. Era estranho, mas Madison não parecera nem um pouco magoada. Parecera quase revigorada, aliviada, como alguém à beira de um futuro brilhante e promissor. Mas ele não ia compartilhar isso com Ira.

— Magoada, hein? — A voz de Ira revelava um toque de diversão.

— Quem poderia imaginar?

Foi a vez de Tommy de examiná-lo. Ele não sabia aonde Ira queria chegar, mas sempre falava de um jeito misterioso.

— Quem diria que ela era tão boa atriz que conseguiria enganar até você? — A expressão de Ira continuou inescrutável e Tommy ficou sem palavras a seu lado. Ele só percebeu que o SUV estava no meio fio diante de seu apartamento quando Ira falou: — Você mora aqui, não é?

Tommy assentiu, sem saber o que fazer. Claro que precisava sair do carro e entrar no prédio antes que Ira o irritasse ainda mais. Mas aquele envelope em suas mãos era grande e estranho demais. Ele precisava do dinheiro mais do que nunca, mas nada vinha de Ira sem a expectativa de algum tipo de retorno.

— Ira, não posso... — Ele ia devolver o envelope, mas Ira recusou com um gesto.

— Não vamos fazer esse jogo — disse ele. — Vou mandar rebocarem o seu carro e arranjar outro emprestado até que esteja consertado.

Tommy ia protestar, mas Ira o interrompeu.

— Estamos em LA, não em... Seja lá qual for a cidadezinha de onde você veio. Ter acesso a pneus que funcionem é uma questão de sobrevivência.

Tommy suspirou, pegou o envelope e saiu do carro antes de pensar duas vezes.

— E, Tommy — chamou Ira quando o carro estava saindo. — Tenho certeza de que você vai encontrar um jeito de retribuir, se é com isso que está preocupado.

— É exatamente com isso que estou preocupado — murmurou Tommy, vendo o SUV desaparecer em meio à poluição e, enquanto subia correndo a escada para a pocilga em que morava antes que os paparazzi aparecessem.

QUARENTA E TRÊS

ANOTHER WAY TO DIE

— Mãe... Pai... Vocês estão em casa! — Sua boca estava se mexendo, palavras eram faladas, mas fora isso o corpo de Aster tinha se desligado por completo. Perplexa, atordoada, atônita... não havia uma única palavra para descrever adequadamente o que ela sentiu ao ver os pais aparecerem em seu quarto. — Achei que ainda estivessem em Dubai.

Sua mãe se aproximou com a boca contraída de fúria, olhos apertados em escrutínio, enquanto o pai continuava na porta, paralisado de tristeza, e a babá Mitra rondava ao fundo, mexendo com seu relicário e murmurando orações de salvação.

— Onde você estava? — A voz da mãe combinava perfeitamente com a expressão rígida de seu rosto.

— Em lugar nenhum! — Aster fechou os olhos. Droga! Por que tinha falado aquilo? Era o mantra dos culpados: *Lugar nenhum; ninguém; nada!* Mas seus pais eram as últimas pessoas que ela esperava ver. Ainda faltavam várias semanas para chegarem. Mas ali estavam eles, emboscando-a em seu próprio quarto. — Quer dizer, eu estava com uma amiga. Estava com a Safi... Na casa da Safi. — Ela estremeceu ao falar isso. Tinha se tornando tão obcecada por seu novo emprego e pelo flerte com Ryan, que se afastara dos amigos, e mesmo assim continuava usando-os como sua desculpa principal.

— Nós falamos com a Safi. — Sua mãe cruzou os braços sobre a jaqueta clássica *bouclé* da Chanel que Aster já tivera a esperança de herdar. — Gostaria de tentar de novo?

Aster engoliu em seco e baixou os olhos para o chão. Não havia para onde ir, onde se esconder. Ela estava com uma cara horrível, cheirando a homem, e sua mãe sabia perfeitamente disso.

— E o que é isso que você está usando?

Aster esfregou os lábios, olhando suas roupas, ou melhor, as roupas de Ryan Hawthorne.

— É só... Sabe... O visual "emprestado do namorado". Só isso.

Seu pai soltou um pequeno grito de desespero e atravessou corredor às pressas como se sua filha tivesse acabado de morrer e ele não aguentasse olhar o cadáver. Mas é claro que a babá Mitra ficou onde estava. Ela não via problema em ficar na cena do crime.

— E quem é o namorado de quem você pegou a roupa emprestada? — Sua mãe chegou mais perto. Perto o bastante para sentir o cheiro de vergonha e desespero que pairava em torno de sua filha.

— São minhas. — Javen abriu caminho quarto adentro e parou diante da mãe. — Quer dizer, está na cara que não sou o namorado dela porque... *Eca*! Mas as roupas são minhas.

A mãe deles fez um gesto desdém com a mão.

— Javen, vá para o seu quarto. Você não tem nada a ver com isso — disse ela, mas Javen ficou onde estava.

— Você está errada. Eu tenho tudo a ver com isto. Minha irmã vasculhou meu closet sem permissão! Eu gostaria que ela fosse punida por *isso*. — Ele cruzou os braços em gesto de desafio e colocou no rosto e tipo de expressão zangada que nunca usava.

Foi uma boa tentativa, e Aster o amou mais do que nunca naquele momento, mas não o deixaria levar a culpa. Não que a mãe estivesse acreditando. Depois que ela assentiu para babá Mitra, Javen foi tirado do quarto pelo braço, gritando o tempo todo em protesto.

Envergonhada demais para encarar a mãe, Aster baixou os olhos para os pés e analisou as unhas feitas, enojada ao ver o esmalte vermelho-escuro que tinha escolhido na esperança de obter aprovação de Ryan. Se contasse que não tinha exatamente um namorado, mas que por alguns falsos momentos tinha se permitindo acreditar que tinha, mas descobrira que fora deflorada e descartada sem pensar duas vezes... Bom, estaria tornando realidade tudo sobre o que sua mãe sempre alertara, do jeito mais horrível, mais dramático e mais público possível.

— Não existe nenhum namorado — sussurrou ela, com os olhos ardendo de lágrimas.

INIGUALÁVEL

— Então, onde arrumou as roupas se não existe namorado para *emprestá-las?*

— Isso não importa. — Ela balançou a cabeça, perguntando-se como era possível aquela noite ter começado tão perfeita e se transformar em um pesadelo.

— Pelo contrário. — A voz da mãe era tão dura quanto o veredito que ela certamente daria. — Você saiu escondida de casa e chegou de manhã cedo usando as roupas de um garoto que não é seu namorado. Eu acho que importa muito.

Aster se obrigou a continuar de pé, continuar respirando, mas não fez nada para impedir o fluxo de lágrimas que descia por seu rosto. Ela tinha envergonhado a si mesma, envergonhado sua família. A única coisa que restava era esperar a punição que sua mãe considerasse apropriada.

— Tudo isso me faz perguntar: se você está usando as roupas dele, o que aconteceu com as suas?

Aster pensou no vestido e nas roupas de baixo que deixara no lixo. Coisas que sua mãe nunca tinha visto e por sorte nunca veria. A única jogada inteligente em uma longa lista de arrependimentos.

— Isso importa? — Ela ergueu o queixo, com a visão embaçada pelas lágrimas, enquanto a mãe continuava parada rigidamente diante dela — Você está cagando para o estado atual das minhas roupas!

O olhar de sua mãe endureceu e Aster esperou o julgamento final. Entre seus muitos crimes, ela usara linguagem obscena e passara a noite com um cara que não era seu namorado, um cara com quem nunca se casaria. Sem dúvida, a decisão final seria dura.

— Você está de castigo até segunda ordem.

Aster suspirou. Ela sinceramente tinha esperado ser mandada para um reformatório barra-pesada para garotas desobedientes, ou excomungada da família. Nas atuais circunstâncias, ficar de castigo não era tão ruim assim.

— Você não vai sair dessa casa por nenhuma razão, a não ser uma emergência.

Ela assentiu. Claro, aquilo a manteria longe da competição, mas a competição de Ira Redman já não estava na lista das coisas com as quais ela se importava. Além disso, não queria sair de casa. Provavelmente nunca mais.

— Tudo bem. — Seus ombros se curvaram de derrota enquanto ela ia para o chuveiro, ouvindo a mãe falar.

— Você desrespeitou a si mesma e causou uma grande vergonha para esta família. Seu pai não vai se recuperar disso tão cedo.

Aster parou, sabendo que não deveria falar nada, mas já tinha caído tanto que concluiu que não tinha mais nada a perder.

— E quanto a você? — Ela se virou para encarar a mãe. — Em quanto tempo vai se recuperar?

Aster sustentou o olhar da mãe. Os segundos pareceram se multiplicar antes que ela balançasse sua cabeça majestosa, apontasse para o banheiro e dissesse:

— Vá tomar banho, Aster. Seu pai e eu tivemos uma viagem muito longa. Estamos cansados e precisamos de repouso.

Sem mais uma palavra, ela virou as costas sobre os saltos de seus Ferragamo e fechou a porta atrás de si enquanto Aster olhava, sabendo que decepcionara sua família de um jeito do qual talvez *ela* nunca se recuperasse.

QUARENTA E QUATRO

THE SWEET ESCAPE

Layla perambulava pela sala de reuniões do hotel. Com seu carpete de estampa branca e bege, paredes móveis bege e o forro bege das cadeiras sobre o palco, onde Madison e seus companheiros atores iam se sentar, a sala elevava o visual neutro ao nível ridículo. Mesmo assim, o lugar sem graça não diminuía a empolgação de ter dado um jeito de entrar em sua primeira coletiva de imprensa. Ela esperava que ninguém questionasse suas credenciais. Seria constrangedor ser expulsa na frente de um grupo que admirava.

Ela andou entre outros jornalistas, sem saber se ficava aliviada ou irritada por ninguém lhe dar muita atenção. Bom, pelo menos havia uma mesinha de café no canto. Ela nunca recusava uma chance de consumir cafeína, por pior que fosse o café.

— Atrasada como sempre.

Layla ergueu os olhos para a mulher que dissera aquilo, pronta para se defender, dizer que na verdade estava cedo, quando percebeu que a mulher estava se referindo à conferência.

— Típica babaquice de celebridade. — Ela olhou para Layla como se esperasse que ela concordasse.

— É mesmo, não é? — disse Layla, arrependendo-se de imediato. Aquilo a fazia parecer tão jovem e inexperiente quanto ela era. Mas a mulher não pareceu se importar.

— Trena. Trena Moretti. — Ela ofereceu a mão e Layla fez um malabarismo com o café para poder apertá-la. — Divisão digital do *LA Times*. — Ela balançou a cabeça, e seus cachos bronze cintilaram de um jeito que fez Layla lembrar-se de um incêndio. — Ainda não consigo me acostumar a dizer isso. Vim do *Washington Post*.

Layla assentiu.

— Layla Harrison. — Ela omitiu de propósito o nome de seu jornaleco, principalmente porque ele não existia. Mas, quando Trena se aproximou mais, estreitando os olhos e tentando ver o nome em sua credencial, ela disse com relutância: — Do *Independent*. Você provavelmente não conhece porque somos novos e... independentes. — Ah, claro, aquilo tinha sido superconvincente.

Trena lançou um olhar malicioso para ela.

— É sua primeira vez em um evento como este?

Layla estava prestes a negar, dizendo que já fora a vários, mas Trena perceberia a mentira.

— É tão óbvio assim?

— Você está bebendo o café. — Trena sorriu. — Embora seja bom ver uma cara nova e animada. Me lembra de quando eu fui atraída para esse ramo.

— Por que você saiu do *Post*? — disse Layla, imaginando se era uma pergunta intrometida demais para alguém que ela havia acabado de conhecer. Mas jornalistas não deviam ir fundo? E, além disso, Trena podia não responder se não quisesse.

— Uma grande mudança na carreira por causa de um noivo infiel. Acho que a Madison e eu temos mais em comum do que eu pensava. — Ela riu, estimulando Layla a rir também. Com sua pele caramelo lisa e intensos olhos azul-esverdeados, ela era linda. — Então, qual é o seu interesse na Madison? — perguntou Trena.

Layla deu de ombros. Não tinha uma resposta pronta.

— Acho que não confio nela — disse, decidindo responder com honestidade. — Estou esperando ela escorregar e nos mostrar quem realmente é.

Trena bateu sua garrafa d'água contra o copo de isopor de Layla.

— Então, somos duas. Viu o vídeo do término?

Layla assentiu vagamente. Se já houvera algum momento para se gabar sobre suas conquistas, o momento era era aquele. No entanto, as suas credenciais indicavam que ela trabalhava para um jornal que não existia.

Trena olhou para o palco.

— Ah, finalmente — disse ela. — Vamos?

Layla olhou naquela direção. Tinha planejado ficar onde estava, manter o raio de 15 metros obrigatórios. No entanto, logo desistiu da ideia. Ela fazia parte da imprensa, e a imprensa não podia ser silenciada.

Ela seguiu Trena, animada por ter alguém que talvez pudesse se tornar sua mentora. As duas viram os coadjuvantes de Madison subir ao palco um a um, deixando vazia a cadeira do meio, aquela reservada para a estrela, enquanto o moderador pegava o microfone.

— Pedimos desculpas pelo atraso — disse ele.

— Até parece. — Trena revirou os olhos e balançou a cabeça.

— Estamos prontos para começar, mas tenho um aviso. — Ele fez uma pausa como se esperasse que a situação se alterasse nos vinte segundos seguintes. Como nada mudou, ele disse: — Parece que Madison Brooks não vai se juntar a nós hoje.

Esse simples anúncio foi o suficiente para disparar uma explosão de gritos de repórteres que tentavam chamar a atenção, berrando suas perguntas.

Onde está a Madison?

Que explicação ela deu?

Isso tem algo a ver com os eventos da Night for Night?

O moderador ergueu as mãos.

— Não tenho respostas para nenhuma das suas perguntas, mas se todos se acalmarem poderemos seguir em frente.

Trena olhou para Layla com uma expressão irritada.

— Não sei quanto a você, mas sem a Madison não tenho nenhuma boa razão para estar aqui. — Ela foi para a porta, seguida por Layla. — Não gosto muito de boates — disse ela, olhando por cima do ombro. — Mas adoraria conversar com alguém que estava lá. Tem algo estranho naquele término.

— Eu estava lá. — Layla parou quase na porta, relutando em deixar sua primeira coletiva de imprensa. Com ou sem Madison, ainda valia a pena estar ali.

— Você não me parece o tipo baladeira. — Trena a avaliou com interesse renovado.

— Eu não sou. — Layla deu de ombros. — E por isso sou uma péssima promoter.

Trena se esforçou para manter a expressão neutra, mas mesmo assim Layla percebeu o brilho fugaz em seus olhos.

— O que acha de eu convidá-la para almoçar, e em troca você me contar sobre o seu emprego de promoter na Night for Night?

— Eu sou promoter da Jewel. Outra boate do Ira Redman.

— Também funciona. — Trena abriu caminho até o lado de fora, presumindo que Layla a seguiria.

Ela olhou para o palco. Todo aquele blá-blá-blá sobre o quanto eles tinham se divertido trabalhando juntos, quando na verdade deviam se odiar. Mais baboseiras de Hollywood. O trabalho dos assessores nunca terminava.

— Espere aí! — chamou ela, fazendo uma pausa longa o bastante para jogar o café no lixo antes de sair com Trena para o sol.

QUARENTA E CINCO

NOWHERE GIRL

Foi Assassinato?

Após um término extremamente público com o ex-namorado Ryan Hawthorne, ao descobrir o caso dele com Aster Amirpour (uma promoter da boate Night for Night, de Ira Redman), a queridinha dos Estados Unidos e figurinha fácil nos tabloides Madison Brooks aparentemente sumiu da face da terra.

A Srta. Brooks é uma das celebridades mais fotografadas do mundo. Por isso, como não tem sido vista, e o fato de a estrela não ter ido a aparições marcadas no *Ellen*, no *Conan* e no *Today Show* e nem à coletiva de imprensa na qual seu desaparecimento foi notado, está afligindo os mais próximos, embora o Departamento de Polícia de Los Angeles não pareça compartilhar dessa preocupação.

"Uma pessoa pode desaparecer voluntariamente por várias razões," alega o detetive Sean Larsen. "Nem todas as pessoas desaparecidas são vítimas de crime. E desaparecer por vontade própria não é um crime em si. Pedimos à imprensa para ter isso em mente. Todas essas especulações desenfreadas provavelmente só estão servindo para afastá-la ainda mais. Depois de tudo o que passou, a pobre garota só deve estar querendo um pouco de privacidade".

Talvez. Mas, segundo a assistente de longa data de Madison, Emily Shields, existe uma coisa que Madison Brooks jamais abandonaria. "A Madison estava chateada pelo que aconteceu entre ela e o Ryan? Claro, quem não ficaria? Mas, mesmo que decidisse se esconder por um tempo, nunca teria partido sem o Blue. Aquele cachorro é o melhor amigo que ela tem no mundo. Ele chora o dia inteiro sem ela, como se sentisse que algo está errado, e parte meu coração. Se alguém sabe o que aconteceu com a Madison, por favor, por favor, se apresente. Precisamos da sua ajuda, já que a polícia não parece se importar".

Em que momento o Departamento de Polícia de Los Angeles vai acordar e perceber o que o cachorro sabe?

Aconteceu alguma coisa terrível com Madison Brooks.

Trena Moretti passou os olhos pela matéria que escrevera. Depois, ajustou a fonte até a manchete escandalosa preencher a tela.

Foi Assassinato?

Provocador? Sem dúvida.

Chamativo? Definitivamente.

Mas não era o objetivo?

Fazia dias que ninguém via Madison, e os boatos habituais lançados pela imprensa não tinham conseguido satisfazer a busca da repórter pela verdade.

Madison está no set de um projeto ultrassecreto, diziam. Era muito improvável, já que a própria Madison havia declarado que faria um hiato, e, pelo que Trena sabia, Madison não mudara de ideia.

Madison está escondida no Golden Door, superando uma "exaustão". O habitual e batido eufemismo (junto com *desidratação*) despejado pela máquina de RP de Hollywood, que normalmente significava que o astro em questão estava sofrendo algum tipo de vício, episódio depressivo ou talvez até uma overdose. Nenhum se aplicava a Madison. Não só Trena já tinha entrado com contato com o Golden Door, mas também com o Miraval, o Mii amo e até com o Ashram, um retiro nada luxuoso de jejum inexplicavelmente adorado pelas supercelebridades. Só os verdadeiramente ricos e mimados não veriam nenhum problema em gastar milhares de dólares por uma semana de exercícios rigorosos, porções minúsculas de comida e quartos simples com banheiros compartilhados. E, embora Madison sem dúvida fosse a mais mimada de todos eles, segundo as fontes de Trena ela não tinha se hospedado em nenhum desses lugares.

Madison e Ryan estão se reconciliando em uma remota ilha paradisíaca. Outro cenário improvável, considerando que Ryan tinha se tornado mais visível do que nunca; não havia uma entrevista que não estivesse disposto a conceder. Basicamente, ele repetia o mesmo refrão inconcebível, alegando que havia sentido Madison se afastar, então, ficara com Aster Amirpour em uma tentativa de deixá-la com ciúmes. Sem dúvida, era imaturo... Um ato do qual ele se arrependia profundamente. Segundo as revistas *People, US Weekly* e *OK!*, não se passava um dia em que ele não desejasse ter agido diferente. Mais do que tudo, queria que Madison voltasse para pedir as desculpas que ela merecia. Embora não tivesse ilusões de que ela o aceitaria de volta, tinha certeza de que estava em algum lugar se recuperando das mágoas, mágoas que ele tinha causado, mas apareceria em algum momento. Enquanto isso, depois de tudo o que tinha passado, ela merecia um pouco de espaço e privacidade. Ele chegou ao ponto de suplicar à imprensa que se afastasse da história e demonstrasse um pouco de respeito.

Trena tinha lido as entrevistas atentamente e, pelo que via, Ryan Hawthorne estava desempenhando o papel de uma vida.

Havia algo muito mais sombrio em jogo.

Madison não era bem a garota que fingia ser. Ela trabalhava duro para manter sua imagem festeira, embora claramente preferisse a sobriedade. Parecia passar muito tempo fazendo compras, e mesmo assim gastava pouco do próprio dinheiro, já que a maioria das roupas que usava era presente dos próprios estilistas. Uma única foto da celebridade certa usando o vestido certo bastava para elevar o perfil de um estilista, sem falar nos lucros, já que, normalmente, resultava em milhares de fãs gastando seu dinheiro suado para ter a mesma coisa. O resultado era um retorno enorme por um pequeno investimento, e Madison era uma participante voluntária do jogo.

Pelo que Trena conseguia calcular, a casa de Madison era sua única grande extravagância. Embora a quantidade de portões e medidas de segurança que ela tinha tomado a fizessem parecer mais uma fortaleza.

Quem Madison estava tão desesperada para manter do lado de fora?

Quem ela temia?

Para alguém tão famoso quanto Madison, era como se esconder em plena vista.

Até agora.

Trena inclinou o banco para a frente, pegou seu *chai*, que tinha esfriado, e releu a manchete. Não conseguia se lembrar da última vez em que ficara imersa em uma matéria a ponto de perder a noção do tempo.

Tinha algo bom nas mãos; sentia aquela profunda agitação de saber algo, o que nunca a traíra. A matéria era muito maior do que parecia na superfície. Trena tinha certeza de que, se cavasse um pouco mais, ia ver que chegaria ainda mais fundo do que qualquer um já imaginara.

Foi Assassinato?

Alguém, em algum lugar, tinha a resposta. Ainda que Trena sinceramente esperasse que não fosse, como alguém que tinha crescido pobre, forçada a lutar por tudo o que já conseguira, ela tinha pouca tolerância para princesas privilegiadas como Madison. Mas, quando mais investigava, mais Madison a surpreendia. E, embora Trena não pudesse nem de longe se considerar uma fã, havia algo estranhamente vulnerável naquela garota que a fizera desejar protegê-la. Mas essa não era sua função. Sua única responsabilidade era relatar os fatos. Proteger os cidadãos era trabalho da polícia. Ainda que, até então, eles não tivessem feito quase nada.

Foi Assassinato?

Se aquilo não fizesse a polícia se mexer, nada faria.

Ela apertou "Publicar", levou sua caneca para a pia e jogou o conteúdo fora.

Lá fora, o sol começava a se pôr, e quando o sol desaparecia, seus assuntos mais interessantes surgiam.

Trena não planejava deixá-los passar.

QUARENTA E SEIS

GLORY AND GORE

Foi Assassinato?

A manchete bastou para causar calafrios em Aster, mas isso não a impediu de ler a matéria. Quem quer que fosse essa Trena Moretti parecia estar convencida de que tinha mesmo sido assassinato. Ou, se não era assassinato, algo muito mais sombrio que o boato *Madison está na reabilitação* que circulara nos últimos tempos.

Porém, ainda pior do que pensar que Madison tinha sido assassinada (bem, talvez não pior de maneira geral, e certamente não pior para Madison, mas, sem dúvida, pior para Aster), era a implicação de que o casinho com Ryan, agora bastante público, tivera algum papel no desaparecimento de uma supercelebridade.

Uma implicação que não chegava a nenhuma conclusão real, mas essa não era a intenção. A semente fora plantada. A pior das hipóteses declarada em uma manchete. A ideia em uma tragédia impensável lançada ao mundo para todo e qualquer um especular e chegar às próprias conclusões sórdidas.

O telefone de Aster vibrou com uma mensagem de texto, e ela nem piscou, não ficou sequer tentada a olhar para a tela. Seu telefone não tinha parado desde que o blog de Layla Harrison publicara a matéria. O vídeo, as imagens do vídeo... Tudo tinha sido encaminhado a ela por "amigos" que por algum motivo acharam que Aster precisava não só saber de todas as coisas horríveis que estavam sendo ditas, mas também lê-las em primeira mão.

Aster não entendia por que acharam que ela precisava ter acesso a milhares de comentaristas anônimos chamando-a de piranha, de puta, de vadia. Alguns até ameaçando matá-la. O que exatamente esperavam que ela fizesse?

Aster tinha respondido do único jeito que sabia: obedecera às ordens dos pais e ficara trancada no quarto, refletindo sobre a tênue fronteira entre fama e infâmia.

Ela desejara uma, conseguira a outra e, no final das contas, ambas eram indissociáveis.

Mas, a partir do momento em que ela acordara sozinha no apartamento de Ryan, nada em sua vida tinha saído como o planejado. A imprensa a retratara como uma ladra de namorados vulgar e conspiradora, e depois tinha caído na mentira que Ryan tinha contado sobre deixar Madison com ciúmes. E mesmo assim, apesar das várias entrevistas que ele dera, nenhuma vez mencionara que Madison não era a única que tinha sumido naquela noite.

Seu telefone ficou em silêncio, dando-lhe um breve momento de paz, antes de recomeçar. Aster suspirou, revirou os olhos e pensou em desligá-lo. As ligações e mensagens de texto eram incessantes. Uma rápida olhada para a tela mostrou um número *bloqueado*.

Ela sabia que não devia atender e quis que caísse na caixa postal. Porém, depois de ver um relance de si mesma no espelho de corpo inteiro, algo irreversível mudou dentro dela. Fazia dias que não se olhava. Estava envergonhada demais, temerosa demais do que veria. Mas, depois desse relance, percebeu que era quase impossível desviar os olhos.

Ela se aproximou do espelho e examinou seu rosto. O cabelo pendia sem vida em torno das bochechas, sua pele estava pálida e seus olhos tinham profundas olheiras, fazendo-os parecer machucados e atormentados como ela.

O que Ryan tinha dito? Algo como "Você acabou de dar seu primeiro rumo à fama".

Ele também prometera ficar a seu lado.

"Você não imagina como vai ficar bom. Confia em mim?"

Aster confiara, mas nunca mais tinha ouvido falar dele.

O telefone continuou a tocar.

Podia parecer atormentada, perseguida e machucada, mas estava cansada de se esconder.

Ela pulou para pegar o telefone. Segurando-o com a mão trêmula, sussurrou uma saudação hesitante.

— Aster Amirpour? — A voz do outro lado era profunda, gutural e transmitia autoridade. — Aqui é o detetive Larsen do Departamento de Polícia de Los Angeles. Gostaria de saber se você pode vir à delegacia conversar conosco quando for conveniente. Temos algumas perguntas sobre o desaparecimento de Madison Brooks. Não vai levar mais que alguns minutos.

Ela voltou os olhos para seu laptop. *Ponto para Trena Moretti.*

Não deveria ter atendido, mas agora não havia como voltar atrás.

— Me dê uma hora — disse ela. — Duas no máximo. — Jogando o telefone na cama, foi para seu grande closet. Estava na hora de fazer as malas.

Aster vira programas de detetive suficientes na TV para saber que não devia falar com um policial sem a presença de um advogado. Mas todos os advogados que conhecia eram parentes ou amigos de seus pais e, como não podia pedir a eles, e não tinha o próprio dinheiro, realmente não tinha escolha além de ir sozinha. E também não sabia nada sobre o que acontecera com Madison. Sua única culpa era deixar a ambição atrapalhar seu bom senso ao decidir acreditar em Ryan Hawthorne quando ele disse que gostava dela. Podia ser constrangedor, mas não era ilegal, e era verdade.

Embora todo mundo soubesse que Aster tivera um papel na morte de RyMad, ela não tinha nada a ver com o desaparecimento de Madison. Com exceção de Ryan, ninguém sabia o que realmente acontecera entre os dois. E como ele ainda não tinha divulgado nada para a imprensa, ela concluiu que seu segredo estava seguro.

Aster jogou algumas roupas dentro da sacola, prendeu o cabelo sujo em um rabo de cavalo, passou um pouco de maquiagem no rosto, deu uma última olhada no quarto e desceu a escada em busca da mãe. Parando na porta da cozinha, Aster ficou observando a mãe cortar as folhas de uma dúzia de rosas colhidas no jardim antes de arranjá-las em um vaso redondo de cristal entalhado.

— Desculpe por ter chateado você e o papai. — As palavras saíram mais trêmulas do que ela pretendia. — Desculpe se os meus atos os decepcionaram e envergonharam. Mas me recuso a ser punida por cometer o tipo de erro que não é nem um pouco incomum para alguém da minha idade. Você pode não concordar com as minhas escolhas, mas já tenho 18 anos, o que significa que você não tem mais poder sobre as minhas decisões. — Ela pressionou a mão contra o estômago agitado, desejando que se acalmasse. O tempo todo analisou o rosto perfeitamente maquiado da mãe em busca de um único traço de emoção, mas ela continuou calma e despótica como sempre.

— E como planeja se sustentar, Aster? — Ela deixou a tesoura de poda de cabo rosa sobre a bancada de granito e seus dedos de unhas perfeitas mexeram com nervosismo a aliança de diamantes. — Ainda faltam sete anos para você ter acesso a seu fundo fiduciário.

Aster fechou os olhos. Fora boba o bastante para esperar uma reação diferente, talvez até um abraço, mas estava na hora de encarar a verdade. Sua mãe nunca fora do tipo terno e carinhoso. Ela era distante, rígida, arrogante e fria, mas Aster a amava mesmo assim. Seu pai era o provedor de abraços e palavras gentis, a quem ela recorria em momentos de crise. Mas ele não estava mais falando com a filha, Javen não estava em casa, e fora a babá Mitra quem a colocara naquela confusão ao avisar seus pais do que estava acontecendo e encorajá-los a voltar. Era difícil não sentir amargura em relação à mulher que praticamente a criara. Mesmo assim, aquela era sua única chance de se despedir. Estava na hora de falar o que sentia e seguir em frente.

— Você não pode me manter refém. — Aster pressionou a mão contra o rosto, prestes a enxugar as lágrimas de seus olhos, mas decidiu não fazê-lo. Ela se recusava a fugir de suas emoções como a mãe. Deixaria que viessem à tona, ia se permitir senti-las, por mais tristeza que pudessem causar. — Você não pode transformar isso em um cabo de guerra por dinheiro. Não pode mais me controlar desse jeito. Se eu não quiser viver assim, não sou obrigada. E, se você sentir que não deve liberar um pouco desse dinheiro para eu poder me sustentar de forma adequada, vou encontrar outro jeito.

— E a faculdade? — Sua mãe deixara de puxar a aliança e passara a afofar as pontas do cabelo na altura dos ombros, perfeitamente cortado e pintado, os únicos sinais visíveis de que talvez não estivesse tão serena quanto fingia estar.

INIGUALÁVEL

— O que tem ela? — O foco insistente da mãe nas coisas práticas era a maior tragédia de sua família. Aquela era uma casa de repressão, manchada por mentiras que resultavam desse tipo de vida. Aster mal podia esperar para se libertar. — Ainda planejo me formar, se é com isso que está preocupada. — Ela deu de ombros, ávida para terminar logo e ir embora. — Vou voltar em algum momento para pegar o resto das minhas cosias. Então... — Aster se aproximou para dar um abraço de despedida na mãe, mas foi como abraçar uma parede. Então, ela se afastou depressa, parando um momento para mandar uma mensagem de texto rápida para Javen, prometendo que estaria a apenas uma ligação de distância. Ela se sentia culpada por deixá-lo ali sozinho. Era impossível saber o que os pais fariam se um dia descobrissem que o irmão gostava mais de garotos que de garotas. E, mesmo assim, como ela poderia protegê-lo quando tinha falhado de forma tão patética ao tentar proteger a si mesma?

Sem olhar para trás uma única vez, ela jogou a sacola no porta-malas do carro, entrou e desceu pela entrada em direção a uma nova vida.

QUARENTA E SETE

CALIFORNICATION

Tommy se sentou na cadeira de metal e esperou o detetive lhe trazer uma caneca de café velho de final do dia com alguns pacotinhos de leite em pó. Era sua primeira visita à delegacia, mas ele estava lidando com aquilo como um frequentador.

Ele fora sem advogado, mas tinha certeza de que não precisava de um. Não tinha culpa de nada relacionado ao desaparecimento de Madison, e era só uma questão de tempo até os cabeças-duras dos policiais aceitarem isso e eles irem atrás de alguém que realmente pudesse estar envolvido. Até lá, ele estava comprometido a ser tão educado e cooperativo quanto sua mãe tinha ensinado. Se precisasse exagerar na atuação de garoto-simples-do-interior, tudo bem. Valia tudo para tirá-los do seu pé e colocá-los no rastro de Madison.

Tinha sido uma *enxurrada* de acusações, especulações e pura histeria, mas Tommy se recusava a acreditar naquilo. A lembrança de Madison era recente demais. Toda vez que ele fechava os olhos sentia os lábios dela pulsando contra os seus. Era impossível que estivesse morta.

— Você sabe por que está aqui? — O detetive Larsen empurrou a caneca para Tommy e sentou-se na cadeira oposta.

Tommy juntou dois pacotinhos de leite, arrancou a ponta e despejou o conteúdo na caneca.

— Fui a última pessoa a ser vista com a Madison. — Ele se arriscou a um primeiro gole e tentou não fazer uma careta. A primeira prova era sempre a pior, relembrando-o do quanto ele tinha caído, e quão rápido. Seu eterno sonho de olhar para uma plateia de garotas lindas gritando seu nome na ponta do palco tinha sido substituído pela realidade de um interrogatório de polícia e fãs enlouquecidos de Madison rasgando seus pneus e lhe mandando tuítes raivosos.

O detetive Larsen apoiou os antebraços grossos sobre a mesa e inclinou os ombros para a frente. Olhando Tommy com o cenho franzido, ele manteve a voz calma, conspiradora, como se fossem apenas velhos amigos botando a conversa em dia.

— E como se sente sabendo que foi o último a vê-la com vida?

Tommy passou os dedos pela borda da caneca. *Como eu me sinto? O que é isto, uma sessão de terapia?* Ele olhou o cabelo ruivo escovinha do policial, seus olhos verdes e pele clara e sardenta que perdia a guerra contra o implacável sol de Los Angeles, seus deltoides e peitorais malhados demais que ameaçavam promover uma tomada hostil do seu pescoço.

— Não sinto nada. Eu me recuso a acreditar nisso.

Larsen juntou as pontas dos dedos com força até parecerem os elos grossos e carnudos de uma linguiça.

— Você foi a última pessoa a vê-la. Temos fotos de vocês dois entrando na Vesper. Uma boate à qual aparentemente você tinha acesso até depois do fechamento. As evidências falam por si próprias.

Tommy engoliu em seco. Pelo menos eles não sabiam das fotos no seu telefone. As de Madison tomando uma cerveja, que eram incriminadoras em dois sentidos: primeiro, porque todo mundo sabia que faltavam três anos para Madison chegar à idade legal para beber, e segundo porque Tommy não entregara essas fotos. Se não o prendesse, a polícia nunca saberia que aquelas fotos existiam, e ele estava decidido a manter as coisas assim.

Era culpa de Layla ele estar ali, como principal suspeito da polícia. Claro que ela não era a única testemunha, mas, sem dúvida, fora a primeira a blogar sobre o assunto. A pergunta era se ela tinha feito de propósito, para se vingar dele por alguma razão desconhecida.

A partir do momento em que publicara o vídeo, seu blog tinha se tornado o mais popular entre os viciados em celebridades. O escândalo Madison-Ryan-Aster-Tommy era como uma droga. Eles não se cansavam. Mas o escândalo também havia garantido a presença constante das boates de Ira nos noticiários, dia e noite, enquanto a Night for Night e a Vesper se tornavam santuários improvisados para Madison, e pessoas chegavam de longe para fazer homenagem ao último paradeiro conhecido de sua estrela adolescente favorita.

Tommy voltou o foco para Larsen. Nunca era uma boa ideia deixar sua mente vagar por muito tempo.

— Não acredito que ela está morta. — Ele tentou tomar outro gole de café. Estava frio, terrivelmente amargo, mas o choque inicial nas papilas gustativas tinha passado. Então, tomou outro logo depois. — E se ela não está morta, não posso ter sido a última pessoa a vê-la.

— Hum. Isso é interessante. — O detetive Larsen olhou para o nada como se estivesse mesmo considerando aquilo, mas Tommy sabia reconhecer uma farsa. — Mas, nessa era moderna de Instagram, selfies, YouTube, canais de notícias a cabo e blogueiros tão ligados de cafeína que nem dormem mais, seria de imaginar que, se alguém tivesse visto a Madison depois de você, teríamos algum tipo de prova fotográfica, não acha? Você não imaginaria isso?

Tommy deu de ombros e agitou seu café, observando a borra marrom-clara percorrer as laterais da caneca.

— Já disse o que eu acho. Mantenho minha posição.

— Então, tudo bem. — O detetive Larsen se recostou na cadeira, que oscilou de forma precária. Se ele estava tentando deixá-lo nervoso, já tinha fracassado. Tommy não estava nem aí se ele caísse e machucasse a cabeça. Terminaria seu café e depois talvez consideraria pedir ajuda. — Você parece estar muito confiante da sua posição. Isso me faz pensar que pode saber mais do que está contando. O que foi, Tommy? Tem alguma coisa que não nos contou? Porque, se está preocupado com a hora, eu tenho a noite inteira. Está mantendo a Madison viva em algum lugar?

Tommy estreitou os olhos, confuso. Eles acreditavam mesmo que ele era capaz de sequestrar Madison Brooks e mantê-la refém?

— Você a beijou? — Larsen jogou a cadeira para a frente e se inclinou tanto que ficou a apenas centímetros do rosto de Tommy. Perto o bastante para exibir a constelação de poros entupidos e pelos soltos das sobrancelhas.

Tommy estremeceu e se retraiu na cadeira. O hálito de Larsen fedia à coisa nojenta que tinha comido no almoço, e Tommy odiava o jeito que os olhos do detetive grudaram nos dele. Como se quisesse os detalhes não só para a investigação, mas para poder guardar uma imagem mental em seu banco de lembranças eróticas. Tommy balançou a cabeça e passou a mão pelo rosto. Sua linguagem corporal estava toda errada. Nervosa demais, fazendo-o parecer culpado. Mas ele não era culpado. Por que não conseguiam ver isso? Por que ainda estava naquela droga de sala?

— Você a beijou? Você a levou para o quarto dos fundos e tentou forçá-la?

— O quê...? — Tommy franziu a testa. — Que tipo de babaquice pervertida é essa? — Ele finalmente calou a boca quando viu a expressão maliciosa de Larsen, com seus olhos enrugados e bochechas estufadas, dando a impressão de que Tommy tinha acabado de lhe dar um lindo presente, o que era verdade. Ele demonstrara raiva, suficiente para sugerir um possível lado obscuro. Os policiais viviam para esses momentos, e Tommy caíra direitinho na armadilha.

— Não é babaquice — disse Larsen. — Então, talvez, você devesse começar a levar isso a sério e tentar responder às perguntas que faço.

Tommy respirou fundo e se concentrou no espelho retangular diante dele que, segundo todos os programas policiais que já tinha visto, permitia a que quem quer que estivesse do outro lado vê-lo sem ser visto. Falando com aquela pessoa, fosse quem fosse, ele ergueu a voz.

— Sim, eu a beijei — disse ele.

— E...

Larsen agitou as sobrancelhas de um jeito que enojou Tommy.

— E... nada — disse ele, determinado a não demonstrar coisa alguma. Ele tentou se manter neutro, mas seu tom de voz o entregou. Estava muito irritado e começava a demonstrar. Mesmo assim, o que tinha passado com Madison era muito mais significativo do que uma pegação adolescente. Tinha sido...

— Então, conte sobre as pulseiras pretas.

Tommy levou um susto. Como ele sabia aquilo?

— Sabe, tenho que admitir, eu me adaptei tarde às redes sociais. Quer dizer, ninguém quer ficar falando com toda aquela gente que você não suportava na escola, não é? — Ele olhou para Tommy como se esperasse que ele concordasse. Como isso não aconteceu, continuou: — Mas, agora que me juntei ao mundo moderno, eu o considero muito útil. — Ele encarou Tommy, fazendo uma pausa proposital por alguns instantes constrangedores. — Segundo o Instagram, você tem a reputação de fazer vista grossa quando o assunto é consumo de bebidas alcoólicas por menores de idade.

Tommy relaxou. Por sorte, ele tinha sido inteligente o bastante para interromper aquela prática logo depois que a matéria de Layla saíra e a polícia começara a bisbilhotar. Aquilo era antigo. Não podia ser provado. Ele não tinha nada com que se preocupar.

— Eu não sou responsável pelas bobagens que as pessoas postam na internet. — Ele deu de ombros como se falasse sério.

— Talvez... Mas aquelas pulseiras pretas são específicas da Vesper. A maioria dos garotos que tirou selfies... É assim que vocês chamam? Selfies?

Tommy fechou os olhos para evitar revirá-los na cara dele. Larsen agia como se fosse um octogenário ignorante para computadores quando não devia ter nem quarenta anos. Tudo aquilo era ridículo.

— Enfim, a maioria dos garotos que tiraram selfies com essas pulseiras pretas tem menos de 21 anos. E vou lhe dizer: existem centenas dessas fotos, talvez cheguem até mil. Eu perdi a conta. O que estou me perguntando é... Você sabia disso?

Tommy engoliu em seco. Não podia ter dado *tantas* assim... Não é?

— Não sei do que você está falando. — Ele lutava para manter a voz firme, calma. Já tinha revelado demais.

Larsen deu de ombros como se o tópico estivesse extinto, mas Tommy sabia que era o contrário.

— Mesmo assim, é interessante você pegar essa tragédia terrível envolvendo uma garota que alega gostar e usá-la a seu favor. Eu gosto de ficar atualizado com a cultura das celebridades, lendo os blogs e tabloides. Isso me ajuda a fazer meu trabalho, já que a maioria dessas pessoas mora nesta cidade. Pelo que entendi, você conseguiu dar uma boa quantidade de entrevistas em um curto período. Falou com a *People*, o *TMZ* e a *US Weekly*, por exemplo. Você se mudou para LA para tentar a carreira de músico, não é?

Tommy olhou para ele com o rosto impassível, recusando-se a confirmar ou negar.

— Deve ter sido uma decepção vir lá de Oklahoma e acabar trabalhando na Farrington's Vintage Guitar, e até de lá foi demitido. Por sorte, conseguiu se recuperar com esse trabalho para o Ira Redman, mas, sério, quanto tempo esperava que isso durasse?

— Tá, eu entendi. — Tommy o encarou. — Você fez sua investigação. Sabe tudo sobre mim.

— Está na cara que não sei *tudo* sobre você. Senão, você não estaria aqui, não é? Mesmo assim, é impressionante como conseguiu se posicionar rápido.

Tommy estava furioso, mas se controlou.

— Dá para ver que usou muito bem a sua conexão com Madison Brooks para atrair um grande público e conseguir uma vantagem sobre os concorrentes. Segundo as suas entrevistas, você conhecia a Madison muito melhor do que deixou transparecer. Falou dela em termos quase líricos, mas quando perguntaram se a tinha beijado... O que você disse? — Ele se aproximou tanto que Tommy sentiu o hálito de Larsen como um tapa na cara. — Homens de verdade não contam. — Ele se afastou, soltando uma risada alta e gutural. — Homens de verdade não contam. — Ele bateu na mesa e balançou a cabeça. — E dizem que não existe mais cavalheirismo. Eu gostei especialmente do olhar que você deu para a câmera, sugerindo o contrário. Foi sensacional. Os fãs e os que a odeiam não se cansam. Foi um desempenho à moda de Hollywood, não acha?

Os ombros de Tommy se curvaram de vergonha. Ele tinha feito tudo aquilo e pior. Mas o que esperavam? Ele era jovem e ambicioso, não tinha outra escolha além de aproveitar todas as oportunidades. Além do mais, tentara evitar a imprensa, que só o perseguia ainda mais. Dar o que queriam era bom para ambas as partes. Eles conseguiam a matéria, e Tommy, o tipo de exposição que não teria de outra forma. Além disso, a maioria das entrevistas pagava boladas de dinheiro que ele não podia se dar ao luxo de recusar.

— Você ainda está acusando a... — Larsen fingiu consultar suas anotações, mas era só mais uma tática de um grande arsenal. — Layla Harrison? Ainda acha que teve alguma coisa a ver com o desaparecimento da Madison?

Tommy fechou os olhos. Ele achava que tinha sido Layla? Provavelmente não. Mas não a conhecia tão bem quanto quisera, e agora estava tudo acabado. Ele dissera isso no telefone, quando a polícia tinha ligado pela primeira vez, basicamente tentando amenizar o próprio problema. Além do mais, Layla não hesitara em empurrar Tommy para os trilhos ao postar fotos dele com Madison. Ele só sabia que aquela garota tinha problemas não resolvidos de agressividade. E, sim, talvez alguém devesse investigá-la com mais atenção.

Tommy abriu os olhos e fixou-os no detetive Larsen.

— Quando o assunto é a Layla Harrison... Digamos apenas que a considero capaz de qualquer coisa.

QUARENTA E OITO

SHAKE IT OFF

Aster Amirpour dirigiu direto até a delegacia, entrou em uma vaga e encostou a testa ao volante de couro. Ela estava tensa, trêmula, e a agitação no estômago que sentia quando saiu de casa tinha evoluído para espasmos. Se não se recompusesse antes de entrar, entenderiam mal sua ansiedade e a considerariam culpada.

Respirou profundamente diversas vezes, e estava prestes a verificar sua aparência no espelho retrovisor quando seu telefone tocou e o nome de Ira Redman apareceu na tela.

Ela fixou os olhos no telefone, sem saber o que fazer. Não estava acostumada a receber ligações de Ira e temia estar encrencada por não aparecer na boate e perder algumas reuniões. Depois de tudo o que Ira tinha feito por ela, cuidando dela depois do ataque de Madison, sem falar dos envelopes cheios de dinheiro... Tinha acreditado nela e ela o decepcionara. Se fosse demiti-la, provavelmente seria melhor. Com sua reputação de ladra vadia de namorados, ela se tornaria um problema. Quanto antes ambos deixassem toda essa confusão para trás, melhor.

Ela fechou os olhos, limpou a garganta e, levando o telefone até a orelha, murmurou um "alô".

— Aster, que bom. — A voz de Ira estava apressada e grave, o som de um homem ocupado prestes a eliminar uma tarefa desagradável de sua lista de coisas a conquistar até o meio-dia. — Você está viva. Até agora eu estava com medo de que a Madison não fosse a única desaparecida.

Aster estremeceu ao ouvir a referência.

— Mandei uma mensagem para você — murmurou ela, odiando seu tom tímido, mas Ira sempre a deixava nervosa.

— É, é, eu recebi. — Houve um som abafado do outro lado da linha quando ele colocou a mão sobre o fone e falou com alguém ao fundo antes de voltar. — Mesmo assim, foi uma mensagem, Aster. Sua ausência está sendo um pouco mais longa do que eu esperava.

Ela puxou um ponto desfiado da calça jeans que comprara na seção de jeans da Barneys. Era engraçado pensar no quanto tinha pagado por uma calça que fora destruída de propósito. Quem dera ela tivesse previdência suficiente para comprar uma menos danificada. Agora que seus pais estavam determinados a cortar suas finanças, seus dias de compras ilimitadas eram uma coisa do passado.

— Estou demitida? — Seus dedos buscaram instintivamente o pingente *hamsa*, apesar de não haver nenhuma evidência de que ele a favorecia.

— O quê? Não! — A voz surpresa de Ira estrondeou em seu ouvido. — De onde você tirou essa ideia?

— Bom, é que eu imaginei...

— Não imagine. Nunca tente prever o que vou fazer. Vai falhar todas as vezes. Sei que a imprensa está tratando você mal, quis ligar e... Você está bem?

Ela estava chorando. Odiava a si mesma por isso, mas não conseguia evitar. Fora ridicularizada e humilhada injustamente tanto pela imprensa quanto por sua família. E agora, por causa disso, estava sem um centavo, sem casa e tão longe de estar bem quanto era possível, e Ira Redman, logo ele, demonstrava preocupação. Era demais para processar em tão pouco tempo. E, depois que começou a chorar, ela viu que não conseguiu parar.

— Aster... Onde você está? Diga que não está dirigindo. — Ele parecia um pai, um pai preocupado e carinhoso, como aquele que ela tinha até envergonhar a família e ele não suportar mais olhar para a filha.

— Estou na delegacia. — As palavras foram um sussurro. Ela baixou a cabeça, observando as lágrimas caírem em seu colo.

— O que você pensa que está fazendo aí?

O susto de Ira a despertou. Ela se olhou no espelho e passou as mãos furiosamente sobre cada bochecha.

— Eles me pediram para vir aqui para um interrogatório e...

— E você decidiu fazer a vontade deles?

Ela se contraiu ao ouvir isso. A crítica era alta e clara no tom de voz dele.

— Está com um advogado?

Aster balançou a cabeça e, ao perceber que ele não conseguia vê-la, murmurou.

— Não.

— Falou com alguém?

— Ainda não. — Ela olhou por cima do ombro, vendo alguns policiais entrarem em uma viatura, sem exibir o mínimo interesse por ela. — Ainda estou no estacionamento.

— Ouça, ligue o carro e saia já daí. Agora. Está me ouvindo?

Uma nova onda de lágrimas inundou seus olhos, e não havia nada que ela pudesse fazer para deter o fluxo. Só que dessa vez não estava só chorando, estava soluçando, com todos os efeitos sonoros constrangedores do nariz entupido para acompanhar.

— Aster? — Ira esperou um instante, dando-lhe a chance de se aclamar. — O que está acontecendo de verdade?

Ela se olhou no retrovisor, franziu a testa para seu reflexo descuidado e virou o espelho para o outro lado.

— Eu não tenho para onde ir.

Ouviu Ira respirar. E, embora só tivesse levado um segundo, para Aster pareceu que o silêncio ia durar para sempre.

— Encontre-me no saguão do W em meia hora. É na esquina da...

— Eu sei onde é.

— Ótimo. E, Aster...

Ela já estava ligando o carro, já começava a se recuperar. Ira tinha um plano. Ira tomaria conta dela. Ou, no mínimo, ajudaria Aster a criar um plano para poder cuidar de si própria, o que era ainda melhor. De um jeito ou de outro, se ela pudesse pensar naquele momento como o fundo do poço, as coisas só iam melhorar.

— Vai ficar tudo bem, ouviu?

— Eu sei — disse ela, já começando a acreditar. — Vejo você daqui a pouco.

QUARENTA E NOVE

SHUT UP AND DANCE

Layla atravessou a boate lotada com a batida forte do techno latejando em sua cabeça enquanto calculava mentalmente seus convidados antes de perder a conta e desistir. Eram muitos. O maior público que já tinha conseguido. E tudo graças ao blog Belos Ídolos.

Não que ela pudesse competir com os números da Night for Night e da Vesper, mas era só porque aquelas boates tinham se transformado em santuários para Madison, e a Jewel não desempenhara nenhum papel no drama; então menos abutres da cultura pop apareciam. Mas ela estava ganhando uma lista considerável de subcelebridades. Incluindo Sugar Mills, que Aster tinha mandado, como se fosse equivalente a Ryan Hawthorne. Nem de longe. No entanto, resolveria isso depois.

— Dá para acreditar nisto? — disse ela a Zion, gritando para ser ouvida acima da música.

— Ah, e você não acredita? — Estreitou os olhos escuros para ela, balançando a cabeça majestosa enquanto ia para sua mesa de modelos.

Layla observou-o, sem saber se ele a desprezava porque eram os dois últimos competidores da Jewel depois de Ira cortar Karly, junto com Taylor, da Night for Night, na semana anterior, diminuindo o número de competidores para apenas seis (porque ele sabia que seu blog era responsável pelo tipo de público que a Jewel estava atraindo e isso o deixava ressentido com ela) ou se só estava sendo escroto porque claramente ia perder e se recusava a aceitar isso.

Era engraçado como gente ingênua ficava quando se tratava de celebridades. Nunca percebiam que quase todas as fotos de celebridades se divertindo na praia com biquínis minúsculos ou fazendo posições complicadas de ioga no meio do mato eram arranjadas pelas próprias celebridades. E, nos últimos tempos, Layla estava tão inundada de pedidos para pegá-los fingindo agir espontaneamente que, juntando isso e a boate, tinha pouco tempo para qualquer outra coisa.

Às vezes, fingia odiar, mas era basicamente para agradar Mateo. Para alguém que nunca tinha se encaixado, que nunca fora parte do grupo popular, tinha de admitir que gostava de ser procurada.

— Parece que você está me escondendo coisas.

Layla se virou e viu Heather Rollins parada atrás dela segurando um Mateo com uma expressão infeliz pelo braço.

O quê...?

Layla a encarou, incrédula. Sem dúvida seus olhos a estavam enganando. Mateo nunca tinha aparecido na Jewel. Detestava boates. E ali estava ele, com Heather.

— O coitadinho parecia perdido, então o ajudei a encontrar seu caminho. Onde você o estava escondendo, Layla? — Ela segurou os bíceps de Mateo com ambas as mãos, aninhando seu corpo ao dele entanto abria um sorriso sedutor. — Todo esse tempo que eu passei compartilhando os meus segredos, não sabia que você ainda estava escondendo os seus. — Ela fez um biquinho e lançou um olhar de reprovação a Layla.

— Não é segredo, é só o meu namorado — disse ela, vendo Mateo se soltar de Heather e se aproximar dela. Consciente da repentina onda de calor subindo para suas bochechas enquanto olhava de um para outro, ela se sentia nervosa, agitada. Devia ter algo a ver com a colisão de seus dois mundos. Ela trabalhava duro para manter sua vida cuidadosamente compartimentada. Não gostava de surpresas.

— Bom, pare de escondê-lo e comece a trazê-lo aqui. — O olhar de Heather se demorou em Mateo enquanto ele pressionava a mão contra as costas de Layla e a conduzia para longe dali.

— Quem droga é aquela? — perguntou ele, tão irritado quanto Layla.

— Ela não é tão ruim assim — disse Layla, sem saber o que a frustrava mais: ter de defender Heather Rollins ou a visita inesperada de Mateo.

Ele olhou a boate, parecendo agitado, irritado, muito diferente do que era.

— Como você a conhece?

Layla fechou os olhos e balançou a cabeça. Sério? Era isso que ele queria discutir quando mal tinham se visto a semana inteira? Layla respirou fundo para se acalmar.

— Ela é figurinha fácil no meu blog, que você claramente não lê mais, ou saberia. — Ela suspirou, forçando uma postura mais tranquila. — Nós saímos às vezes, só isso.

Mateo lhe lançou um olhar conflituoso, mas Layla o ignorou e pegou sua mão.

— Você não pode culpá-la por se jogar em cima de você. — Ela se aproximou, passando os dedos pela gola da camiseta dele. — Não quando você aparece aqui tão lindo.

Ela olhou com aprovação para sua calça jeans escura, sua camiseta carvão com gola em V e seu blazer de linho preto; totalmente diferente de suas habituais bermudas e trajes de mergulho. Era óbvio que ele tinha se esforçado, e Layla queria que ele soubesse o quanto ela valorizava o gesto.

— Venha aqui. — Ela segurou suas lapelas e o puxou mais para perto. — Quer uma bebida?

Ele balançou a cabeça.

— Quer dançar?

Mateo estreitou os olhos.

— Você não dança.

— Com você, eu danço.

Ele franziu a testa e desviou os olhos.

— Quantas dessas pessoas estão sob o efeito de ecstasy ou coisa pior?

Layla suspirou. Precisou de todas as suas forças para não revirar os olhos.

— Não sei. — Ela deu de ombros. — Não fiz uma pesquisa.

— E não se incomoda com essa possibilidade?

— Que eu saiba, eu não trabalho para o Departamento Antidrogas, nem você. — Ela soltou o blazer dele e o encarou. — O que está acontecendo? — perguntou Layla. Tudo nele estava muito estranho.

— O que você fazendo? — Ele esfregou os lábios e passou uma das mãos pelo cabelo.

— Pode ser mais específico? — Ela franziu as sobrancelhas.

— O que houve com o seu blog e a matéria dentro dos bastidores que você ia fazer?

Layla o olhou, sentindo que o que ele realmente queria perguntar era: O *que aconteceu com você?*

— Mateo, por que você veio aqui? — disse ela, ignorando a pergunta. Não havia uma forma boa de responder que não fosse piorar tudo.

Quando ele a encarou, parecia ter perdido as forças.

— Para ver você. — Ele balançou a cabeça.

— Bom, eu estou aqui. Bem na sua frente. Convidando você para dançar. A pergunta é: o que vai fazer em relação a isso?

Sem hesitar, ele pegou a mão dela, guiou-a para o meio da multidão e pressionou a boca contra a dela. Aquilo a fez lembrar da vez em que dançara com Tommy, um momento que ela preferia esquecer.

Mas talvez esse beijo com Mateo pudesse apagar tudo isso. Ou, no mínimo, sobrepor uma lembrança melhor sobre a ruim.

Ela se aproximou mais, roçando lentamente os quadris contra os dele, aliviada quando Mateo segurou com força sua cintura e eliminou o pouco espaço que ainda existia entre eles.

CINQUENTA

HIPS DON'T LIE

Spotlight

O galã adolescente de olhos verdes Ryan Hawthorne não apareceu no circuito das boates nos últimos dias, e quem poderia culpá-lo? Em uma recente onda de azar, incluindo um programa cancelado, o constrangedor término público com a supercelebridade e ex-namorada Madison Brooks na Night for Night e a onda de boatos que se seguiram ao desaparecimento dela, claro que o rapaz precisou dar um tempo da vida festeira. Se já houve algum momento para refletir a sério sobre si mesmo, é este. No final das contas, é exatamente isso que Ryan tem feito, e nós da Spotlight ficamos muito animados quando ele arranjou um tempo para responder as nossas perguntas.

Spotlight: *Temos certeza de que você sabe do frenesi que começou depois do desaparecimento da Madison, mas, considerando seu relacionamento com ela, queríamos saber quais são suas teorias.*

Ryan: *Não tenho nenhuma teoria. E não acredito de jeito nenhum nas teorias da conspiração que estão rolando por aí. Sabe, eu já disse isso antes e vou repetir: sinto muitíssimo pelo jeito que as coisas acabaram entre a Mad e eu. Estaria disposto a qualquer coisa para tê-la de volta. E planejo fazer exatamente isso, se ela me aceitar. Mas por enquanto respeito seu direito de ser discreta, e peço a todo mundo para fazer o mesmo. Ela passou por um momento difícil, sobretudo por culpa minha. E, ainda que eu não possa reescrever o passado, posso me esforçar para me tornar o tipo de namorado que a Madison merece.*

Spotlight: *E quanto a Aster Amirpour?*

Ryan: *O que tem ela? Me envolver com a Aster foi algo de que me arrependo profundamente. Não existe absolutamente nenhuma desculpa para o meu comportamento e para o fato de trair a Madison. Agora, só quero deixar tudo isso para trás como uma lição aprendida e fazer o que for necessário para tentar me redimir.*

Spotlight: *Bom, todo mundo adora uma boa história de redenção. Então, estamos torcendo por você, Ryan! Mas, ao contrário de certos relatos jornalísticos, você parece convencido de que Madison Brooks está viva e bem.*

Ryan: *Porque ela está viva e bem. É irresponsável publicar coisas que sugiram o contrário quando não existe absolutamente nenhuma evidência para respaldá-las. Mas eu entendo: sensacionalismo vende.*

Spotlight: *O que você diria para a Madison se ela ler isto?*

Ryan: *Quero dizer que eu a amo... Que sinto muito pelo que fiz e, que quando ela estiver pronta para reaparecer, espero que consiga me dar uma segunda chance.*

Aster revirou os olhos e jogou a revista de fofocas do outro lado do quarto. *Ele a ama. Ele sente muito.* Aquilo não passava de uma mentira. Mas Ryan mentia muito bem. Era só ver todas as mentiras que tinha contado a Aster, nas quais ela fora idiota o suficiente para acreditar.

Bom, não mais.

Ela afastou o pensamento e entrou no closet, onde seus dedos afundaram no carpete felpudo cor de marfim enquanto tentava decidir quais dos dois vestidos novos devia usar na boate. Era estranho ter começado a semana soluçando no estacionamento da delegacia, com a carteira vazia e sem ter para onde ir, e terminá-la hospedada em uma cobertura elegante no hotel W (graças a Ira Redman, que era dono daquele apartamento de luxo), com seu lugar na competição intacto.

Ira estava certo. O que ela achou que seria sua ruína acabou sendo a melhor coisa que já lhe acontecera. Claro, seus pais continuavam sem falar com ela, mas conversava com Javen quase todo dia, então, pelo menos tinha o irmão. E, embora não pudesse alegar completa independência, já que devia seu atual estilo de vida luxuoso à generosidade de Ira Redman, e ainda que não estivesse exatamente orgulhosa dos eventos que tinham gerado sua sorte, não havia como negar que o desaparecimento de Madison e a fama de Aster eram diretamente responsáveis pelo aumento dos números das boates de Ira. Sem contar que ela podia escolher entre empresários interessados, que já tinham marcado um monte de entrevistas e sessões de fotos.

Era o oposto do dia em que ela tinha saído da delegacia e sido levada por Ira ao maravilhoso apartamento, onde ele a acomodara no elegante sofá de couro cinza-claro com uma xícara de chá-verde enquanto uma de suas muitas assistentes arrumava seus pertences no novo quarto.

— Você não precisa fazer isso — dissera ela, sentindo-se pequena e oprimida em um espaço tão luxuoso. As janelas panorâmicas ofereciam uma vista maravilhosa da cidade. A mobília era moderna, elegante e da melhor qualidade. Ela nunca conseguiria retribuir.

— Claro que não. — Ira tinha escolhido o sofá bem diante dela. — Mas não cheguei aonde estou ignorando oportunidades que me foram dadas, e você é inteligente e ambiciosa o bastante para entender do que estou falando.

Ela tomara um gole hesitante do chá, esperando ele continuar.

— Corrija-me se eu estiver errado, mas não foi a sua ambição, antes de mais nada, que a colocou nos braços de Ryan Hawthorne?

Aster encolhera os joelhos contra o peito, passando os braços em volta deles, e baixara a cabeça de um jeito que fazia seu cabelo cair no rosto. Mais do que tudo, ela queria se agarrar à crença de que gostava mesmo de Ryan. Não queria pensar que tinha desperdiçado sua virgindade por vontade própria com alguém que se importava tão pouco com ela quanto ela com Ryan. Mas, se Ira não estava enganado, por quanto tempo mais poderia enganar a si mesma?

— Ele estava na lista. — A voz de Ira continuara neutra, simplesmente atestando os fatos. Era a primeira vez depois de toda aquela confusão que ela não sentia a dura pontada da crítica. — Então, você estrava determinada a consegui-lo como troféu, provavelmente concluindo que, aonde o Ryan ia, a Madison também ia.

Ela erguera os ombros, desdobrando as pernas. Sentia-se exposta, incapaz de esconder a verdade. Pela primeira vez em dias, estava pronta para falar.

INIGUALÁVEL

— No começo... — Tinha dado uma olhada para Ira, buscando forças para continuar. — Eu gostei da atenção. Ele gostou da atenção, ou, pelo menos, foi o que pareceu. Mas depois... — Ela pegou o chá, segurando a xícara entre o peito e o queixo, tentando acessar o que tinha se convencido que sentia por Ryan. — Achei que ele gostava de mim. Acreditei, de verdade, nas coisas que ele me disse.

— Seu primeiro erro — disparara Ira, e todo o seu comportamento demonstrava uma distinta falta de compaixão. — Nunca, jamais acredite em um ator. Eles estão sempre atuando. Não existe botão de desligar. Você deveria saber disso melhor do que ninguém.

Ela olhou a xícara com a testa franzida.

— Por favor, eu falhei como atriz.

— É mesmo?

O olhar de Aster encontrara o dele.

— Ou só está falhando consigo mesma?

Os ombros dela tinham se curvado. Sua cabeça estava pesada demais para o pescoço suportar. Era como se toda a força que a mantinha de pé de repente tivesse se esvaído, deixando-a prostrada, fraca e desesperada por orientação, e quem melhor para isso do que Ira?

— Depois de terminar seu chá e se recompor, você vai para a delegacia. Não cumprir sua palavra só vai irritá-los, e é melhor não fazer isso. Mas não vai como uma descompensada emocional que chora por qualquer coisa. Vai com um script cuidadosamente planejado do qual não vai se desviar de jeito nenhum. Quando deixar isso para trás, vai perder essa mentalidade de vítima, parar de se esconder e finalmente reconhecer seu problema atual como o momento com o qual sempre sonhou. E nem tente fingir que não sabe do que estou falando, porque ambos sabemos que você passou a vida inteira sonhando em ter sua foto nos tabloides e seu nome na boca de todos. Talvez não tenha acontecido do jeito que você imaginou, mas, agora que aconteceu, precisa aproveitar ao máximo. A mesma coisa que a envergonha é a que pode torná-la uma estrela. A Night for Night ainda está indo bem, mas isso tem menos a ver com os seus companheiros de equipe e mais com a notoriedade de tudo o que aconteceu. As pessoas adoram um bom escândalo, Aster. E, por acaso, você tem o papel principal nessa história. É melhor aceitar antes que algo mais aconteça e você caia na obscuridade.

Aster escondeu o rosto entre as mãos, massageando as têmporas com os polegares e tirando um minuto para processar as palavras dele.

— Ira, você tem filhos? — Ela ergueu o olhar para encontrar o dele.

Ele balançara a cabeça em negativa, mas parecia achar divertido.

— Que pena. Acho que você seria um ótimo pai.

Antes que ela pudesse terminar, Ira estava gargalhando. Ao se aquietar, disse:

— Com certeza foi a primeira vez que me disseram isso. Também tenho certeza de que vai ser a última. Então... — Ele já tinha voltado ao que interessava. — Você está dentro? Pronta para tomar o controle da sua vida?

Aster olhara o apartamento. Ela podia se acostumar a viver daquele jeito.

— Estou — disse ela, com a voz cheia de convicção. — Estou totalmente dentro.

Ira assentiu, parecendo satisfeito.

— Que bom! Então, você vai fazer o seguinte... — Ele se aproximou para explicar o plano.

Mesmo assim, nada poderia tê-la preparado para a humilhação de se sentar diante daquele nojento do detetive Larsen, lutando para não se concentrar em seu rosto malicioso enquanto ele fazia uma série de perguntas degradantes que, por sorte, o advogado que Ira tinha indicado não a deixara responder. Ela basicamente tinha usado seu direito de não testemunhar contra si própria até Larsen desistir e lhe dizer para ir embora. Ela estremecia ao pensar no que poderia ter acontecido se Ira não a tivesse poupado de ir sozinha.

Aster descartou a lembrança e entrou no minivestido de renda preta. Estava calçando os sapatos quando ouviu alguém bater. Cambaleando sobre um Manolo, ela abriu a porta e encontrou um dos funcionários do hotel, entregando um pequeno pacote.

— Desculpe por incomodar. Está indicado como "urgente".

Olhou o envelope. Não havia endereço de remetente, o que lhe pareceu estranho. Embora já estivesse atrasada, ficou intrigada o suficiente para passar o indicador sob a aba e despejar o conteúdo na mão.

Era um DVD caseiro em uma caixinha transparente com seu nome escrito em preto.

INIGUALÁVEL

Seu estômago se contraiu e uma onda de apreensão a percorreu enquanto sua mente girava com mil possibilidades, nenhuma delas boa. Ela cambaleou até a TV, incapaz de sequer respirar quando a grande tela plana ganhou vida e ela caiu no sofá.

Seu pior medo tinha se tornado realidade.

CINQUENTA E UM

DON'T SAVE ME

Layla saiu da sala de interrogatório e atravessou o corredor deserto, que fedia a pânico, medo e café queimado. Não sabia se tinha conseguido debelar as suspeitas contra ela ou se selara seu desastroso destino. O fato de não estar usando algemas e correntes nos pés provavelmente era um bom sinal. Mas, apesar de ter a impressão de que passara horas declarando sua inocência, juntando a ordem de restrição com as duras críticas a Madison em seu blog, Larsen parecia convencido de que ela tinha todos os motivos para se livrar de Madison Brooks. Só faltam as provas.

Desesperada para se distanciar do detetive Larsen, ela foi para sua moto, pensando que um longo passeio clarearia sua mente. Mas, como sua vida estava saindo totalmente de controle, podia dar a volta ao mundo várias vezes que não ajudaria em nada.

Além disso, mais do que nunca, ela, Aster e Tommy precisavam conversar. O fato de terem sido colocados em salas de interrogatório separadas mais ou menos ao mesmo tempo não era coincidência. Era óbvio que os detetives queriam que eles se vissem, provavelmente esperando que isso os fizesse entrar em pânico e confessar coisas que tinham preferido omitir.

Será que Tommy ou Aster tinha feito alguma coisa com Madison? Seu primeiro impulso era duvidar... Duvidar como duvidava de que qualquer um que conhecia fosse capaz de algo assim. Mas aquele não era um jeito ingênuo, quase esperançoso de ver o mundo? Não era mais provável que, na situação certa, nas circunstâncias certas, qualquer um fosse capaz de praticamente qualquer coisa?

Claro que Tommy a considerava capaz ou, pelo menos, era o que dissera a Larsen. Ou talvez nunca tivesse dito isso. Talvez Larsen só os estivesse manipulando para se voltarem uns contra os outros. Ela só sabia que ficava mais inquieta a cada dia.

Layla chutou uma pedra com a ponta da bota, olhou as horas no celular e depois para a porta da delegacia. Será que ele tinha ido embora antes dela? Sem voltar lá para dentro e perguntar, não havia como saber. Decidiu esperar um pouco mais. Juntando as pulseiras pretas que ele distribuía livremente ao público com menos de 21 anos e a ficada com Madison, Layla já tinha visto até que ponto ele iria para ganhar a competição. Como saber quão longe chegaria agora que sua vida estava na reta?

Um motor foi ligado, e Layla ergueu os olhos a tempo de ver Tommy saindo do estacionamento. Correu até ele, gritando seu nome enquanto ele engatava a primeira, pisando fundo no acelerador, sem saber se não a notara porque suas janelas estavam fechadas e a música, alta, ou se a estava ignorando de propósito. Só quando pulou bem na frente dele soube que, enfim, tinha sido vista.

Os freios guincharam, o carro foi jogado para a frente, depois para trás, não a atingindo por uma questão de centímetros. Enquanto isso, Tommy se inclinava para fora da janela e gritava:

— Você está louca, porra?

Ela se apoiou sobre o capô e se esforçou para recuperar o fôlego. Pelo menos, não estava errada em pensar que ele não era o assassino. Obviamente, tinha preferido *não* atropelá-la, quando poderia muito bem ter dito que fora um acidente.

— O que você pensa que está fazendo? — gritou ele, com os olhos azuis apertados de raiva.

— Precisamos conversar. — Layla contornou o capô e parou ao lado da porta dele. — Você, eu e a Aster. Consegue convencê-la?

— Você acha que me convenceu? — Ele balançou a cabeça, olhando-a como se Layla fosse louca.

Ela tirou o cabelo do rosto.

— Não vou passar o resto da vida na prisão por algo que não fiz, e você também não deveria. Encontre-me no Hollywood Forever em uma hora. — Ela foi até sua moto.

— O cemitério? — gritou ele.

Layla olhou por cima do ombro, fixando o olhar no dele.

— No túmulo do Johnny Ramone. Tenho certeza de que sabe onde fica. Mas não se preocupe: não planejo enterrar você. Mas, se não encontrarmos um jeito de nos reunir e conversar, eles vão fazer isso. — Layla apontou para a delegacia com o polegar e colocou o capacete. Viu Tommy dar de ombros e ir embora, deixando-a com a esperança de que ele seria inteligente o bastante para fazer o que era necessário.

CINQUENTA E DOIS

PARANOID

Tommy Phillips saiu do estacionamento da delegacia e dirigiu sem rumo por alguns quarteirões antes de parar em uma rua residencial tranquila com casas ao estilo antigo de Hollywood, do tipo com telhas vermelhas, portas em arcadas e gramados vazios e íngremes. Casas que pertenciam a uma Hollywood diferente, a uma época menos complicada. Ou talvez não tivesse sido menos complicada do que era agora. Talvez as coisas só parecessem mais fáceis quando olhávamos para trás.

Ele olhou pelo para-brisa, precisando de um momento para processar o que tinha acontecido e, sobretudo, o que aquilo podia significar. Primeiro, fora chamado à delegacia para repetir a mesma merda que já tinha falado, só para Layla pular no capô de seu carro, praticamente desafiando-o a passar por cima dela.

Quem faz esse tipo de coisa?

O que diabos ela estava aprontando?

Ele esfregou os olhos com os nós dos dedos, lembrando-se de Layla ao aparecer do nada. Séria. Determinada. Convencida de que ele não a machucaria. O instinto forçara seu pé a apertar o freio. Qualquer pessoa decente faria a mesma coisa. Mas não tinha sido só um senso moral inato que o impedira de atropelá-la. A verdade era que ele queria salvá-la. Protegê-la. Provavelmente porque se sentia mal por tentar colocar a culpa nela.

Mas isso não significava que confiava nela. No mínimo, o desaparecimento de Madison tinha apagado para sempre qualquer traço de ingenuidade de garoto do interior que sobrevivera à viagem de Oklahoma a Los Angeles. As pessoas eram muito mais complexas do que deixavam transparecer, fazendo-o se perguntar se era possível realmente conhecer alguém, se poderia realmente conhecer a si mesmo. Ao chegar a LA, ele tinha todo tipo de crenças falsas sobre quem era, para onde estava indo e como chegaria lá. Mas se vira golpeado pelos caprichos das circunstâncias, reagindo de maneiras que nunca poderia ter previsto.

O toque de uma ligação interrompeu seus pensamentos enquanto a foto de sua mãe aparecia na tela. Graças a seus vizinhos leitores de tabloides, ela ligava sem parar. Dizia que não queria que ele trabalhasse para Ira, mas, sempre que Tommy insistia para saber o motivo, a mãe mudava de assunto, implorava que ele voltasse para casa. No entanto, isso não era mais uma opção.

Tommy deixou a ligação cair na caixa postal, prometendo a si mesmo que a retornaria mais tarde, e procurou o número de Aster. Provavelmente era um erro, mas os dois podiam ir embora se Layla se mostrasse tão louca quanto ele suspeitava que ela era. Ele girou a chave na ignição uma, duas vezes. O motor ligou. Ele estreitou os olhos para o espelho lateral e saiu para a rua.

— A Layla quer se encontrar com a gente no Hollywood Forever, no túmulo do Johnny Ramone — disse ele, antes que Aster pudesse falar.

— Quem está falando? — A julgar pelo tom de voz irritado, ela sabia exatamente quem era.

Ele revirou os olhos, trocou a música da playlist e esperou que ela parasse com os joguinhos.

— A resposta é não — disparou ela. — Não, esqueça isso. Na verdade, a resposta é *nem pensar.*

Tommy fixou os olhos no adesivo do para-lama do Prius à sua frente (um pedido de tolerância, unidade e paz mundial; pena que o proprietário dirigia como um idiota colado ao carro seguinte).

— Acho que você deveria pensar melhor — disse ele.

— Ah, que tentação — cantarolou ela.

— Olhe... Eu não faço a mínima ideia do que se trata, mas estou indo para lá. Talvez veja você.

— Mais provavelmente, não. — Ela finalizou a ligação antes que ele tivesse a chance de responder.

Ele jogou o telefone no banco do carona e foi para o cemitério que tinha visitado pouco depois de chegar a LA. Queria ver o monumento e a estátua de Johnny Ramone tocando guitarra que marcava o lugar onde estavam suas cinzas. Havia muitas flores deixadas em sua memória e vários fãs por ali. Mesmo morto, parecia que Johnny ainda levava a vida de seus sonhos.

Mas por que Layla escolheria se encontrar em um cemitério? Era aleatório ou a escolha tinha algum significado mais profundo e simbólico? Não fazia sentido. Mas, nos últimos tempos, pouca coisa fazia.

Esperava que ela não fosse idiota o suficiente para tentar manipulá-lo para admitir algo que de que se arrependeria. Só por precaução, ele resolveu gravar a conversa no telefone. Depois era só relaxar e esperar que Layla ou Aster se entregassem. Se as duas quisessem cair, não iria com elas.

CINQUENTA E TRÊS

MISSING PIECES

A última coisa que Aster Amirpour queria era encontrar Layla e Tommy em um cemitério assustador cheio de antigos famosos mortos de Hollywood. Apesar de todas as suas exibições hipsters de filmes, festas temáticas e reputação de lugar legal para ir em um encontro, ela nunca sentira vontade de visitar.

Uma olhada rápida para os gramados bem tratados, o lago cheio de cisnes e os mausoléus e lápides elaborados honrando os mortos foi suficiente para convencê-la de que era melhor voltar correndo para o conforto da Mercedes e dar o fora dali. Ou Layla estava armando alguma coisa ou era ainda mais perturbada do que ela pensava. Aster dissera a Tommy que não apareceria. Deveria ter cumprido sua palavra.

Apesar do forte calor, Aster passou as mãos pelos braços descobertos, espantando os arrepios, enquanto procurava o túmulo de um astro do rock morto. As multidões de turistas que consideravam aquele lugar apenas mais um ponto a visitar entre idas ao Grauman's Chinese Theatre e à Disneylândia eram irritantes, pisoteando o gramado com a câmera em uma das mãos, um mapa de cinco dólares na outra, e procurando os túmulos de Jayne Mansfield, Rudolph Valentino, Cecil B. DeMille e quem mais estivesse em sua lista. Ela revirou os olhos, considerando a sério deixar o plano para lá, quando Tommy a encontrou e eles decidiram encontrar o monumento juntos.

— Você veio — disse ele.

Ela deu de ombros, ainda sem saber por que não tinha ficado em casa.

— É no Garden of Legends — disse ele. — Perto do lago que tem os cisnes.

— Imagino que não seja a sua primeira visita.

— Ele era um guitarrista sensacional. Eu quis prestar minha homenagem.

Aster o observou por trás dos óculos aviador rosados, quase escuros demais para usar ali, e tentou não julgar. Ela tinha sido grosseira o suficiente no telefone; talvez devesse dar um desconto a ele.

— Seria ótimo saber do que se trata — disse ela, torcendo para não estar caindo em uma armadilha. No que dizia respeito a Layla, era inteiramente possível.

Tommy deu de ombros e andou em silêncio a seu lado, aproximando-se com ela do túmulo onde Layla os olhava sob a aba de um Fedora de palha gasto.

— Vocês vieram. — Ela tirou os óculos escuros e os observou com uma expressão, ao mesmo tempo, surpresa e aliviada.

Tommy encolheu os ombros. Aster cruzou os braços e ficou ao lado dele. Era melhor que Layla achasse que estavam juntos contra ela. Valia tudo para deixar Layla tão confusa quanto ela estava naquele momento.

— Que bom que vieram. — O tom dela estava muito mais hesitante do que Aster esperava. — Precisamos encontrar um jeito de trabalhar juntos.

Aster franziu a testa e olhou em volta. Claro, o lago era bonito, e os cisnes eram muito tranquilos, mas ela odiava funerais, cemitérios e tudo o que fosse relacionado à morte, aos mortos e à decomposição. Não conseguia entender a fixação de algumas pessoas pelo lado sombrio, macabro, qualquer coisa assustadora ou fantasmagórica. O Dia das Bruxas era o feriado de que ela menos gostava. Mas claro que Layla estava ali totalmente à vontade. Com sua calça jeans skinny preta e a jaqueta de couro de motociclista, tinha conseguido acertar no tom cemitério chique, se é que isso existia.

— Estamos competindo uns com os outros, caso você tenha esquecido. — Aster ajeitou a bolsa no ombro, pronta para ir embora. Era melhor voltar para seu apartamento de luxo, tomar um longo banho quente de espuma e tentar esquecer que deixara que a arrastassem para aquela confusão.

— Não tem nada a ver com a competição. — Layla alternava seu foco entre Aster e Tommy. — Estou falando do desaparecimento da Madison e da polícia tentando colocar a culpa em nós.

Aster suspirou, derrotada, e sentou-se no gramado. Tommy fez o mesmo, sem a parte do suspiro.

— Ouçam... — Layla se inclinou para eles, com um tom de voz baixo e apressado. — Certamente, temos nossas razões para não confiar uns nos outros, mas precisamos encontrar um jeito de nos salvar antes que a polícia nos prenda.

Aster abriu um sorriso irônico.

Layla deu de ombros.

— Eu sei que você me acusou — disse, voltando sua atenção para Tommy.

Aster encarou Tommy, perplexa. Era a primeira vez que ouvia falar disso.

— Se não fosse pelo seu blog idiota, nada disso teria acontecido. — Ele contraiu o maxilar e estreitou os olhos. — Você é a única responsável por essa confusão.

— É isso o que você diz a si mesmo? — Layla balançou a cabeça, jogando o chapéu no chão a seu lado. — Sério que você é tão ingênuo?

— Bom, já começamos bem — resmungou Aster. — É óbvio que temos grandes problemas de confiança que não vão ser resolvidos tão cedo. Então, será que podemos ir direto ao ponto?

Layla desviou os olhos, tirando um momento para se acalmar antes de falar.

— A Aster está certa. — Ela arrancou uma folha de grama com o indicador e o polegar, fazendo uma pausa para examiná-la antes de se voltar para eles. — Estou convencida de que todos nós sabemos mais do que estamos revelando. E, se conseguirmos deixar a hostilidade de lado tempo suficiente para compartilhar o que realmente aconteceu naquela noite, podemos descobrir alguma coisa que vai deslocar a culpa para outro lugar.

Se envolvesse qualquer um além dos três, talvez funcionasse. Mas Aster não ia concordar com aquilo de jeito nenhum. Até onde sabia, Layla podia estar trabalhando para Larsen, talvez até usando um grampo.

— Tudo bem — disse Layla, já que ninguém havia se voluntariado. — Foi minha ideia; então, eu começo. — Ela lançou um olhar penetrante para um e outro. — Mas primeiro quero ver o telefone de vocês.

— O quê... Por quê? — Aster apertou sua bolsa com mais força ainda, como se Layla pudesse puxá-la.

— Porque não quero que ninguém grave isto. Quero que a gente fale livremente, sem medo de recriminação.

Layla jogou seu celular no meio. Aster fez o mesmo de má vontade. E, depois de mexer um pouco com o seu, Tommy também o adicionou.

— O que foi? — Ele evitou os olhares ultrajados das duas. — Vocês não podem me culpar por tentar me proteger.

Aster se preparou para a resposta de Layla, que sempre recorria ao sarcasmo, mas dessa vez ela se controlou.

— Que se dane! Aqui vai: eu segui o Tommy e a Madison até a Vesper.

— E isso por acaso é um segredo? — interrompeu Aster, sem sequer tentar esconder a frustração. — Estava tudo no seu blog.

— Tudo bem. Então, talvez eu não tenha nada que já não tenha sido registrado e lido por todo mundo. Mas o negócio é o seguinte: meu blog não é o melhor álibi, já que eu postei várias horas depois de sair da Vesper. Várias horas depois que a Madison deixou o Tommy. E... — Ela fez uma pausa, mordendo o lábio como se estivesse decidindo compartilhar ou não alguma coisa. — A Madison conseguiu uma ordem de restrição contra mim, o que me torna tão suspeita quanto vocês dois.

— Por que ela fez isso? — Tommy analisou Layla como se fosse a primeira vez que se viam.

— Talvez ela não fosse tão boazinha quanto você pensa — disparou Layla, olhando furiosamente para Tommy antes de voltar seu foco para o lago, onde os cisnes pareciam deslizar sobre um espelho d'água.

Tommy puxava a grama com uma expressão tão indecifrável que fez Aster lembrar de Ira. O silêncio durou tanto que ela concluiu que podia falar na vez dele.

Layla tinha sido corajosa por admitir a ordem de restrição. Aster estava surpresa por Madison não ter arranjado uma contra ela também. E, ainda que não gostasse mais de Layla como pessoa por causa disso, definitivamente concordava que Madison não era nem de longe tão boazinha quando a imagem que passava. Aquela garota tinha alguma coisa estranha. Aster vira isso na noite em que ela tinha aparecido na boate. Olhando para trás, via que Madison estava fazendo um reconhecimento, armando para ela. Até onde sabia, Ryan também estava envolvido. De um jeito ou de outro, assim como Layla, ela se recusava a ser acusada de um crime que não tinha cometido.

Ela enfiou o cabelo atrás das orelhas, pigarreou e disse:

— Eu não me lembro de nada que aconteceu depois que saí da boate.

— O golpe da amnésia? Sempre um clássico. — Tommy a examinou enquanto Layla rapidamente o calava.

— Só sei que depois de toda a coisa da Madison eu queria ir embora, mas o Ira fez questão de nos servir champanhe, dizendo que era melhor ficarmos lá, onde ele podia cuidar de nós, o que foi meio estranho...

— Porque *é* estranho — disparou Tommy, e sua reação dura fez Aster e Layla se retraírem. — Onde ele estava com a cabeça? — Ele contraiu os lábios quando as fixou com um olhar sombrio.

— Ah, como se você não servisse bebida para menores de idade. — Aster franziu as sobrancelhas, tão irritada com Tommy quanto estava consigo mesma. Não tinha a intenção de lançar uma suspeita sobre Ira. Ele tinha sido o único a ficar a seu lado, a única pessoa que se oferecera para ajudar. — Só não entregaram você porque isso ia fechar a boate, causar um monte de problemas para o Ira e prejudicar a chance de todos nós de ganhar a competição. — Ela balançou a cabeça, ainda furiosa por dentro, mas se obrigou a se concentrar no que queria dizer, resolvendo não se desviar. — Eu fui para casa com o Ryan... — Ela respirou fundo, obrigando-se a olhar para eles. Aliviada por perceber que não era tão ruim quanto pensava. Onde esperava julgamento, encontrou encorajamento. — E só sei que, quando acordei na manhã seguinte naquele apartamento clichê de homem, com uma decoração ridícula, o Ryan tinha sumido.

Tanto Layla quanto Tommy a encaravam.

Aster assentiu, engolindo apesar do caroço na garganta.

— Não faço ideia para onde ele foi. Nunca mais o vi. Não contei isso à polícia. Não contei a ninguém. É humilhante demais admitir. Mas aí, no outro dia... — Ela baixou a voz, precisando de um momento para conseguir contar a última parte. — Alguém entregou um vídeo meu, fazendo coisas nojentas no apartamento do Ryan.

Ela espiou por entre sua franja longa e repicada, tentando interpretar a reação deles. Layla parecia zangada e Tommy, perturbado. A falta de acusação da parte deles tornava mais fácil continuar.

— Eu só queria poder voltar minha vida no tempo e recomeçar. — Ela enfiou o rosto entre as mãos. Agora já tinha falado, não havia como voltar atrás. Por estranho que parecesse, a confissão não a fez sentir melhor, mas a deixou mais leve, talvez até mais conectada a Tommy e Layla, o que provavelmente não era tão ruim assim, considerando que estavam todos juntos nessa.

— Sabe... — Tommy se voltou para ela com um tom muito mais suave do que fora alguns momentos antes. — A Madison comentou que estava querendo terminar, mas tinha medo da reação do Ryan. Quando o pegou com você, decidiu se arriscar e terminar.

Aster ficou perplexa com as palavras dele. Madison sempre parecera tão distante, nunca uma pessoa que compartilharia coisas íntimas com alguém que mal conhecia.

— Parece que ela se abriu mesmo. — Ela o avaliou com cuidado. Quanto tempo tinham passado juntos?

Tommy deu de ombros.

— E quanto à mensagem de texto que ela recebeu? — perguntou Layla. — A polícia não tem como rastreá-la?

— Disseram que é impossível. Enviada de um celular descartável. — Ele passou a mão pelo cabelo, contraindo e relaxando o maxilar, claramente precisando de um momento para organizar os pensamentos. — A Madison foi para a Night for Night — disse ele, enfim, com a voz quase reduzida a um sussurro.

— Como é que você...

Antes que Layla terminasse, Tommy disse:

— Eu sei porque a segui. Quer dizer, não na hora. A princípio voltei para dentro da boate, mas aí... É, eu saí, fui na mesma direção e meio que a alcancei.

— O Larsen sabe disso? — Aster se inclinou para ele. Finalmente estavam chegando a algum lugar.

Tommy fez uma careta.

— Está brincando? Já é ruim o bastante eu ser a última pessoa que a viu. Se contasse que a segui estaria atrás das grades e não sentado aqui, conversando com vocês.

— Mas a boate estava fechada — Layla estreitou os olhos.

— Ela sabia o código. — Tommy olhou de uma para a outra.

— Você viu alguma coisa? — perguntou Aster, tentando manter a voz suave, encorajadora, livre da agitação crescente. Parecia nervoso, paranoico, completamente diferente do Tommy habitual. E ela não queria assustá-lo, pressionando-o a revelar coisas antes que estivesse pronto.

Tommy balançou a cabeça.

— Eu tentei ir atrás, mas a porta se trancou atrás dela, e naquele momento já estava bem envergonhado por persegui-la daquele jeito. Então, voltei para a Vesper. Eu estava meio agitado; fiquei um tempo lá, tomei outra cerveja. Só quando estava fechando descobri que as chaves da Madison estavam na minha jaqueta. Mas, quando fui tirar o carro dela para não ser rebocado, ele tinha sumido.

— Quem tirou o carro? — perguntou Layla.

Tommy deu de ombros.

— E as chaves... Ainda estão com você? — Aster olhou para ele.

Ele baixou a cabeça.

— Estão.

— O que tem nelas...? Alguma coisa importante?

Tommy olhou para Aster.

— Não sei. São só chaves.

Aster se esforçou para manter a expressão neutra. Porque homens eram tão sem noção quando o assunto era garotas e suas coisas?

— O que estou perguntando é em que tipo de chaveiro elas estão? Quantas chaves são? Tem algum berloque preso?

— Isso realmente importa? — Ele estreitou os olhos sob os últimos raios de sol.

— Pode ter. — Aster ergueu os ombros, esfregando os lábios. — Sei que parece improvável, mas pode haver algo útil, algum tipo de pista. Quer dizer, chaves são uma coisa muito pessoal, já que abrem o seu mundo.

— Eu não tinha pensado nisso. — Ele olhou para o nada como se estivesse tentando se lembrar.

— Vou dar uma olhada e aviso — disse ele, balançando a cabeça.

O que Aster realmente queria era que ele a deixasse dar uma olhada, já que ela não botava a menor fé na habilidade de investigação dele quando se tratava de decifrar garotas, mas ela se limitou a assentir.

— Bom, espero que você as tenha escondido em algum lugar seguro — disse Layla. — Se a polícia descobrir que está com elas... — Ela deixou a ameaça pela metade.

— Estão seguras. — A voz dele estava tensa e sua expressão, cautelosa.

— Então, sabemos onde todo mundo estava, menos o Ryan. Acha que a Madison foi se encontrar com ele? — perguntou Layla.

— Por que ela faria isso depois de confessar que estava com medo dele? — Aster se sentia uma idiota por defender o babaca, mas a pergunta tinha de ser feita.

— Bom, ela não chegou a dizer isso, ficou mais subentendido... — Tommy esfregou o maxilar com a mão, parecendo cada vez mais desencorajado, talvez duvidando de si mesmo.

— Bom, faz sentido, considerando o truque de desaparecimento do Ryan. Deve ter usado a Aster como álibi, imaginando que ela estava bêbada demais para notar que tinha saído. — Layla olhou para Aster e disse: — Sem querer ofender.

Aster deu de ombros. Nos últimos tempos, o que não faltavam eram insultos a ela. O comentário de Layla mal se qualificava.

Tommy enfiou os calcanhares das botas na terra e apoiou os braços nos joelhos.

— Olhem, nenhum de nós tem respostas. Só a Madison sabe para onde foi, e por enquanto ela não está falando. Ainda não estou convencido de que é tão sinistro quanto todo mundo acha. Posso estar errado sobre o negócio do carro. Nem sei onde ela mora. Talvez ela tenha encontrado uma chave extra e decidido sair da cidade por um tempo.

Layla balançou a cabeça, sem se deixar levar.

— Existe algum jeito de determinar a que horas o Ryan saiu?

Aster franziu a testa.

— Os lençóis estavam frios no lado dele. Então, fique à vontade para tirar suas próprias conclusões. — Sua voz estava cansada. Ela estava cansada. A princípio, a confissão fora libertadora, mas agora começava a produzir o efeito contrário. Por não contar à polícia sobre Ryan, ela podia ser implicada.

— E a fita? — perguntou Layla, quase antes de Aster terminar. — O Ryan está nela?

Aster balançou a cabeça.

— Não, só eu. Sou a estrela do show de baixaria.

— Tem alguma marcação de data e hora?

Aster fechou os olhos, desejando que tudo aquilo terminasse.

— Eu não assisti com tanta atenção assim. Além disso, você está agindo como se eu fosse entregá-la como prova, e não existe a menor chance de isso acontecer. A polícia nem sabe que fui para casa com o Ryan, e prefiro que continue assim.

— A não ser que você tenha de contar a eles — instigou Layla.

— Não vai rolar. Vocês não imaginam o que isso faria com a minha família. Já é ruim o bastante eles suspeitarem de que eu fiz sexo fora do casamento. Se virem aquela fita, vão me deserdar.

— E se isso pudesse livrar você? — Layla era persistente, e Aster tinha chegado ao limite.

— Olhe, não fui eu, ok? Meu único crime foi ter transado com um idiota. Ninguém vai ver a fita e ponto final. Para ser sincera, estou começando a me arrepender de ter contado para vocês!

— Aster... — Tommy estendeu a mão para pegar a dela, tentando reconfortá-la, mas Aster estava nervosa demais e se retraiu.

Layla, por outro lado, tinha uma mente fixa. Era a pessoa menos carinhosa que Aster já conhecera.

— O que você fez com o vídeo?

— Por quê? Para você poder roubá-lo? — Aster revirou os olhos e começou a guardar suas coisas. Aquilo já tinha durado tempo demais.

— Não, para ninguém mais poder. Espero que não o tenha colocado no cofre do seu quarto.

— O que isso significa? — Aster se levantou. Estava trêmula, nervosa e se arrependia profundamente de ter se encontrado com eles.

— Significa que você mora em um hotel. O que também significa que não é a única que tem a chave do seu quarto.

Aster balançou a cabeça e murmurou alguma coisa, tão irritada que se perguntou por que não ia simplesmente embora. Por que permitia que Layla a atormentasse?

— Olhe, eu sei que você e o Ira têm algum tipo de ligação especial...

— O que você está sugerindo? — Os olhos de Aster queimavam de raiva, mas o que ela realmente sentia era medo. Será que Layla sabia dos envelopes cheios de dinheiro que Ira lhe dava regularmente? Não era porque os aceitava que não vivia um conflito.

— Que eu saiba, você é a única que está em uma das coberturas de luxo dele.

Aster suspirou. A quem estava tentando enganar? Ela não ia a lugar algum. Voltou a se sentar ao lado de Tommy.

— Se tivéssemos de votar agora, quem vocês apontariam como culpado? — Layla curvou os ombros para a frente e enfiou o cabelo louro atrás das orelhas, revelando um par de brincos de prata em forma de coração que não tinham nada a ver com ela. Aster esperava caveiras, adagas ou pregos. Ela concluiu que devia ser algum tipo de ironia.

— Todas as evidências apontam para o Ryan, não é? — Tommy olhou de uma para a outra. — Devia estar furioso com a Madison por fazer aquela cena.

— Furioso o bastante para matá-la? — Aster fez uma careta, sem saber se sua relutância em acreditar era porque ela não aguentava pensar que se dispusera a ir para casa com um assassino. Já tinha vergonha suficiente na vida. Não precisava acrescentar isso à lista.

— Não estou convencido de que ela morreu. — Tommy era inflexível, mas não tinha nenhum respaldo além de uma potente combinação de teimosia e esperança.

— Bom, o fato de que ela desapareceu no meio da noite é bem perturbador. — Layla foi direto ao ponto.

— E ele está aproveitando seu papel no escândalo. — Aster revirou os olhos, irritada com o fato de Ryan confessar várias vezes seu remorso, seu eterno amor por Madison e fazer Aster parecer alguém conveniente para inflar seu ego.

— O mesmo pode ser dito de vocês. — Layla franziu as sobrancelhas, depois olhou para Tommy e disse: — Ela disse ou fez alguma coisa que tenha parecido incomum? Qualquer coisa estranha que você tenha visto quando a seguiu?

Tommy fechou os olhos.

— Ela falou com sotaque — disse, ao reabri-los.

— Que tipo de sotaque?

— Do interior. Ela definitivamente não é da Costa Leste como afirma ser.

Layla assentiu, animada, agitando seu chanel louro ao redor do rosto. — Eu esbarrei com ela, um dia, quando Madison estava comprando café. Ela atendeu pelo nome Della. A princípio, não achei nada de mais, já que todo mundo usa pseudônimos no Starbucks, mas e se houver mais no passado de Madison do que ela admite? E se o Ryan tiver descoberto seu segredo e a estivesse chantageando ou coisa do tipo?

— Por que o Ryan a chantagearia? — perguntou Tommy.

— Porque o programa dele estava sendo cancelado, ele não tinha nada para fazer depois. Leva uma vida cara e superficial e provavelmente começou a entrar em pânico. Só estou dizendo que é uma possibilidade bem real...

— Tudo bem. Então, todos nós achamos que foi o Ryan, mas o que vamos fazer em relação a isso? — disse Aster.

— Bom, seja o que for, não podemos deixar a polícia nos dividir. Não estou dizendo que temos de virar melhores amigos, mas também não precisamos sair daqui como inimigos. Não ganhamos nada com isso.

Tommy foi o primeiro a se levantar, porém Aster o imitou logo depois. Ela tinha ouvido o suficiente para um dia. Precisava de tempo para digerir, processar aquilo em sua cabeça. E, ainda que não quisesse admitir, estava com dúvidas sobre o lugar em que escondera o vídeo. Ela esperava que Layla estivesse errada, mas de um jeito ou de outro ia voltar ao W e confirmar. Mas antes de ir embora tinha mais uma coisa para desabafar. Suas palavras foram dirigidas a Layla.

— Se você mencionar para o Larsen ou qualquer outra pessoa a *sex tape* ou o fato de o Ryan ter me largado, juro que não vou hesitar em derrubar você junto comigo.

— Isso é uma ameaça? — Layla a observava sob uma sobrancelha erguida, enquanto Tommy olhava ansiosamente de uma para a outra.

INIGUALÁVEL

— Com certeza. — Aster ergueu o queixo e apertou a bolsa contra a lateral do corpo.

— Entendido. Eu falei sério quando disse que estávamos nessa juntos.

Quando Layla ofereceu a mão, por uma fração de segundo Aster quase a rejeitou. Mas, em um mundo no qual não tinha mais nenhum amigo, ela ficara tocada ao descobrir a verdadeira compaixão no lugar mais improvável. Pegou a mão de Layla, e Tommy colocou a sua por cima. Bem ou mal, ou três estavam unidos.

CINQUENTA E QUATRO

RUNNIN' DOWN A DREAM

Precisamos conversar, de preferência em algum lugar discreto.

Trena Moretti olhou para seu celular e franziu a testa. Em mais uma hora, estaria escuro demais para correr, e esteiras não eram uma opção. Ela jogou o telefone para o lado e voltou a amarrar os cadarços dos tênis.

O celular apitou outra vez.

Juro que você não vai querer perder essa. Me mande uma mensagem.

Droga.

Trena olhou pela janela e se levantou. Correr era sua religião. Era sagrado, necessário e, muitas vezes, esclarecedor. Grande parte de seus melhores trabalhos acontecia quando ela estava ultrapassando seus limites físicos, ofegante e pingando de suor.

Ela precisava de um pouco de esclarecimento. Aquela matéria tinha cumprido seu propósito, tirando efetivamente o Departamento de Polícia de Los Angeles da inércia e fazendo muitos olhos notarem seu nome. Mas nos últimos tempos não havia nada interessante para contar. No entanto, tudo isso podia mudar com a mensagem de texto de Layla.

Mesmo assim, abrir mão de sua corrida era impensável.

Você corre? — digitou ela, alongando-se enquanto esperava uma resposta.

É brincadeira, não é?

Não é brincadeira. Pegue seus tênis e me encontre no píer de Santa Mônica agora.

Não era seu caminho preferido, mas o acesso era fácil e teria de servir.

Embora Trena não esperasse que ela aparecesse, pois Layla lhe parecia o tipo que tinha passado o ensino médio tendo pensamentos profundamente cínicos e fumando cigarros mentolados, definitivamente não esperava que ela fosse com um short velho de ginástica, uma regata cinza cortada na cintura e um par de tênis novos em folha.

— Você simplesmente saiu e os comprou? — Trena indicou os pés de Layla, cobertos de néon.

— Um presente do meu pai no verão passado, quando ele achou que íamos acordar cedo para compartilhar uma corrida diária de pai e filha.

— E como foi?

— Na primeira manhã, corremos até o Intelligentsia na Abbot Kinney. Na segunda, dormirmos até mais tarde. Não os uso desde esse dia.

— Bom, tente acompanhar. A hora da corrida é sagrada. Em geral, não permito que ninguém se junte a mim. E não permito de jeito nenhum que diminuam meu ritmo.

— Então, vou tentar terminar a história antes de desmaiar — disse Layla, juntando-se a Trena na pista de corrida pavimentada.

— Só para você ficar sabendo, eu começo neste passo. — Trena deu uma olhada para o lado. Tinham acabado de começar e a garota parecia prestes a cair. — Escute o conselho de alguém que também evitava exercícios. Tudo isso... — Ela apontou para as pernas magras e a barriga reta de Layla. — ... é uma dádiva. Aproveite enquanto pode, mas saiba que a partir dos 25 anos você vai precisar malhar para manter.

Layla assentiu.

— Acabou o sermão?

— Ah, tem mais. — Trena riu. — Mas vou poupá-la da terrível verdade sobre a devastação da gravidade, principalmente porque estou ansiosa para saber o que você está disposta a compartilhar antes que você apague.

Layla estreitou os olhos e olhou em volta.

— Tenho uma boa pista sobre o desaparecimento da Madison.

Embora fosse contra as regras que ela já tinha explicado, Trena diminuiu o passo.

— Estou ouvindo...

— Tudo bem, duas coisas. Primeira... — Layla fez uma pausa. — Sou uma fonte anônima. Você precisa prometer nunca revelar onde ouviu isto.

— Palavra de escoteiro. — A voz de Trena revelou uma ponta de sarcasmo do qual ela se arrependeu na hora. Estava ansiosa para chegar à parte boa da história, mas sabia que não devia demonstrar. Sobretudo quando estava a ponto de tirar a sorte grande.

Layla assentiu, aparentemente sem se importar.

— Há pouco tempo descobri informações surpreendentes que o Departamento de Polícia de Los Angeles não tem — disse ela. — Ou, pelo menos, não como vou contar...

— Layla, sério. Confie em mim, ok? — Trena balançou a cabeça, observando Layla lutar para encher os pulmões de ar antes de continuar.

— Existe uma chance muito boa de Ryan Hawthorne saber mais sobre o desaparecimento de Madison do que está revelando. Pode até ser o responsável.

Trena assentiu, esforçando-se para não demonstrar seu imenso interesse.

— Estou ouvindo...

— Pelo que parece, ninguém sabe onde ele passou algumas horas daquela madrugada, provavelmente na mesma hora em que a Madison foi vista pela última vez.

— Vista pela última vez por Tommy.

Layla estava sem folego, mas até ali tinha conseguido acompanhar o passo.

— Da hora em que ela saiu da Vesper até a hora em que foi dada como desaparecida, ninguém apareceu admitindo que a tinha visto. Mas minha fonte disse que o Ryan não estava exatamente onde disse que estava.

— Ele diz que estava em casa. O porteiro dele confirmou.

Layla franziu as sobrancelhas e olhou para a frente.

— Porteiros podem ser subornados. Alguém precisa verificar as fitas da segurança, se houver alguma.

Layla balançou a cabeça, perdendo as forças. A corrida era demais para ela ou ela estava se fechando, começando a se arrepender de tudo o que contara até então? Não era a primeira vez que Trena via alguém duvidar da decisão de compartilhar. Ela teria de dar um pouco de espaço, ter cuidado para não insistir, talvez até diminuir a velocidade, mesmo que só um pouco. Ela se concentrou na corrida, movendo o olhar entre as coloridas casas quadradas à direita e a larga faixa de areia dourada e mar azul-escuro à esquerda. Deu a Layla todo o espaço de que precisava antes de concluir que era seguro continuar.

— Digamos apenas que ele demonstrou ser o babaca que sempre suspeitei que era — admitiu, finalmente.

Bingo. Trena soltou o ar, aliviada.

Ela olhou discretamente para a garota. Estava encharcada de suor, com as bochechas vermelhas, e mesmo assim se recusava a diminuir o passo. Era como se estivesse se punindo. Pagando algum tipo de penitência. Mas pelo quê?

— A outra coisa que a polícia não sabe é que, quando a Madison saiu da Vesper, ela foi para a Night for Night.

— A Night for Night já estava fechada — comentou Trena, com indiferença.

— A Madison sabia o código. É algo que você gostaria de investigar, não é?

Sim, com certeza. Logo depois que eu terminar meus oito quilômetros.

Mas o que ela disse foi:

— É só isso?

Layla assentiu, totalmente sem fôlego, com uma expressão de completa agonia.

— E é aqui que nos separamos. — Ela virou as costas e saiu correndo na direção oposta antes que Trena pudesse agradecer.

CINQUENTA E CINCO

PICTURES OF YOU

Durante todo o percurso do cemitério Hollywood Forever até o hotel W (que demorou muito mais do que deveria, graças ao famoso tráfego de Los Angeles), Aster se repreendeu por ter confidenciado a Layla e Tommy sem que eles tivessem lhe dado a mínima razão para isso. O que eles tinham confessado não se comparava à humilhação total de uma *sex tape*.

Ela ultrapassou o sinal vermelho e virou à esquerda (novamente, graças ao tráfego de LA, não conseguia se lembrar da última vez em que fizera isso com o sinal verde) e se aproximou lentamente do hotel. Querendo mais do que tudo subir para o seu quarto e abrir o cofre, mesmo que fosse só para provar que Layla estava errada.

O CD estava seguro. Ninguém revistaria seus pertences. Ela não tinha nada a temer.

No entanto, por mais que repetisse esse mantra, seu estômago continuava agitado.

Ela parou na entrada ao mesmo tempo em que seu telefone tocou. Olhou para a tela, esperando que fosse Layla, mas viu que era Ira. Sem pensar, apertou "Ignorar".

Ele tinha sido bondoso com ela. Por causa dele, ela tinha muito que agradecer. Mas naquele momento ela estava nervosa demais para conversar com qualquer pessoa, que dirá com Ira Redman.

Deixando o carro com o manobrista, ela correu para o elevador e apertou várias vezes o botão "Subir" até uma voz atrás dela dizer:

— Isso já funcionou alguma vez?

Ira. Aster se virou, tentando parecer feliz por vê-lo, mas o sorriso forçado se desfez quando ela viu Javen ao lado dele.

— O que aconteceu? — Ela olhou de um para outro, sem conseguir pensar em uma única razão válida para Javen estar com Ira Redman. A não ser que algo tivesse acontecido com seus pais...

Ira assentiu para Javen, que olhou para ela e disse:

— Quero morar com você.

O elevador chegou. As portas se abriram.

— Vou deixá-los resolver os detalhes. — Ira ia virar as costas. — Ah, e, Aster...

Ela entrou no elevador e segurou a porta com a mão.

— Na próxima vez em que eu ligar, não aperte "Ignorar".

Ela tomou um susto, soltou a porta e contou os segundos até que se fechasse entre eles.

— Aster... — começou Javen, mas ela ergueu a mão e balançou a cabeça.

— Aqui, não — sussurrou ela, percebendo o quanto parecia paranoica, mas não era totalmente sem motivo. — Seja o que for, pode esperar até entrarmos. — Ela desejou que o elevador subisse mais rápido... Por que estava indo tão devagar? Mais do que nunca, precisava entrar em seu apartamento. Não conseguiria relaxar e se concentrar no irmão até ter certeza de que o DVD estava exatamente onde ela o deixara.

Quando entraram, Javen correu para as janelas panorâmicas e olhou a vista de 180 graus da cidade enquanto Aster foi até o cofre escondido no closet. Prendendo a respiração, ela digitou o código e abriu a porta, aliviada ao ver que suas joias, seu MacBook Air, um pouco de dinheiro que Ira lhe dera e o DVD estavam todos lá.

Ela caiu de joelhos e enfiou a cabeça entre as mãos.

Não estava louca.

Seu segredo estava seguro.

Só podia melhorar a partir dali.

— Você está bem? — Javen estava na porta com uma expressão preocupada.

— Estou. — Ela passou a mão sobre cada bochecha e se levantou às pressas. — Agora, conte: o que está acontecendo? Por que está aqui? Não que eu não esteja feliz em vê-lo, porque estou.

— A mamãe e o papai são loucos — resmungou ele, enquanto ela o tirava do closet e o levava para o escritório.

— A gente já sabia disso. — Ela desgrenhou o cabelo dele, sentou-o no sofá e foi para a cozinha. Procurou na geladeira alguma coisa para servir a ele, mas a quem estava tentando enganar? Não ia ao supermercado desde que se mudara para lá.

— O que acha de pedirmos serviço de quarto? — perguntou ela.

— Acho que é só mais uma razão para querer morar com você. Você pode morar neste lugar sensacional e fazer o que quiser.

— É, mas sou três anos mais velha que você. Conquistei esse direito. E não fique muito impressionado; nada disso é meu, e a situação é, no máximo, temporária. Não dá para saber até quando o Ira vai me deixar ficar.

Os lindos olhos castanhos de Javen cintilaram ao olhar para ela, praticamente encostando os grossos cílios escuros nas bochechas toda vez que piscava.

— Que diferença isso faz para ele? A cidade é quase toda dele. Vai deixá-la ficar até quanto quiser.

— Não funciona bem assim. — Aster franziu a testa, tirando um instante para analisar o irmão. Seu coração se encheu de empatia por todos os desafios que ele ainda não enfrentara, mas certamente enfrentaria. Ela estava tão concentrada nas próprias dificuldades com as expectativas surreais dos pais que não tinha parado para considerar as dele. No fundo, ele era um artista, mas o empurravam para profissões mais rígidas. Gostava de garotos, mas já estavam procurando uma esposa adequada. Em seu mundo altamente estruturado, não havia espaço para sair do caminho determinado. E, apesar de sua juventude e sua beleza, Javen já exibia a tensão das expectativas que jogavam sobre ele. — Faço um acordo com você — disse a irmã, querendo ajudá-lo mais do que tudo, mas reconhecendo as próprias limitações. — Se você prometer ligar para a mamãe e o papai e dizer que está comigo, deixo você ficar. Vamos pedir serviço de quarto, assistir a filmes e ficar acordados a noite inteira se você quiser. Mas amanhã você tem de ir para casa... O que acha?

Javen a olhou com desconfiança.

— É negociável?

— Não. — Jogou o cardápio do serviço de quarto para ele. — Peça o que quiser. Vou tomar um banho. Depois disso, serei toda sua.

INIGUALÁVEL

Javen afundou nas almofadas, apoiou os pés na mesinha de centro e se perdeu no cardápio enquanto Aster ia para o banheiro, onde encheu a banheira de sais de banho antes de entrar na água e apoiar a cabeça na almofada que comprara em seu segundo dia ali. Não havia nada como um bom banho quente de banheira para aliviar todas as suas preocupações. Pela primeira vez em um bom tempo, ela começou a relaxar. Afundou mais, deixando a água chegar a seu queixo, encharcar seu cabelo até as orelhas. Talvez não fosse a Jacuzzi maravilhosa com a qual tinha se acostumado na casa dos pais, mas a substituía muito bem.

Ela tinha acabado de fechar os olhos, prestes a flutuar para um lugar distante, quando Javen bateu na porta.

— Acabaram de entregar isto — disse ele, enfiando um envelope de papel pardo sob a porta.

Do mesmo tipo no qual o DVD chegara.

Ver aquilo bastou para causar uma onda de pânico nela; ela saiu da banheira. Encharcada e escorregando no piso de mármore, correu para o envelope, passou o indicador sob a aba, estremecendo de dor quando a borda cortou profundamente sua pele. Ela colocou o machucado entre os lábios, enchendo a boca de sangue, enquanto jogava o conteúdo no chão, ofegando de choque quando seu olhar recaiu sobre uma foto granulada de seu corpo nu e contorcido... Uma imagem do vídeo.

Não.

Não!

Ela puxou uma toalha de um gancho, enrolou-a com força em torno de si e cambaleou até o closet, precisando verificar o cofre mais uma vez. Precisou verificar se o DVD ainda estava mesmo lá. Mas isso não significava que não tinha sido retirado em algum momento ou que era o original.

Será que alguém o pegara, fizera uma cópia e devolvera?

Ou já havia uma duplicata rolando por aí?

À primeira vista, parecia estar exatamente como ela tinha deixado. Mas Aster era muito mais meticulosa que a maioria com seus pertences, e se lembrava muito bem de deixar o envelope de dinheiro do lado esquerdo do cofre e não no direito, onde estava naquele momento. Ela ficara tão aliviada por confirmar que o DVD estava ali que negligencia-ra completamente o fato de que suas coisas haviam sido rearranjadas.

Ela contou o dinheiro; estava todo ali. Olhou a bolsinha de joias; estava exatamente como deixara.

Mas alguém estivera ali.

Alguém que mexera em suas coisas.

Ela colocou o DVD na bolsa. Assim que Javen fosse embora, ela encontraria um esconderijo melhor.

Seu apartamento de luxo podia parecer sensacional como ele disse-ra, mas uma coisa era certa: Aster sabia que nunca fora.

CINQUENTA E SEIS

GOODBYE TO YOU

Mateo e Layla vagavam pela galeria, olhando a exposição do pai dela. Era seu melhor trabalho até então: vibrante e cheio de vida, as formas vívidas pareciam saltar das telas. Então, por que ninguém estava comprando?

— É um bom público. — Mateo entrelaçou seus dedos aos dela. — Talvez seu pai possa começar a relaxar.

Layla franziu as sobrancelhas.

— Esqueça o público. Precisamos mesmo é de compradores.

Ela se encostou no ombro de Mateo, apreciando sua solidez confiável. Eles precisavam de mais momentos como aquele. Juntando a competição com todo o drama em torno de Madison, eles mal se viam, e quando se viam agiam com cautela demais. Como se o menor passo em falso pudesse arruinar o relacionamento, que já estava frágil. Mesmo que fosse apenas um encontro na exposição do pai dela, Layla estava feliz por estar com ele.

Ela olhou discretamente para o pai. Aparentemente estava bem, bonito como sempre. Mas, depois de encontrar extratos de banco perturbadores e outros credores não pagos, Layla sabia a tensão que ele estava enfrentando. Se aquela exposição não resultasse na venda de ao menos uma peça importante, a faculdade de jornalismo teria de esperar. Precisaria ficar por perto, usar o dinheiro que tinha ganhado com o blog para ajudar a salvar a casa deles até poderem pensar em alguma coisa. Ela estava mais do que disposta a fazer isso, faria qualquer coisa por ele, mas esperava que não chegasse a esse ponto. Isso atrasaria seu sonho e o faria sentir um fracassado.

Seu celular apitou com uma mensagem de texto, e os dedos de Mateo se contraíram na hora. Ele tinha feito de tudo para ser paciente, mas estava chegando ao limite. Mas ela ainda não estava livre da competição, o que significava que precisava mesmo ver a mensagem.

Ela clicou no link que Trena enviara e respirou rapidamente quando as palavras apareceram na tela:

Sangue encontrado no terraço da Night for Night!
Possivelmente de Madison Brooks.

Sob a manchete, havia uma foto de Ryan Hawthorne cercado de homens de terno, com a mão levantada, protegendo o rosto das câmeras, enquanto era escoltado para dentro da delegacia.

Mateo olhou por cima do ombro dela, colocando o braço em torno de sua cintura enquanto a puxava mais para perto.

— Que bom. Acabou — disse ele. Tentou aninhar o rosto ao pescoço dela, mas Layla o afastou. — E mesmo assim você continua interessada...

— Eu só... — Odiava chateá-lo, mas, se ele lhe desse um segundo, teria toda a sua atenção. — Eu só preciso...

Antes que ela conseguisse terminar, Mateo balançou a cabeça e foi para o bar.

— Vou pegar umas bebidas para a gente — disse ele. — Quando voltar, talvez você possa tentar ignorar isso aí.

Layla franziu as sobrancelhas e passou novamente os olhos pela matéria. Ao que parecia, Trena tinha impulsionado a polícia, e agora, graças a ela, Layla, Tommy e Aster estavam livres. Ela sentiu o peso daquele fardo se dissolvendo.

— Parece que você não é a única a receber mensagens interessantes.

Mateo segurava seu celular diante do rosto de Layla, que estreitou os olhos para uma foto sua e de Tommy se beijando no meio da pista de dança da Jewel, com a data e a hora.

Fechou os olhos, desejando poder voltar no tempo. Quando os reabriu, foi pior que antes. Mateo parecia tão arrasado quanto ela se sentia. Só que ele era a vítima. Ela era a criminosa. A dor deles era muito diferente.

— Desculpe — disse ela, estremecendo com a inadequação de suas palavras. Ela lhe devia muito mais que um encolher de ombros e um pedido de desculpas inepto, ainda que sincero. — Nem sei o que dizer.

— Sua mente se inundara de possibilidades, centradas na horrível verdade de que alguém a estava espionando. Alguém a odiava o suficiente para tirar uma foto de seu pior erro e usar contra ela.

Ela tentou segurar Mateo, pressionou os dedos contra sua pele, mas já o perdera.

— Quem mandou isso? — Ela o apertava com tanta força que estava deixando marcas vermelhas.

— É isso que a preocupa? — Ele se soltou. — Quer dizer, é você, não é?

Ela fechou os olhos e assentiu. Era inútil mentir.

— E o cara?

— Tommy. Tommy Phillips. — Seus joelhos estavam bambos, fracos, enquanto ela lutava para se acalmar. — Ele é um dos competidores e essa foi a primeira, última e única vez que isso aconteceu. Eu juro.

— Isso foi há semanas e eu só descubro agora? O que mais você tem escondido?

Ela balançou a cabeça, olhando a galeria. O momento não poderia ter sido pior. Não que houvesse um bom momento para algo assim, mas aquele era um evento importante para seu pai. Ela não podia se dar ao luxo de fazer uma cena.

— Mateo — sussurrou ela. — Não estou escondendo nada. Juro. Acho que alguém está armando para mim!

Mateo desviou os olhos como se não suportasse mais olhar para ela. Depois da coisa toda com Madison, ele estava cansado de teorias da conspiração. Mas pela primeira vez ela percebeu que talvez não fosse só isso. Talvez ele finalmente tivesse se cansado dela também.

— Não me parece forçado. — O olhar dele era penetrante.

Ela puxou o telefone da mão dele, mas o número era bloqueado. Provavelmente, fora enviada de um celular descartável.

— Não entendo. Por que alguém faria isso? — murmurou ela, para si mesma. Infelizmente, Mateo ouviu.

— Você está ouvindo o que diz? — Ele estava ultrajado. Bom, ultrajado para alguém que nunca ficava ultrajado. — Isso se resume ao que alguém fez com *você*? Não importa o que você fez comigo, conosco, Layla...

Ela olhou para ele. Normalmente, adorava ouvi-lo dizer seu nome. O jeito que sua voz se levantava quando ele ligava depois de uma ausência longa demais... O jeito que ficava baixa e áspera quando ele era tomado pelo desejo. Nunca o ouvira chamá-la como se ela fosse pouco mais que uma estranha, mesmo quando ainda era.

Ao contrário da maioria dos caras que ela tinha namorado, Mateo nunca se escondia atrás de uma fachada de virilidade forçada, nunca fingia que o coração era apenas um músculo negligenciado em um corpo ativo. Ele era totalmente autêntico. Lidava com o mundo de um jeito tão genuíno que a deixava perplexa. Mas naquele momento era inevitável desejar que ele fosse mais talentoso para esconder seus sentimentos, como todas as outras pessoas. Pelo menos para poupá-la de vê-lo estreitando os olhos de confusão, como se estivesse tentando encontrar o melhor jeito de engolir uma revelação que inevitavelmente derrubaria tudo o que pensara saber sobre ela, sobre eles.

Talvez ele a amasse de uma forma pura demais.

Talvez ele a amasse de um jeito que ela não merecia.

E talvez seu amor o tivesse cegado para o fato de que Layla não era a pessoa maravilhosa que ele pensava.

— Parece que eu nem a conheço mais.

Uma única lágrima desceu pelo rosto dela, que não fez nada para detê-la.

— Acho que é melhor darmos um tempo.

O lábio inferior dela tremia, seus olhos ardiam. Mesmo assim, seu olhar encontrou o dele e ela assentiu. Não havia uma única coisa que pudesse dizer que não fosse piorar as coisas. Ela mentira, escondera informações, e, por mais que o amasse, e amava, provavelmente amaria para sempre, a verdade era que desde que o conhecera nunca tinha se envolvido completamente.

Mateo podia conseguir alguém melhor.

Com um pouco de sorte, ela teria o que merecia.

Ela o observou ir embora, sumindo como um fantasma.

Intangível.

Imperceptível.

Fora de seu alcance.

Ela pressionou as costas da mão contra as bochechas, recusando-se a chorar, pelo menos em público. Seus sentimentos podiam esperar. Seu pai precisava que aquela noite fosse um sucesso.

Ela foi até o bar, pegou um copo de vinho tinto e foi procurar o pai. Seu coração quase parou no peito quando o encontrou em um canto conversando com Ira.

— Eu estava dizendo ao seu pai o quanto admiro o trabalho dele. — Ira sorriu.

Layla se forçou a dar um meio sorriso e olhou em volta. O dono da galeria estava fazendo a ronda, exaltando o trabalho, mas ninguém se interessava.

— Estou pensando em expandir a Vesper. Criar um espaço VIP privativo. Um dos murais do seu pai alegraria o lugar. Estávamos negociando os termos quando você apareceu.

Layla olhou para o pai. Ele estava tentando parecer indiferente, mas era óbvio que queria fazer o negócio.

— Meu pai faz um trabalho incrível. Você não vai se decepcionar. — Ela engoliu em seco, olhou de um para outro, sentindo-se meio tonta, como se tivesse entrado em uma das pinturas do pai. Depois, abraçando-o com força, disse: — Vou deixar vocês em paz. — Desejou poder dizer mais, avisá-lo para não ir em frente, pois provavelmente aquele projeto o comprometeria e ele só perceberia quando fosse tarde demais e ele estivesse completamente preso. Mas eles precisavam desesperadamente de um salvador. E se Ira estava disposto a aparecer e aliviar seu pai das dívidas crescentes e da perspectiva de ficar sem casa, quem era ela para impedir?

Além do mais, havia uma boa chance de ela estar sendo totalmente irracional. Depois do que tinha acabado de acontecer com Mateo, era bem possível.

Ela saiu da galeria e andou pela calçada, lotada no verão, fazendo uma lista mental de todas as razões que tinha para estar feliz.

A temperatura era de agradáveis 23 graus, exatamente como ela gostava!

Mas no dia seguinte estaria quente, ensolarado, beirando os quarenta graus.

Seu blog tinha superado suas expectativas mais otimistas, a colocara no mapa e estava dando lucro!

Mas tudo aquilo logo terminaria quando ela fosse eliminada da competição e perdesse o acesso que precisava para continuar a escrever.

O fato de Ira encomendar um mural a seu pai a liberava para ir para a faculdade de jornalismo no outono!

Mas ela temia que o pai se enredasse no mundo de Ira.

Como Mateo tinha saído de cena, ela não precisava mais se sentir culpada por se mudar para Nova York.

Mateo tinha saído de cena.

A quem ela estava tentando enganar? Não tinha nenhum talento para pensar positivo. Para todo pensamento bom, era fácil encontrar um oposto muito mais sombrio.

Só quando entrou em seu quarto, ela pensou em algo positivo: *graças à sua amizade com Trena, ela não era mais suspeita do desaparecimento de Madison!*

E mesmo assim, sem Mateo, nem isso era uma vitória.

CINQUENTA E SETE

BANG BANG

Tommy estava na calçada cheia de estrelas cor-de-rosa e douradas diante da Vesper, protegendo o rosto do sol implacável de verão que brilhava sobre sua cabeça como um cruel olho crítico. Era mais um dia causticante com umidade zero, e graças à seca e aos ventos de Santa Ana, parecia que a cidade inteira estava pegando fogo. Griffith Park, La Cañada Flintridge, Angeles National Forest e, mais recentemente, um incêndio florestal em Malibu. O ar estava mais irritante que de costume e o céu, escurecido como se tivesse sido queimado, fazendo chover fragmentos de cinzas, cobrindo a cidade com uma manta de fuligem.

Até o momento, as casas caras na beira da praia tinham sido poupadas, mas todo mundo sabia que, se os incêndios não as pegassem, eventualmente os terremotos o fariam.

Talvez fosse a ameaça constante de um fim do mundo iminente que dava aos californianos a reputação de serem tão abertos e amistosos. Talvez viver à beira da destruição e saber que o sonho podia acabar a qualquer momento desse à vida deles o tipo de intensidade que faltava a outros lugares.

Tommy só sabia que, apesar das caras tristes no canal de notícias local, os negócios seguiam como sempre na Hollywood Boulevard. Vários ônibus de dois andares passavam, enquanto atores desempregados vestidos de Shrek, R2D2 e Super-homem persuadiam os turistas a tirar fotos, e Aster partia para cima de Layla, com os olhos furiosos, o corpo tremendo, enquanto balançava seu celular diante do rosto dela.

— Você fez isso, não foi?

Layla assentiu, sem sequer estremecer ao ver uma Aster enraivecida diante dela, alheia ao habitual alvoroço do circo da Hollywood Boulevard à sua volta.

— Mesmo tendo prometido que não faria, você foi direto até a Trena Moretti e contou todos os meus segredos. — Aster fervia com uma raiva tão palpável que Tommy tinha certeza de que era apenas uma questão de segundos até ele ser forçado a separá-las. E não tinha muita certeza de que conseguiria. O calor drenava sua energia, o deixava letárgico, e o ar enfumaçado tornava a respiração difícil. Será que o Hulk não estaria disposto a ajudar?

— Não exatamente. — Layla continuou indiferente, o que só aumentava a raiva de Aster. — Não divulguei nenhum detalhe pessoal. Nunca contei a ela onde consegui a informação.

Para Tommy, parecia sincero o bastante para encerrar a briga. O que era bom, pois ele estava ansioso para fugir do calor causticante e entrar na boate escura, sem janelas e com ar-condicionado. Mas, a julgar pelo maxilar contraído de Aster e seu olhar de ódio, não tinha dado certo. Porém, quando estava prestes a interferir, viu com perplexidade Aster amolecer bem diante dele.

— Não sei se devo agradecer ou xingar você. — Ela descruzou os braços quando o começo de um sorriso iluminou seu rosto. Deixou Tommy se perguntando se tinha imaginado tudo aquilo. Será que o que vira não fora um princípio de briga?

Uma coisa era certa: ele estava longe de entender as mulheres, e sinceramente duvidava de que entenderia um dia. Ainda que fosse um pacifista dedicado, estava muito aliviado por ser poupado de uma cena potencialmente violenta entre duas pessoas das quais estava começando a gostar.

Layla concordou, parecendo aceitar bem o fato de Aster mudar de ideia. Seu rosto não deixava transparecer nada. Tommy já vira aquela expressão. Era a máscara que ela usava quando estava decidida a evitar qualquer caos que a cercasse. Era uma pena as coisas terem ficado tão estranhas entre eles. Mas, com o fim da competição, e a polícia concentrada em Ryan Hawthorne, talvez ela aprendesse a perdoá-lo por colocar Larsen na sua cola.

Ele a olhou com uma expressão esperançosa, mas deu de cara com um par de olhos revirados e um sorriso irônico que o fez lembrar exatamente com quem estava lidando. Suas chances de conseguir o perdão eram pequenas. Embora isso não significasse que ele pretendia desistir. Mesmo quando com calor, irritada, cheirando a fumaça e molhada de suor, ele a achava atraente de um jeito do qual não conseguia se livrar.

— Por um lado... — Aster se curvou para eles, baixando tanto a voz que obrigou Tommy e Layla a se aproximarem. — O envolvimento do Ryan vai resultar em mais perguntas para mim. Posso até ser considerada cúmplice por não admitir que ele foi embora. Mas, se o Ryan realmente machucou a Madison, merece ficar atrás das grades. No entanto, agora que o mistério está resolvido, tenho outro, potencialmente pior. Pelo menos, pior para mim. — Ela baixou ainda mais a voz até que mal fosse audível. — Lembram-se do DVD sobre o qual eu contei?

Tommy ficou tenso, olhando de Aster para Layla, porém antes que Aster pudesse continuar, a porta se abriu e Ira os chamou para dentro.

— Mudança de planos. — A expressão dele era tão dura quanto seu tom, o oposto do que Tommy esperava. Em geral, Ira lidava com as reuniões de domingo como um momento de arte performática, muito contente por tagarelar, dar sermões e desperdiçar o precioso tempo deles antes de finalmente chegar ao que interessava e demitir o concorrente com o pior desempenho. Mas, dessa vez, depois de lançar um olhar cauteloso pelo ambiente, esquadrinhando as latas de lixo como se esperasse ver alguém pular de trás delas, ele os levou para dentro e os fez se sentar em uma das mesas. Quando fechou a porta, foi como se os tivesse isolado do mundo, deixando-os à mercê de seus planos.

— Tenho certeza de que vocês viram as manchetes.

A voz de Ira despertou Tommy de seus pensamentos e o fez voltar ao presente. Não havia pódio, equipe de assistentes jovens e lindas, nem formalidades ou hierarquia de qualquer tipo. O show habitual se resumia a um Ira vestido casualmente com as mangas da camisa arregaçadas até os cotovelos, apoiando os antebraços musculosos na mesa de madeira velha. Era um lado de Ira que Tommy não tinha visto, e que o deixava inquieto.

— A Night for Night está fechada. — Seu maxilar se contraiu e os dedos tamborilaram no tampo gasto da mesa. — Está lotada de policiais, é uma cena do crime até segunda ordem, e não há como saber até quando isso vai durar. O Departamento de Polícia de Los Angeles não está a fim de cooperar. — Seu rosto ficou sombrio e seu olhar, cada vez mais distante, obscuro, protegendo seus pensamentos. — Dito isso... — Abriu as mãos sobre a mesa, tirando um momento para avaliá-las antes de voltar seu foco para eles. — Acho justo terminarmos a competição.

Ao lado dele, Aster ofegou, enquanto Layla dava de ombros, sem parecer se importar com o que aconteceria, e Tommy sentia uma pontada de medo. Ele precisava do tempo extra para conseguir o primeiro lugar. Graças ao drama em torno de Madison, perdera a concentração no jogo. Ainda que os números combinados dos três fossem melhores do que nunca, depois de tudo por que tinham passado, bastava chegar ao final. Que o menos ferido ganhasse.

— E quanto a Zion, Sydney e Diego? — perguntou Aster, olhando a boate como se pudesse não tê-los visto.

— Eu disse para não se darem ao trabalho de vir — disse Ira, sem mais explicações. — Originalmente, eu tinha planejado uma grande comemoração para marcar o final, mas vamos deixar para a próxima. — A tristeza de Ira parecia genuína, porém ele adorava fazer um drama, o que tornava difícil determinar o que era real e o que não era. — Todos vocês conseguiram superar as minhas expectativas. Fiquei impressionado com o que se dispuseram a fazer. Sabia que tinham essa capacidade; por isso os contratei. E, mesmo assim, nunca se sabe do que alguém é realmente capaz até essa pessoa ser posta à prova. Vocês três foram testados de formas que nunca poderiam ter previsto e conseguiram permanecer focados, incansáveis e dispostos a desobedecer algumas regras.

Tommy estremeceu sob a lente do olhar de Ira. Então, ele sabia das pulseiras pretas e não fez nada para impedir? Bastante arriscado, considerando o tipo de problema que podia ter causado. Mas Ira nunca se esquivava de uma aposta, e nem Tommy. Parece que tinham mais em comum do que ele pensava no começo.

— Em alguns círculos, essas características não são valorizadas — continuou Ira. — Mas, no meu mundo, são alguns dos traços que mais admiro. — Ele franziu as sobrancelhas, mexendo na pulseira de olho de tigre. — Tenho certeza de que estão muito ansiosos para descobrir o nome do vencedor. Então, sem mais enrolação... Layla Harrison.

INIGUALÁVEL

Ira fixou seu olhar no dela, enquanto Tommy olhava de um para outro. Não acreditava que ele a anunciara como vencedora. Ela teve sorte por ter chegado tão longe.

— Você foi completamente sobrepujada por esses dois. — Ira balançou o dedo entre Tommy e Aster. — Você não estava à vontade, e eu deveria tê-la eliminado na primeira semana. Mas, depois de um começo difícil, você conseguiu achar seu ritmo e no final das contas fez um trabalho decente para manter sua posição.

Layla assentiu, com a expressão pronta para o que quer que Ira dissesse.

— Dito isso, hoje era o dia em que você seria eliminada.

Ela foi rápida em aceitar a derrota.

— Eu imaginei. — Ela desviou o olho para Aster; depois para Tommy.

— Aster Amirpour...

Ao ouvir o nome de Aster, Tommy se endireitou na cadeira, alterando o foco entre Aster e Ira. Ela parecia atormentada, vulnerável, mas isso só aumentava sua beleza. Ira, como sempre, não deixava nada transparecer.

— Seus números sempre foram bons, e você obteve alguns dos principais nomes da minha lista. Também exibiu uma disposição para fazer o que fosse necessário para ganhar...

Espere... O medo que Tommy sentia no começo da reunião se transformara em uma agitação constante. Aster ia ser demitida? Porque isso não parecia o tipo de coisa que se dizia a alguém antes de soltar a lâmina e gritar "Cortem-lhe a cabeça!".

Não podia acabar assim. Mais do que nunca, ele precisava vencer. Não tinha mais nada para fazer em seguida, e não viera lá de Oklahoma para fazer cafés customizados para a clientela exigente do Starbucks. Ira lhe devia isso. Se já havia existido um momento para o nepotismo, era aquele. O problema era que Tommy nunca tinha relevado a conexão deles. Então, como Ira podia saber que devia a recompensa a seu único filho?

Talvez estivesse na hora de Tommy fazer a própria revelação.

— ... E é por isso que você é a vencedora incontestável da Competição da Unrivaled Nightlife.

Espere um pouco... Quem ganhou? Tommy olhou de Ira para Aster, amaldiçoando-se por ter se desligado. Mas bastou uma olhada para o rosto sorridente de Aster para confirmar o pior.

Tommy balançou a cabeça, olhando a mesa esburacada. Depois de todas as regras que tinha desobedecido... Todo o dinheiro que tinha ganhado para Ira... Está bem, ele nunca tinha conseguido atrair Ryan Hawthorne para a Vesper... E daí? Do jeito que as coisas tinham acabado, talvez isso devesse ser mais comemorado que lamentado... E o que estava acontecendo entre o Ira e a Aster, afinal de contas? Ele deveria ter imaginado. Claro que Ira ia ferrá-lo, embora ele merecesse a vitória. Tinha merecido. E nem pensar que deixaria Ira tirar...

— Tommy Phillips...

Tommy soltou um suspiro profundo, forçando seu olhar a encontrar o de Ira. Ficou tentado a responder com um sarcástico "Sim, pai?". Mas decidiu não fazer isso.

— Você me faz lembrar de mim mesmo com a sua idade.

Bom, existe uma razão muito boa para isso...

— Você é tenaz, ambicioso, meio indomável, disposto a experimentar quase qualquer coisa. E embora não tenha vencido a competição, eu preciso muito de alguém como você na minha equipe.

Tommy se surpreendeu, sem saber o que dizer. Ira era traiçoeiro. A não ser que falasse em termos claros e concisos, não dava para saber aonde aquilo ia dar.

— Por isso estou lhe oferecendo um emprego na Unrivaled Nightlife. Na verdade, estendo a oferta tanto a você quanto a Layla. Acho que é uma espécie de prêmio de consolação por um trabalho benfeito.

Tommy olhou para Layla. Ela parecia tão hesitante quanto ele.

— Tommy, se estiver interessado, ofereço a oportunidade de comandar aquela sala privativa da qual você me falou. É uma boa ideia. Estou disposto a tentar. E, Layla... — Ele se virou para ela. — Temos uma vaga no departamento de marketing da Jewel. Acho que você se sairia bem lá. E, Aster, claro, eu a convido a continuar como promoter. Você vai receber uma parcela semanal dos lucros do público que atrair, só que dessa vez irá se basear no que eles gastarem. Ah, e no caso de vocês acharem que eu esqueci... — Ira sumiu atrás do bar e voltou com um laptop novo para Layla e, para Tommy, a guitarra que ele tinha comprado dele naquele dia fatídico na Farrington's. — Achei que você teria mais utilidade para ela — disse, entregando-a.

Tommy posicionou a guitarra nos braços e dedilhou algumas cordas. Precisava de uma afinação. Claro que as aulas de Ira, se é que ele já tivera alguma, não tinham dado em nada. Mas ele estava tão extasiado por finalmente ter a guitarra de 12 cordas que não soube como responder.

— E, Aster... Também não me esqueci de você. — Ira enfiou dois dedos no bolso de sua camisa, tirando um cheque que passou a Aster.

Tommy se aproximou, tentando ver a quantia. Contou muitos zeros, que fizeram Aster arfar e colocar a mão sobre a boca.

— Obrigada... — murmurou ela. — Meu Deus, obrigada! — Ela falava por trás de dedos trêmulos.

— Ah, Layla, não tem nada a ver com a competição, mas como você está aqui... — Ele enfiou novamente os dedos no bolso e entregou um cheque a ela. — Pode entregar isso ao seu pai? Mal posso esperar para ver o que vai criar.

Layla olhou o cheque com os olhos arregalados e uma expressão de conflito enquanto Ira esfregava as mãos e dizia:

— O que acham de comemorarmos com champanhe? Tommy, pode me ajudar?

Tommy hesitou. Ira sabia que a Vesper não tinha champanhe. O público deles preferia bebidas mais fortes.

Ira riu, uma risada aparentemente genuína, não ensaiada ou forçada, o que a tornava ainda mais rara.

— Consegui roubar uma garrafa da Night for Night quando os policiais não estavam olhando. Parece que a boate inteira é uma evidência.

A menção casual de Ira ao crime soou grosseira para Tommy, sobretudo depois do que todos eles tinham passado por causa disso. Mas Ira não era bem o tipo sentimental, e era melhor Tommy se acostumar com isso se ia continuar trabalhando para ele.

Tommy estendeu a mão para a prateleira, mas não havia nenhuma taça. Então, seria em canecas de cerveja mesmo. Segurando os copos entre os dedos, ele ia se dirigir para as mesas quando Ira se inclinou para ele e disse:

— Eu só queria que você soubesse que não tem nada com que se preocupar.

Tommy parou, sem entender muito bem.

— Eles não virão atrás de você. Eu dei um jeito nas evidências.

Tommy olhou para Layla e Aster, ambas perdidas em pensamentos, antes de se voltar para Ira.

— Que evidências?

— O vídeo da segurança mostrando você parado do lado de fora da Night for Night segundos depois da Madison entrar. — Ira pegou a garrafa gelada pelo gargalo e a segurou entre eles. — Está resolvido. Por sorte, tive tempo de deletar essa parte antes que a polícia o confiscasse. Agora eles nunca vão saber que você estava lá.

— Mas eu sou inocente! — A voz de Tommy falhou. Seu tom era tão frenético e perplexo quanto ele se sentia. — Não tive nada a ver com isso.

— Claro que não. — Ira lhe lançou um olhar não muito convincente. — Olhe, estou do seu lado. Acho que meus atos provam isso. A questão é que agora você não vai precisar se defender para ninguém.

Então, era isso... Ira sendo paternal e cuidando do filho sem nem perceber. Tommy ficou tentado a contar e chocá-lo tanto quanto ele o tinha chocado. Afinal de contas, Ira tinha destruído evidências por ele. Estavam nessa juntos.

— Ira — começou ele, mas Ira já estava indo para a mesa, deixando Tommy sem escolha além de segui-lo.

— Então... O que acham? — O olhar de Ira passou por todos eles. — Estão prontos para se juntar oficialmente à equipe da Unrivaled Nightlife?

Layla foi a primeira a aceitar, o que Tommy achou estranho. Achava que ela o mandaria para aquele lugar, ou coisa pior. E se perguntou se aquilo tinha algo a ver com o cheque.

Ira olhou de um jeito penetrante para Tommy que, assim como Layla, aceitou com relutância. Feliz por não ter se revelado. Logo esse dia chegaria.

Aster foi a última a responder. Tommy viu seu rosto exibir várias emoções enquanto ela olhava o cheque em suas mãos. Talvez estivesse preocupada de ser cúmplice do crime de Ryan, talvez sua relutância tivesse algo a ver com o DVD e com que estava prestes a revelar antes de Ira interrompê-la e levar todos para dentro. Tommy só sabia que ela tinha hesitado por tanto tempo que Ira teve de pressioná-la para responder.

Ela dobrou o cheque até caber bem na palma de sua mão e fechou os dedos sobre o papel.

— Claro. — Ela abriu seu sorriso de book. — Acho que estou um pouco nervosa. Não sabia se ia ganhar. Foi difícil bater o Tommy. — Seu sorriso se abriu ainda mais, um projeto de comercial de pasta de dentes. Mas Tommy não conseguiu deixar de notar como seu olhar se turvou e seus lábios se contraíram quando ela olhou para Ira.

Será que acontecera algo entre eles? Antes que Tommy conseguisse refletir por muito tempo, o repentino martelar de punhos no metal interrompeu seus pensamentos.

— Abram! Departamento de Polícia de Los Angeles! — ribombou uma voz do outro lado da porta.

Tommy ficou paralisado, sem saber o que fazer, mas Ira continuou calmo e composto como sempre.

— O que acham de jogar as bebidas fora enquanto vou lentamente até a porta? — Ele lançou um olhar a cada um que os fez correr para trás do bar, despejando o champanhe caro pelo ralo e enfiar os copos na lavadora antes de voltar às pressas para a mesa como se nada tivesse acontecido.

— O que posso fazer por vocês? — Ira abriu uma fresta na porta.

O detetive Larsen olhou por cima de seu ombro.

— Estamos procurando Aster Amirpour.

Instintivamente, Tommy estendeu a mão para Aster. Ela ficou gelada, trêmula, e totalmente apática com o choque de ouvir seu nome.

— Do que se trata? — Ira manteve sua posição, fazendo o melhor que podia para atrasá-los. Deu a Aster o tempo suficiente para enfiar a mão na bolsa, pegar um embrulho e entregá-lo a Tommy.

— Aconteça o que acontecer, *não* os deixe ver isso. — O rosto dela estava angustiado; o cheiro de fumaça se desprendia de sua pele. — Só depois que falar comigo. — Seus lábios tremiam. Ela estava com dificuldade para pronunciar as palavras, embora seu significado fosse claro.

Tommy assentiu e ia colocar o embrulho sob a camisa, mas pensou melhor e o passou para Layla, que o enfiou freneticamente no fundo da bolsa enquanto Larsen se esforçava para entrar.

— Não mexa comigo, Redman — vociferou ele. — Se ela estiver aí, entregá-la vai ser melhor para você. Não quero saber quem você é; se tentar nos impedir de chegar a ela, vamos pegá-lo por obstrução da justiça.

Sem mais uma palavra, Ira abriu toda a porta, deixando uma onda de calor e luz entrar no ambiente. Com os traços duros e o olhar sombrio, ele quase sumiu nas sombras quando um enxame de policiais pegou Aster.

— O que é isso? — Os olhos dela iam desesperadamente de Ira para Larsen. — Por que estão me algemando? Eu não fiz nada!

— Aster Amirpour... — Larsen sorriu, parecendo desfrutar cada palavra. — Você está presa pelo assassinato de Madison Brooks.

O rosto de Aster ficou branco enquanto ela se contorcia contra o detetive em uma tentativa de se soltar que, na melhor das hipóteses, era inútil.

— Isso é loucura! Eu...

— Você tem o direito de permanecer calada — continuou Larsen. — Qualquer coisa que diga pode e vai ser usada contra você...

— Com base em quê? Eu não tive nada a ver com isso! O que aquele maluco do Ryan disse para vocês?

— O Ryan tem um bom álibi.

— Mas isso não é possível! Eu estava com ele naquela noite, só que me deixou e não voltou mais!

— Você tem direito a um advogado. Se não puder pagar, a corte lhe designará um...

— Eu estava com ele! Eu saí da boate com o Ryan Hawthorne!

— Ryan Hawthorne saiu da boate com amigos e foi para casa com os mesmos amigos. O porteiro e a filmagem confirmam isso. Não existe nenhum registro seu.

— *Mas o Ryan não tem porteiro!* — gritou Aster, retraindo-se de medo quando Larsen aproximou seu rosto do dela, com os olhos estreitados cintilando de expectativa pelo que estava prestes a revelar.

— Testemunhas da Night for Night viram você saindo, mas não com Ryan Hawthorne. Achamos as roupas que você usou naquela noite, e estavam cobertas com o sangue de Madison.

Layla ofegou enquanto Tommy pegava sua mão por instinto. Os dois viram Aster desmoronar diante deles. Ela se deixou cair, dobrando-se sobre si mesma, parecendo tão perdida e derrotada que não tinha a menor semelhança com a garota forte, sexy e superconfiante que Tommy conhecera.

— É impossível — chorou ela, com a voz áspera reduzida a um sussurro. — Eu não tive nada a ver com isso! — Ela ergueu o queixo, olhando em volta freneticamente até encontrar Ira. — Diga a eles! Ligue para o meu advogado e me tire dessa!

Seu rosto se iluminou de esperança quando ele se aproximou, só para cair em desespero quando a contornou e tirou o cheque do prêmio de seus dedos.

— Por segurança — disse ele. Com o olhar impenetrável, recolocou-o no bolso. Os policiais empurraram Aster porta afora e, através da multidão de turistas e paparazzi já reunidos como abutres, afastando-a sob o clarão das cinzas que caíam e dos flashes.

Foi muito divertido escrever este livro. Tudo graças às seguintes pessoas: minhas adoráveis e incríveis editoras Katherine Tegen, Claudia Gabel e Melissa Miller, que o tornaram possível; meu maravilhoso agente, Bill Contardi, a combinação perfeita de humor e inteligência; e, como sempre, meu marido, Sandy, que me ensinou que tudo é possível para quem acredita.

Publisher
Kaíke Nanne

Editora executiva
Livia Rosa

Editora Agir Now
Giuliana Alonso

Coordenação de produção
Thalita Aragão Ramalho

Produção editorial
Marcela Isensee

Copidesque
Marcela de Oliveira Ramos
Vinicius Damasceno

Revisão
Aline Canejo
Cerise Calvet da Silveira

Diagramação
Ilustrarte Design e Produção Editorial

Adaptação de capa
Renata Vidal

Este livro foi impresso no Rio de Janeiro,
em 2016, pela Edigráfica, para a HarperCollins Brasil.
A fonte usada no miolo é Sabon, corpo 11/15.
O papel do miolo é Chambril Avena 80g/m²,
e o da capa é cartão 250g/m².